保险助推脱贫攻坚理论与实践

江生忠　薄滂沱　主编

费清　朱蕊　单言　副主编

南開大學出版社

天　津

图书在版编目(CIP)数据

保险助推脱贫攻坚理论与实践 / 江生忠，薄滂沱主编. —天津：南开大学出版社，2019.3
ISBN 978-7-310-05770-2

Ⅰ. ①保… Ⅱ. ①江… ②薄… Ⅲ. ①保险业－作用－扶贫－研究－中国 Ⅳ. ①F126

中国版本图书馆 CIP 数据核字(2019)第 043774 号

南开大学出版社出版发行
出版人：刘运峰
地址：天津市南开区卫津路 94 号　　邮政编码：300071
营销部电话：(022)23508339　23500755
营销部传真：(022)23508542　　邮购部电话：(022)23502200
*
北京建宏印刷有限公司印刷
全国各地新华书店经销
*
2019 年 3 月第 1 版　　2019 年 3 月第 1 次印刷
260×185 毫米　16 开本　10.75 印张　2 插页　266 千字
定价：38.00 元

如遇图书印装质量问题，请与本社营销部联系调换，电话：(022)23507125

前　言

2013 年 11 月 3 日，习近平总书记在调研扶贫攻坚时，强调扶贫工作要“实事求是、因地制宜、分类指导、精准扶贫”。在全面建成小康社会的攻坚时期，我国扶贫开发工作进入巩固温饱成果、加快脱贫致富、改善生态环境、提高发展能力、缩小发展差距的新阶段。2013 年 12 月，中共中央办公厅和国务院办公厅联合印发了《关于创新机制扎实推进农村扶贫开发工作的意见》，要求金融系统完善服务机制，促进贫困地区经济社会持续健康发展。2014 年 4 月，《国务院办公厅关于金融服务“三农”发展的若干意见》中更明确提出，将涉农保险投保情况作为授信要素，探索拓宽涉农保险保单质押范围，创新农村小额信贷保证保险等新型险种，完善保费补贴政策。

为贯彻落实中央精神，全面加强和提升保险业助推脱贫攻坚能力，保监会与国务院扶贫办联合发布了《关于做好保险业助推脱贫攻坚工作的意见》，对深入推进保险扶贫工作进行全面安排和部署。在脱贫攻坚的关键期，保险业积极响应国家战略，充分发挥职能作用，利用保险杠杆撬动各方资源，全力围绕精准扶贫做文章，努力实现保险助推脱贫攻坚。

在国家政策的指引下，保险业逐渐建立起以农业保险、大病保险为代表的保险扶贫保障，以小额贷款保证保险、农业保险保单质押为代表的保险扶贫增信，以及以保险资金支农融资为代表的保险扶贫投资这三套功能作用协同配合的保险助推脱贫体系。保险保障手段特别是农业保险可以有效地增强农民抗风险能力，防止因灾致贫、返贫，是解决特殊贫困地区精准扶贫、精准脱贫问题的有效手段。同时，保险业发展有利于农村信用制度的建立，发挥其增信功能，为贫困农户申请小额贷款提供保障，推动社会信用管理制度覆盖到农村低收入人群，从而推动农村社会信用管理制度的发展成熟。

从理论层面上解释“保险能否助推脱贫”“保险如何助推脱贫”等问题，从实践层面上归纳模式、总结经验、分析路径，是当前和今后一段时间保险行业关注的重点问题。

在南开大学金融学院江生忠教授的带领下，本书由编写组在近年来多项保险扶贫调研、科研项目及研讨的基础上合作编写完成。本书编写组在原保监会和中国人民财产保险公司、中原农业保险股份有限公司及国元农业保险股份有限公司等的支持下曾先后奔赴河北阜平、安徽金寨、河南兰考进行三次调研，实地考察了上述三家保险公司在保险助推脱贫攻坚的过程中在组织模式、产品设计、运行机制等方面的实际情况，掌握了第一手资料。在本书编写阶段，编写组还与中华联合财产保险公司、中国太平洋保险公司等进行座谈，就保险扶贫问题进行交流。在此，对原保监会农险处、上述保险公司及南开大学农险中心及其他理事单位的支持和帮助表示衷心的感谢！

本书共分为四部分，第一部分以概念界定、文献综述和理论分析为主，包括第一章引言、第二章文献综述和第三章保险助推脱贫的理论基础。第二部分主要介绍了保险助推脱贫的国际经验及国内发展情况，包括第四章保险助推脱贫的国际经验——小额保险、第五章中国保险助推脱贫的制度演进与发展现状和第六章中国保险助推脱贫案例分析。第三部分以定量分析的方法研究了农业保险对助推脱贫的重要意义，即第七章农业保险助推反贫困模式的比较研究。第四部分即第八章，是根据前三部分的研究内容总结分析得出的保险助推脱贫攻坚的结论与政策建议。

本书分为八章，分工如下：张煜、梁吉华负责编写第一章；费清负责编写第二章；朱蕊负责编写第三章；张玄、林禹攸负责编写第四章；朱文冲负责编写第五章；刘炜男、王越、赵冠博、付春燕负责编写第六章；邵全权、柏龙飞、张孟娇负责编写第七章；单言、郭逸尘、吴熙、管苗秀负责编写第八章。

特别感谢中国人民财产保险集团股份有限公司保定市分公司阜平支公司、国元农业保险股份有限公司金寨支公司、中原农业保险股份有限公司兰考支公司在编写组调研过程中给予的大力协助！

在本书的编写过程中，参考和借鉴了国内外诸多专家学者的相关论著和研究成果，在此致以诚挚的谢意！

基于主观能力和客观条件有限，本书存在诸多不尽人意之处，恳请读者给予批评指正。

江生忠　于南开园

2018年9月20日

目　录

第一章　引　言

一、研究问题的提出

为贯彻落实《中共中央国务院关于打赢脱贫攻坚战的决定》和习近平总书记扶贫开发系列重要讲话精神，中国保监会、国务院扶贫办出台了《关于做好保险业助推脱贫攻坚工作的意见》，助推脱贫攻坚成为我国保险业当前和今后一段时期内的重要工作，也是学术界必须深入思考的问题。

第一，脱贫攻坚属于国家行为，体现出“强政策性”，而传统意义上的保险是建立在商业行为和商业合同基础上的市场行为。那么，作为市场化风险管理方法的保险，应该以何种形式参与国家扶贫的政策及实践，值得我们深入研究。同时，助推脱贫的保险业务与财政补贴的农业保险不同，是距离市场化更远的业务，面对贫困地区和贫困人口，应以何种形式进行投保与缴费？又该如何控制道德风险与心理风险？这些问题值得深入思考。

第二，保险公司若仅采取社会捐款或赞助方式来助推脱贫，显然是不够的，因此必须要求保险公司运用保险机制来助推脱贫。也就是说，保险公司要依照保险运行的基本原理，而不能采取无偿或完全不对价的方式承担保险责任，这对于保险公司来说无疑是一大挑战。

第三，如何从保险学理论角度，准确地把握贫困的成因？如何从理论上更清晰地解释保险在脱贫攻坚中的作用？如何从实践上更完整地将保险纳入我国脱贫攻坚工作体系中？如何充分发挥保险在精准化扶贫中的优势，更好地保障农民的生产和生活？这些都是从理论和实践角度探讨保险业助推脱贫攻坚的重点问题。

综上所述，从理论层面上解释“保险能否助推脱贫”“保险如何助推脱贫”等问题；从实践层面上归纳保险助推脱贫模式、总结经验、分析路径，对于助力脱贫攻坚具有十分重要的现实意义。

国内对保险精准化扶贫的研究还不够充分，现有的研究主要通过规范分析、实证分析、实地调查的研究方法，探讨各地区的精准化扶贫的政策、效果以及存在的问题，分析了自改革开放以来我国扶贫治理的情况和格局；从理论研究的角度分析总结了精准化扶贫的内涵、扶贫模式、扶贫资源的传递以及我国减贫的政策和战略选择。就保险在精准化扶贫中发挥的作用而言，分析了农业保险发展的现状和问题，提出应以“精准化扶贫”为契机进一步发挥保险的作用；总结了农业保险发挥作用的路径和方式，创新保险扶贫的手段和方法。通过对农村的养老保险和小额保险进行研究，强调了保险在扶贫中发挥的重要作用并指出我国目前的农业保险发展还不够充分。

二、研究的思路与方法

（一）研究思路

本书以贫困成因理论、反贫困的经济学原理、风险管理和保险学原理及保险功能理论为研究基础，结合国际经验，从保险保障、增信、资金运用等层面对实际案例进行分析，研究当前保险扶贫的效率及存在的问题，探索如何建立符合各贫困地区实际的保险扶贫机制，总结保险业今后应进行何种方式的扶贫、如何进行扶贫。

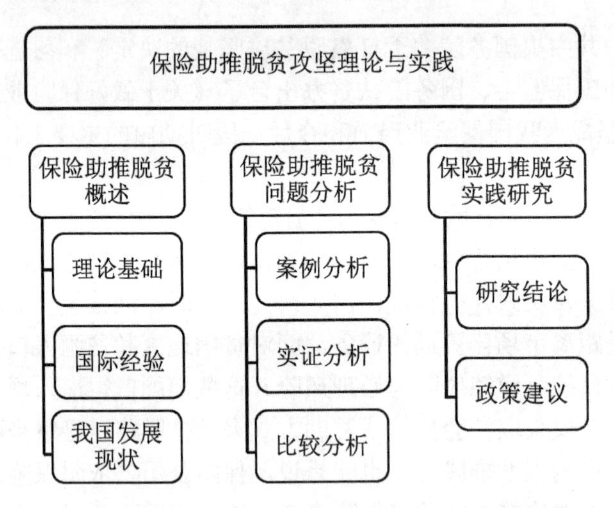

图 1-1　保险助推脱贫攻坚理论与实践研究的主要脉络

本书的研究对象是，在多个典型的中国欠发达县域经济中的农村地区中保险制度、行业与机构等对于助推脱贫攻坚的重要作用。以福利经济学理论、保险学理论、扶贫理论为研究基础，研究当前保险扶贫的效率及存在的问题，探索保险业今后的扶贫方式。

这里，对本书研究范围“欠发达县域”下一个定义。本书所谓欠发达县域是个相对概念，在我国的二元经济结构中，相对于城市群、较大城市或其所处的经济区域而言，欠发达县域是指生产力发展不平衡，尚未实现工业、农业现代化，民众收入水平相对较低的地理范围。

（二）研究方法

本书拟采取理论研究与实证研究相结合的方式，对保险助推脱贫攻坚的作用与效应进行全面深入的研究。

首先，分析研究国内外关于保险制度与扶贫政策等相关领域的文献，吸收各国保险扶贫问题现有的研究成果和成功经验，为本课题的研究提供借鉴。

其次，阐述贫困的经济学理论基础，梳理经济学界对于贫困问题的相关理论分析及结论，明确贫困的基本内涵，围绕保险的主要功能及其作用分析风险管理和保险学的理论基础。在贫困的经济学理论和内涵的基础上，具体阐述保险如何通过发挥其特有功能，在理论和实践层面助推扶贫攻坚目标的实现。运用理论与实际相结合的方法，对国际上保险业参与扶贫工作的经验进行总结归纳，对我国现有的保险助推脱贫模式进行案例分析，对较有代表性的保险扶贫地区进行实地调研，以期更全面地掌握我国在推动保险扶贫过程中所面临的环境、遇到的问题以及发展的方向。

再次，运用数据模拟及实证分析方法，从农业保险产品与农户跨期资本决策、农业保险产品与农户的终身效用、农业保险产品与农户的破产概率等角度，分析引入农业保险后对因灾返贫的抑制作用。同时，建立一个农业保险反贫困的理论框架，引入农业风险的冲击，将农业保险投资和农业保险补贴以特定的形式引入，运用数值模拟的方法在一个相对统一的框架内比较农业保险、农业保险投资以及农业保险补贴的反贫困效应的强弱，为保险助推扶贫工作的有效性提供实证基础。

最后，本书根据系统的研究过程，得到了具有现实意义的保险助推脱贫攻坚的理论与实践总结，为更有效地开展保险扶贫工作提供有益的政策建议。

第二章 文献综述

贫困反映的是特定时间段内贫困家庭的生活现状，对农村贫困的研究一直是经济学和社会学关注的重要课题，学术界对农村贫困问题的研究一直没有停止过，并在研究中形成了很多有意义的成果。在很长一段时间内，农村贫困一直是中国社会主义现代化建设的重要阻碍因素。因此，研究中国农村贫困的成因，不仅具有重要的理论意义，也具有重要的现实意义。本书从因病致贫、因学致贫、因灾致贫、因劳动能力缺失致贫等角度对近年来有关农村贫困的定义和成因的研究进行了综述，综述结果对进一步研究农村贫困的成因有一定借鉴意义。

一、关于贫困定义的文献综述

关于贫困的定义，王文略（2015）认为应将风险与机会纳入贫困的含义中，贫困可定义为缺乏抵御风险的能力及没有把握获得更好生活的机会。风险冲击是造成贫困的重要因素，机会缺失是脆弱群体无法摆脱贫困的重要阻碍。贫困的成因可归纳为风险与机会，对于由风险造成的贫困，应进行风险管理，以提前防止富裕群体陷入贫困及原本贫困的群体更加贫困的可能性。针对机会，一方面应加强外部介入，提供更多的发展机会，更为重要的是应用实验经济学方法了解贫困群体的风险与机会偏好，改变其风险态度，使其把握一切能够改变贫困的机会，最终脱离贫困。对风险的有效管理是农户脱贫的重要手段，风险管理是事前的预测和防范，有效的风险管理可将导致贫困的可能性降至最低，从源头防止贫困的出现，同时也是一种最为节约成本的反贫困方法。

叶普万（2006）认为中外学者有关贫困的定义，绝大部分忽视了两个极其重要的因素，或者说仅注意到其中的一个因素。这两个因素一是制度性因素，二是非制度性因素，即仅注重了物质需要，而忽视了最基本的精神生活需要。贫困是由于制度性因素和非制度性因素所造成的使个人或家庭不能获得维持正常的物质精神生活需要的一种生存状态。这个定义与传统定义的区别在于，充分考虑到造成贫困的制度性因素，拓宽了过去只注重满足基本物质需求，而对精神性需要相对忽视的狭隘境界。

李瑞林（2006）认为贫困是指在物质资源方面处于匮乏或遭受剥夺的一种状况，其典型特征是不能满足基本生活需要。它主要包括绝对和相对贫困两层含义。绝对贫困是指个人或家庭缺乏能够维持最低生活需求的基本资源。相对贫困是指在一定的社会经济发展水平之下，个人或家庭所拥有的资源虽然可以达到或维持基本的生存需要，但是不足以使其达到社会的平均生活水平。贫困的严重程度可以通过贫困线来度量。目前国际上常用的度量方法有市场菜篮法、恩格尔系数法、国际贫困标准和生活形态法。

黄承伟（2010）认为个人或家庭所处的环境包括经济、社会和自然环境。这些微观或宏观的环境中始终存在各种风险。经济危机、健康打击、家庭结构变化、失业或自然灾害等风险因素对家庭或个人的直接影响使家庭或个人福利水平降低，非贫困人口陷入贫困，已经贫困的人口持续或永久贫困。然而，家庭或个人是风险规避型的，家庭自身存在风险抵御能力，也会采取各种行动来抵御风险，这些统称为风险抵御机制。风险抵御机制包括两部分，一是家庭的风险抵御能力即家庭拥有的资本，包括物质资本和劳动力资本、金融资本和社会资本，以及家庭和个体拥有的供其谋生的资产。家庭为了满足支出，积极创造资产，包括物质资本以及社会和人力资本，资产用于产生各种途径的收入，包括经营收入、资产性收入、转移性收入等。另一种风险抵御机制是家庭采取的事前和事后抵御风险的行动。家庭会采取各种行动来减少风险暴露如积累资产等。为了应对风险，人们会采取一些事后经济行为来抵御风险，如减少食品数量和降低质量、延迟健康相关的支出、不让儿童上学或让儿童成为劳动力、临时打工、减少投资等。

刘一（2016）认为贫困一般可用贫困线来度量，对贫困线的选择在很大程度上影响了贫困的度量。贫困，又称"生存贫困"，是指缺乏维持生存所必需的最低生活标准的能力，通常使用最低水平的营养或恩格尔系数来判断；或者用购买力和物价指数来判断。世界银行贫困线的标准是每人每天 1.25 美元，这一标准在世界各国的贫困问题研究，特别是在国别贫困比较研究中广泛使用。因为购买能力原因，在用货币度量贫困时，通常有收入和消费两个指标可以选择，而消费指标具有更强的科学性。相对贫困是关于贫困标准的主观判断，通常以一国或某一地区居民平均收入的 30%～50%作为划分标准，如果不能达到这个标准，便被认为是穷人；或者把某个比例，如 5%或 10%的最低收入人口定为贫困者，这种方法在反贫困工作成效评估中使用较多。

凯瑟琳（Kathleen S. Short，2016）认为在衡量和量化儿童贫困的程度时，通过描述美国使用的各种贫困措施，并说明这些措施之间的一些差异，从而得出新的补充贫困措施是更有效的。美国使用的三种措施分别是在国际范围内频繁使用的贫困的相对措施、美国官方的贫困措施和新的补充贫困措施（SPM）。新的补充贫困措施与另外两项有所不同，因为它考虑到为贫困家庭提供的非现金福利，包括营养援助如食品券、补贴住房和家庭能源援助。SPM 还考虑到家庭面临的必要费用，如与工作和保健有关的税费和开支。相比 2012 年的估计，SPM 显示儿童的贫困率低于其他两项措施。由于非现金津贴用于帮助那些处于极度贫困状态的人，贫困儿童的比例也低于 SPM 阈值的一半以下。贫困的两个重要措施，即国际比较中使用的相对措施和官方的贫困措施，无法衡量政府计划对减轻贫困的影响，而 SPM 则说明非消费福利确实有助于家庭满足他们的基本需求。

爱德华（Edward J. Bird，1999）认为应该从发达国家过去的贫困经验中吸取经验教训。第一，倾向于认为贫困是一个相对概念，不同的社会对其有不同的定义。第二，贫困定义似乎是政治均衡的一部分，政治和社会行为者似乎能够对这些定义产生一些正式或非正式的影响。从这两个角度来看，贫困定义在再分配模式中应该是内生的。第三，贫困似乎是一个永久性的问题，没有因为国家变得更富有就像公共问题那样消失。对于预转移和转移后的贫困来说，贫困定义下确实产生了一个贫困问题，而且这个问题从未被转移政策解决。事实上，①贫困是相对的，其定义是可变的；②贫困受政治操纵；③作为一个社会问题，在经济转型之前和之后，贫困依然存在。

哈戈纳尔斯和沃斯（Hagenaars A and Vos KD，1988）认为贫困是一种绝对低于客观需要的物质的状态，这种贫困定义基于恩格尔法，其中规定，收入增加时，食品支出与收入的比例将下降；收入减少时，食品支出与收入的比例将上升。以绝对最低限度的形式表达比例为1/3，即每户家庭消费食品的比例超过家庭总收入的 1/3 则被认为是贫穷的。相关的贫困指数即固定成本与家庭总收入的比例，是指许多低收入家庭的固定成本增加，主要是由于能源价格上涨，即使有固定的收入水平，其可支配收入净额也大幅下降，通常把与贫困相关的固定成本与收入的比例作为衡量贫困程度的一种指标。

哈戈纳尔斯和沃斯（Hagenaars A and Vos KD，2010）认为贫穷没有单一的普遍接受的定义。在学术层面上，教科书从“绝对”和“相对”的贫困的区别开始。绝对贫困是指缺乏维持生存需要的物质，即缺乏维持身体健康的必要条件。相对贫困则扩大了贫困的概念，将个人视为社会一分子，他们有参与社会、分享其习俗和规范的精神需要。贫穷可以被定义为缺乏成功生活所需的金钱和基本必需品的经济状况，如缺乏食物、水、教育和住房。收入安全、经济稳定以及满足基本需求的持续手段的可预测性都可作为贫困的绝对指标。因此，贫困也可以被定义为缺乏可预测的和稳定的满足基本生活需要的手段的经济条件。贫困也可以通过各种各样的统计手段来确认，如人均寿命、饮食中的热量、单位人口的教师或医生数量、人均钢铁产量或电力产出、农村人口比例或在农业部门工作的人数、汽车、里程、管道设施等，当这些指标低到一定程度时，可以判定为贫困。

二、关于贫困成因的文献综述

关于贫困的成因，匡利民（2001）认为贫困的原因包括农村居民思想观念上的落后，安于现状，不思进取；贫困地区教育落后，教育水平低，教学设施差；农村地区急需但却缺乏科技人才；农村地区经济水平落后，缺乏外来资金，投资方向不合理，内部资金筹措困难，扶贫资金运用不合理；乡镇企业发展不合理，创办乡镇企业具有盲目性，乡镇企业的产权问题，企业没有自主权，乡镇企业地域的局限性；综合开发上的差距，缺乏优秀干部的领导，无法带领村民发家致富。

阿布都外力・依米提（2010）认为新疆农村地区贫困原因包括新疆地区教育水平不高、农民文化素质低、劳动力转移难；农村公共卫生事业发展缓慢；农民身体素质较差；农民缺乏对自身利益的表达意识；自然环境恶化、人均耕地减少；市场因素对贫困农民的冲击日益加剧，物价不断上涨；农村社会保障制度不健全；保障水平低。此外，农村低保制度存在很大的问题，制度理念不科学，制度不完善，保障水平低，缺乏资金，与其他社会保障制度的衔接不完善。这些因素共同造成了新疆农村地区的贫困。

吴艳美（2008）认为贫困主要取决于居民的收入水平。农村贫困是指缺乏满足人体基本活动所需的生活资料或者虽然解决了温饱问题，但是收入和现阶段社会平均收入相差很大。据此，可分为绝对贫困和相对贫困。绝对贫困是指收入难以或仅能维持生活最低生存水准的状况，是最低层次的贫困；相对贫困则是收入远低于社会平均收入的一种生活状态，是较高层次的贫困。农村贫困的标准，又称为贫困线，是指在一定的地域范围内和经济发展水平下，满足农村居民基本生活资料和生产资料的最低费用。农村贫困线又可分为绝对贫困线和相对贫困线。山东地区农村贫困的因素包括经济因素，农业劳动生产率低是造成农村贫困的根源，农民就业不充分，农民外出打工门槛越来越高，对农民的素质要求越来越高，山东近年对劳动力的需求远远低于劳动力的供给；人口因素，家庭负担系数高致贫，山东贫困家庭户均人口多，有收入的人口少，多子女家庭的子女上学费用支出高，农村贫困家庭养老支出占家庭收入比重高；文化素质低致贫，思想意识封闭保守、商品意识差；社会因素，政策倾斜也是导致贫困的原因，长期以来，我国采取的一些依靠牺牲农业和农民利益的政策不利于农村地区的发展，缺乏农民权利的保障机制。

徐光、罗敏（2007）认为人口受教育程度低，自我发展能力差，教育落后，文化水平低，人力资本的质量低，是农村贫困人口产生的主要因素。农村中文盲、半文盲的农业劳动力只能从事简单的低收入传统农业劳作，收入水平难以提高，且这些贫困人口运用所学知识、技能获取社会资源、利用社会资源、实现自身价值的自我发展能力较差。农村剩余劳动力数量大，例如，2005 年，贵州省人口为 3 931 万人，其中农业人口为 2 874 万，占全省总人口的 73.11%，农村劳动力为 2 452 万人，滞留农业内部的劳动力多达 1 946 万。农业生产方式落后，生产方式仍停留在人力加畜力的水平上，绝大多数农活是靠牛拉犁、肩挑担、背背篼、手插秧、镰割稻来完成。小农意识仍然广泛存在，自私自利、安分守己的性格突出，农业整体生产效率低，农业产业化程度低，交通困难、信息闭塞且自然条件恶劣、电力供应不稳定等基础设施薄弱依然是限制农村贫困人口生活质量提高的主要因素。在农村，最基本的通信需求基本得不到满足，农村贫困人口往往处于信息边缘状态，难以及时把握市场经济带来的发展机遇，在选择农作物品种和种植方法、调整产品结构、农产品销售等各个环节具有盲目性，农产品的增值率相对较低。环境恶劣与资源稀缺在一定程度上导致了农村的贫困问题，并加大了解决这些地区贫困问题的难度。贵州省贫困农村地区医疗卫生条件差，地方病病情严重，社会保障系统薄弱，社会保障范围窄，大多数农民群众处于国家社会保障的范围之外。部分地区人口仍处于贫病交加的状态，致使贫困程度加深，因病致贫、因病返贫率高。

李献中、刘月霞（2005）认为导致农村贫困的原因可以归结为六大瓶颈：政策瓶颈、基础设施瓶颈、文化技能瓶颈、启动资金瓶颈、组织化瓶颈和社保瓶颈。政策瓶颈是指中华人民共和国成立以来，我国一直实行重工业轻农业、重城市轻乡村的倾斜政策，特别在计划经济时代，实行不合理的价格政策，使农村一直处于政策不利的局面。基础设施瓶颈是指大部分贫困地区农业生产条件太差，农民拥有的生产生活资源太少，存在土地贫瘠、偏远闭塞、自然条件恶劣、人均拥有的耕地面积太少等问题，使得生活在这里的农民不是难以依靠现有生产资料和技术来摆脱贫困，就是难以融入现代社会，无法有效地获取经济信息，平等地享受、使用公共资源；基础设施薄弱，会导致交通不便、信息不灵，严重制约了农村经济社会的发展。文化技能瓶颈是指农民文化素质普遍不高，在农村贫困地区，人均受教育年限短，按照九年义务教育的脱盲标准，贫困地区的人们大多是文盲、半文盲，既没有掌握现代生产技术，也不具有从事第三产业所要求的知识技能，不易转行。一旦离开自己熟悉的职业，就只能从事简单的低收入传统农业劳作，收入水平难以提高。启动资金瓶颈是指农业生产周期长，资金周转慢；易于遭受自然灾害，生产风险大；农产品量大价低，市场销售风险大，利润率低，这些特点使单家独户的农业生产者处境艰难，贫困群体就是因为陷入了投资资金匮乏与财富难以积累的恶性循环而难以脱贫。组织化瓶颈是指我国农村的生产经营活动是以农户为单位，人多地少，组织化程度低，农户经营行为协调性差，在生产资料购买上缺乏联合行动，在生产设施投入上户户样样俱全，在农副产品销售上各自为战，这样不利于参与市场交易和竞争，大大增加了生产经营成本，不仅使资金更显匮乏，还丧失了规模效益和协作效应。社保瓶颈是指在农村，不提供或提供很少的公共产品，农民只能自力更生，农村社会保障水平低，这也是农村贫困发生率高、贫困人口难以稳定脱贫的重要原因。

韩林芝、邓强（2009）根据我国农村具体情况，提出致贫原因可大致分为自然、经济和社会因素。自然因素主要包括生存环境恶劣，中国的农村贫困人口主要集中在西部地区，这些地区大多生态恢复能力低、环境破坏严重，特别是人们赖以生存的耕地资源贫瘠、土地可利用率低、生态环境较差；生态系统恶化，生态环境的破坏主要是指自然资源不可持续的损耗，如土地无止境的开垦、资源衰竭、水土流失严重、对草原的过度开垦导致沙化、人口膨胀超过土地承载能力造成生态环境恶化；自然灾害频繁，贫困地区大多生态系统脆弱，环境对灾害的延缓、遏止能力弱，是自然灾害典型的群发地区，主要包括洪水、干旱、沙尘暴、雪灾、地震、农林牧病虫害、森林火灾等多种自然灾害，自然灾害对贫困地区农牧业生产的打击往往是致命的，是导致贫困的主要因素之一；自然资源相对不足，缺乏有效开发利用。经济因素主要包括产业结构落后，贫困地区的非农业就业机会缺乏，广大贫困户只能从事第一产业工作，导致了第一产业劳动者占社会劳动者总数的比例长期居高不下，劳动生产率相对较低，资本积累率低，贫困人口平均收入水平低下导致低水平的购买力，投资不足，资本形成不足，使得生产规模、生产率和产出都只能维持在较低的水平上，最终使得农民收入处于低水平，资源利用效率低。社会因素主要包括区域发展不平衡，我国西部广大地区处于落后状态，始终未能得到很好的发展，贫困现象比较集中。社会开放程度低，我国贫困地区大多地处封闭、联系途径缺乏、联系手段落后、交通不便、信息沟通不畅、市场发育程度较低，这些都严重制约了人们对外部世界的了解和知识的更新，制约了人们生产技术水平和经营管理水平的提高。基础设施薄弱，人口增长较快，对环境造成极大压力，教育落后，文化水平难以提高，卫生条件和人口健康状况恶劣。

熊长云、崔飚（2001）认为农村贫困的主要原因是旧体制和不平等政策加剧了农业的弱质性，制约了农民收入增长和自身素质提高，长期以来的重工轻农、重城轻乡发展战略，扩大了工农、城乡的差距。中华人民共和国成立初期，迫于国际、国内形势，我国选择并实施了一套向重工业倾斜的经济发展战略，由于国家工业化对农产品特别是粮食的不断增长的需要和资金积累的庞大需求，在农产品流通体制上，实行以国家垄断为特征的统购统销，计划代替市场，在工农之间、城乡之间，形成了农业相对不利的条件。1984 年以后，工业发展过热，农业则陷入停滞徘徊，工农关系一直处于失衡状态，其原因在于对农业投资明显不足。以解决农产品供求矛盾为核心的政策，演化出“以粮为纲”的农业发展格局，导致了农业结构单一，机会成本高。长期以来城乡分割的户籍制度使农民素质难以提高，限制农村人口进城的二元户籍制度使农村大量剩余劳动力被牢牢地束缚在有限的土地上，贫困地区农村人口成为最大的受害者。改革措施与发展政策存在缺陷，优先发展战略加剧了贫富分化，优先增长模式不利于贫困地区的发展，使得贫困地区得不到像东南沿海地区那样的优惠政策，从而处于停滞或缓慢发展状态。在“先富帮后富”的指导思想和“效率优先，兼顾公平”的原则下，推行区域瞄准的受益者选择机制，使得扶贫项目难以落到贫困者头上，由于贫困地区缺乏强有力的约束和监督，以及必要的政策法律支持，这种项目只在传统的社会关系网中流动，受益者也仅仅是与项目管理者关系密切而实际并非十分困难的农户，更为严重的是，扶贫资金被有的贫困地区的乡政府挪作他用，或被一些腐败官员中饱私囊，扶贫政策难以起效。一些改革措施，如财政包干和分税制对贫困地区不利。贫困地区经济落后，发展水平低，如果财政包干，政府财政收入来源就会减少，财政收入难以提高，无论如何增收节支，也难以摆脱赤字增长的困境。

许营（2013）认为当前社会处于转型期，西部地区贫困人口多且分布广泛，贫困程度严重且相对贫困凸显，致贫的新因素不断产生。导致贫困的自然环境原因包括西部农村贫困地区主要分布在高原山区、沙漠荒漠地带、喀斯特地貌环境危急区、黄土高原水土流失区，这些地方地质、地貌复杂，生态环境脆弱且自然灾害频发，生存环境相当恶劣，被认为是不适宜人类生存的地方。导致贫困的文化教育原因是改革开放以来，西部农村地区在经济发展方面取得了不少成绩，但深处偏远山区的农民的思想观念和生产生活方式依然极其落后，接受文化教育和应用农业技术的意识相当淡薄，文化素质普遍较低；文化教育对西部减贫的作用并不乐观，西部地区平均受教育年限和教育支出的减贫弹性均落后于全国平均水平，2000—2010 年，西部地区受教育年限的减贫弹性为 0.26，同期全国整体水平为 0.66。导致贫困的机制原因包括贫困治理的制度性障碍，改革开放以来，扶贫开发工作取得了不少成就，但至今我国尚未出台一部反贫困的法律，西部地区各级政府存在着很多的问题，如扶贫开发与政策之间出现矛盾，扶贫机构重叠且相互掣肘，扶贫执行力缺失且缺乏有效监督。西部农村地区贫困是多种因素共同作用的产物，如制度性、环境性和结构性等问题，而制度性问题已逐步成为贫困治理的主要症结；扶贫开发资金投入受到约束，而西部地区将其用于扶贫的重点甚至全部转移给国家确定的贫困地区，很容易引起对非贫困地区贫困人口的忽视。西部地方政府的行政和财政支出费用过多，而用于农村的基本公共产品供给与建设的支出却很少；农村基层社会组织作用虚化，在新农村建设的过程中，一些基层组织存在严重的问题，领导班子呈现出边缘化、家族化和派性化，甚至出现了无人管事、无钱办事和无章理事的问题，这些都会弱化基层组织带领乡亲发家致富的能力。

刘进宝、王艳华（2008）认为导致中国欠发达地区农村贫困的原因是多方面的，既有外部因素，也有自身经济发展中的因素；既有宏观环境因素，也有农户自身原因。在中国的欠发达地区，特别是贫困地区，自然条件普遍较差，耕地面积占土地面积的比重都很低，同时这些地区工业和其他非农产业发展不充分，有限的耕地难以承载当地的大量人口，导致劳动生产率难以提高。文化教育落后，精神贫困严重，教育水平落后，不仅严重阻碍了劳动力的流动和就业空间的选择，以及文明乡风的形成，还导致了欠发达地区农村居民的精神贫困。精神贫困比较显著的表现是文化的匮乏或落后，其本质是与现代化隔离，与开放无缘。市场竞争使欠发达地区农村日趋边缘化，在市场经济体制下，欠发达地区的贫困人口出现了在市场竞争中的边缘化倾向，中国欠发达地区的贫困区域自然条件恶劣，基础设施严重缺乏，经济基础薄弱，劳动力素质极度低下，可谓“先天不足”“后天失调”。“适者生存，优胜劣汰”的市场法则使得农村贫困地区与发达地区处于严重不平等的市场竞争地位，市场经济条件下贫困人口生存环境日趋恶化，欠发达地区贫困人口自身参与商品经济的程度非常低，收入主要来自于农业生产的实物，因此难以获得农产品价格上涨的收益，但却无法避开因农资价格和生活资料价格上涨而增加的支出。天灾人祸导致脱贫人口返贫严重，中国是一个自然灾害频发的国家，欠发达地区的脱贫人口只要遇到自然灾害，立即返贫；因病、因残导致贫困也是欠发达地区农民贫困的重要原因，家庭成员中的残疾者也成为导致家庭贫困的根源；上学、建房、婚丧嫁娶也会诱发贫困，因上学致贫是 20 世纪 90 年代末出现的一种新的贫困原因。欠发达地区的农村贫困家庭住房条件普遍较差，甚至存在危房的情况，部分贫困家庭由于生存问题，不得不建房，建房后，家庭就会更加贫困。此外，受传统观念的影响，欠发达地区的农村和其他地区一样存在大办婚事、丧事等消费行为，以及参与封建迷信、赌博、逢年过节大肆铺张浪费等不良消费行为，也可能造成贫困或返贫。

刘海荣（2016）认为贫困户主要致贫原因包括：因病致贫，如果家庭中有长期生病或重大疾病患者，有残疾人、体弱或年老丧失劳动能力的成员，不仅对家庭收入没有贡献，反而会增加支出，导致家庭长期陷入贫困之中，难以脱贫，甚至债台高筑。因环境致贫，贫困地区大都地处山区，农户居住分散且远离乡镇，交通不便，环境较差，资源缺乏在一定程度上制约了当地经济的发展，机械化程度低。缺项目致贫，长期依靠传统农业的家庭收入很低，远远落后于时代发展的步伐，虽然身强体壮，不满足现状，但是由于缺少资金、缺乏项目阻碍其创业道路，从而制约了贫困户的发展。文化低致贫，由于种种原因，许多贫困人口因贫困而失学，又因失学而成为新一代贫困人口，贫困家庭人口受教育水平远低于全县平均水平，劳动力文化素质低，既是贫困的结果，又是造成贫困的原因，由于劳动力文化素质低，发展家庭经济缺计划、缺技术、缺管理能力，外出打工收入也与非贫困户有很大差距，从而影响脱贫致富的信心和决心。突发灾害致贫，有的农户本来家庭经济状况就差，距离贫困线不远，若遇天灾人祸，如种植业减产减收，养殖业遇瘟疫，或家庭成员突然伤残、死亡，或遇其他自然灾害等，就可能造成贫困或返贫。供教致贫，现在供养一个孩子上学花销很大，贫困户大多居住在山村，缺学校、缺老师，上学要到乡镇县城，通常需要外出租房供养子女读书，给本身就不富裕的家庭增加了不少的开支，导致他们长期处于贫困状态。

朱京荣、鄢贵权和李江（2008）认为南岩溶区农村经济发展落后的原因主要包括脆弱的岩溶生态系统，西南岩溶山区的生态系统具有多样性和易损性，易遭到破坏而难以恢复，脆弱的岩溶生态系统导致西南岩溶地区水资源短缺（工程性缺水）、土地石漠化。云南省、贵州省和广西壮族自治区3个省区的水资源总量非常丰富，但由于降雨的季节性很强，且地形崎岖破碎及生态环境的退化严重，导致地表保水能力和调控能力低，降雨很快沿裂隙、漏斗、落水洞及缺土缺林的陡坡注入地下和深山河谷，水流以垂直运动为主，地表径流稀少，而地下岩溶水资源十分丰富，形成网络状暗河水系。尽管地下水十分丰富，但是通常埋藏很深，开发利用比较困难，西南地区并非资源性缺水，而是季节性缺水、工程性缺水，即由于地质条件复杂，工程受益区分散，导致工程造价及供水成本高，投入远大于产出，当地政府和个人无经济能力支撑，导致取水工程难以实现而造成缺水。长期以来，工程性缺水严重制约着西南地区社会经济的可持续发展；石漠化现象严重、土层瘠薄，中国西南地区因为地质、水文、气候等环境的特殊性及人类活动的加剧，石漠化已经相当严重。石漠化是西南岩溶山区生态建设与可持续发展的主要障碍，岩溶山区单位面积耕地的产量低，由于人工滥伐原始森林，加剧了土壤侵蚀；人为原因包括人口素质低下，土地过度开垦。我国西南岩溶山区人口压力大，人们为了生存而砍伐森林，陡坡垦荒，农业生态环境日益恶化，形成“人口增加—陡坡开荒—植被退化—水土流失—石漠化—贫困”的恶性循环；矿山资源的不合理开采，资源开发基本是粗放型的开发经营模式，产品以原料或粗加工为主，不仅经济效益不高，而且资源浪费惊人和污染环境严重；地方交通不便，商品经济发展滞后，教育文化落后，科技普及困难，科技落后；资金短缺、投资严重不足等也是西南岩溶地区经济发展落后的重要原因。

张俊浦（2008）认为西北民族地区农村贫困受到多重因素的影响。自然环境的限制是当地贫困的客观因素，甘肃省东乡县科学技术的发展水平还很低，当地人对自然环境的依赖性还很强，因而恶劣的自然环境是导致当地贫困的客观因素。首先，复杂的地理环境造成农业基础比较薄弱，一是良田少，二是降水量特别少；其次，东乡县的自然地理条件十分复杂，各种交通运输方式都受到极大的限制，且由于发展严重滞后，很多路修在山顶、山脊之上，尤其在山区生活的农民，多居住在大山深处，交通不便，严重制约了地方经济的发展；最后，由于地理环境等因素造成的信息不通畅也是制约东乡民族地区经济发展的另一重要因素，东乡县由于受地理环境的限制，削弱了当地少数民族获取信息的能力，致使他们信息闭塞，对市场供求信息反应迟钝，造成了在市场竞争中处于劣势地位。制度不当是当地贫困的首要因素，从农村自身来看，主要体现了“三个不适应”：一是农产品结构不合理、质量不高，不适应市场日益多样化、优质化和精细化的需求；二是农村第二、三产业水平不高，不适应农民多渠道扩大就业和增加收入的需要；三是农民进入市场的组织化程度不高，不适应市场竞争特别是参与国际竞争的要求。东乡县的产品结构不合理，经济基础薄弱，国民经济仍停留在传统农业阶段，工业化水平低，规模和总量小、质量差；农业仍是劳动密集型，受耕地、灌溉条件、科技和人口素质低等因素制约，难以形成规模化、产业化经营，经济增长困难。第一产业比重大，第二产业比重较小，第三产业增长缓慢。文化贫困是制约发展的内在因素，作为民族地区代表的东乡县，地理位置偏僻，宗教信仰虔诚，信息闭塞，很容易形成一种自己的文化。在这种文化下，贫困的代际继承模式普遍存在，人们的致富进取心不强，贫困状态很难改变。人口整体素质较低是当地贫困的基础因素，农村劳动力的整体素质较低，使其难以及时接受一些新思想和新观念，缺乏市场竞争意识和应用新品种、新技术开拓市场的胆识和魄力，限制了他们的就业选择，制约着劳动力的转移程度和转移效率。

海山（2000）认为我国贫困地区的致贫因素有两种，可分为客观性致贫因素和主观性致贫因素。客观性致贫因素主要包括自然生态环境脆弱，土地生产力水平低，在经济贫困面前，人们只能向自然环境进行更大规模的掠夺—开垦，必然导致进一步的贫困，形成一个开垦—生态恶化—贫困—开垦的恶性循环；地理位置偏僻，交通闭塞。我国大部分贫困地区远离大城市和经济发达地区，而且地形复杂，交通条件差；工业落后，经济基础薄弱，贫困地区长期处于自给自足的自然经济状态，工业加工能力弱，社会经济基础薄弱，由于工业分担社会经济运行发展的能力弱，必然增加土地的负担；扶贫目标过低，不能消除贫困根源，当前的扶贫事实上仍然是救济式扶贫，因此还存在助长贫困地区人们依赖心理的副作用，解决温饱问题的标准过于简单，脱贫标准过于简单也是出现返贫现象，甚至部分地区扶贫工作出现弄虚作假的一个原因。主观性致贫因素主要指导致一个地区贫困的内在因素，包括人口劳动力素质低、干部思想意识落后等。主观性致贫因素主要包括文化教育落后，人口劳动力素质低。由于地理位置偏僻、经济落后，贫困地区文化教育长期处于落后状态，致使人口劳动力素质难以提高，贫困与人口劳动力文化素质低呈正相关关系，一是师资水平太低，基本上小学水平教小学，而且还既教学又务农，二是复式制教学方式；干部队伍素质低，形式主义盛行，社会管理人治化，贫困地区干部多在贫困文化环境中成长起来，缺乏开拓进取精神，“等（照顾）靠（救济）要（帮助）”思想比较普遍，而上级部门在解决贫困地区问题上常常有急于求成的心理，又缺乏对贫困地区工作科学有效的监督检查评价机制，形式主义蔓延，形成另一种贫困—搞形式主义—贫困的恶性循环，成为主观性贫困地区人为的灾难；人口劳动力文化素质低为社会管理人治化创造了条件，而人治化不仅使国家政策法令的落实受人为因素干扰，而且为腐败现象的滋生创造了条件；财政管理上的腐败表现为资金分配人为性、随意性强，资金被截留、挪用现象普遍，资金分配使用上的人为性、随意性不仅使贫困地区经济运行受不确定性因素影响大，难以有计划、有秩序地发展，而且还为其他腐败现象的产生提供了机会和条件。

奥卢瓦塔约和奥霍（Oluwatayo I. B and Ojo A. O，2016）认为非洲大陆拥有丰富的自然资源，特别是大面积适合农业生产的土地。尽管非洲大陆存在未开发的资源和机会，但令人惊奇的是，非洲的许多国家都是全球贫困和弱势群体中最贫穷的。非洲大陆面临着由暴力极端主义分子和边缘化阶层的活动导致的不安全的问题，腐败加剧基础设施建设破败和长期被忽视，治理不善和规划不足导致青年失业率上升，以及贫困和生产技术不足的问题。尽管粮食危机形势恶化对非洲农业转型存在制约，但农业仍是大多数非洲人（特别是农村居民）的主要生计来源，仍然对非洲经济贡献巨大，当务之急是扩大劳动力就业和增加国内生产总值份额。因此，随着贫困人口的不断增加，非洲的减贫任务就成为一个移动目标。非洲农业的问题和前景受其影响，也突出了非洲的贫困状况和潜在的原因。作者从项目/问题识别到评估角度，倡导农民参与国家和国际层面的政策讨论，提出了自下而上（又称为社区驱动型发展）的政策制定方法。这就需要加强政府和私营部门在投入和基础设施方面的合作，这是非常重要的，因为政府收入下降，不能再承担提供和维护基础设施的责任。政府应通过提供有利环境鼓励农民加工和增值，农民应努力参与合作活动，增加获得信贷和市场的机会，并从集体谈判权中获益，获得政府和潜在资助者的支持。

肯（Kee WS，1969）提出了一项根据经修订的社会保障行政部门贫困指数估计美国几个最大标准大都会统计区域贫困人口数量的研究。收入和消费需求是衡量经济贫困的两个主要因素。结果证实，普遍认为扩大和改善人力资源投资是减少城市贫困的最有效途径。贫困与劳动力参与率之间的负相关关系表明，政策对劳动力需求增加，或者全面经济活动的普遍增长将会减少贫困。

杰弗里（Geoffrey Gilbert）认为史密斯•斯密对贫困的看法受到的关注比预期的要少，但值得考虑。在道德观中，史密斯对物质财富的追求持怀疑态度。贫穷不是经济剥夺的条件，而是社会隔离和心理不安的原因。在“法学讲座”中，史密斯认为经济不平等的程度随着社会从狩猎阶段向放牧阶段的发展而演变。他认为“贫穷”在商业社会中普遍存在，但并不成为问题，因为“打工仔”并没有遇到实际的痛苦。在富裕国家的增长模式中，劳动者获得了工资，这为他们提供了一切必需品，甚至是一些便利和奢侈品。诚然，削减贫困仅仅是为了稳定衰退的经济体。史密斯认为国家对穷人的援助毫不掩饰，这对于下层阶层的城镇工业发展的健康和道义上的影响是深刻的。

阿什福德（R. Ashford，2010）分析了目前经济衰退的原因以及实现经济复苏的方式，普遍采取广泛认同的默认假设，即经济衰退与未能解决问题之间没有实质的一阶关系的系统性贫困。否则，应减轻系统性贫穷并需要解决方案来促进经济复苏，这在同一次讨论中将会得到普遍的解决。这种广泛认同的默认假设是错误的，未能扭转系统性贫困是当前经济危机的根本原因。经济衰退（和次佳增长）发生于市场参与的关键群体相信未来收入能力的分配不足以购买可以生产的产品，尽管有能力利用现有劳动力和资本生产更多的物质且以现有的技术能力可以降低单位成本。系统性贫困的本质也是收入能力不足。在失业率上升的情况下，收入能力不足的问题（即使认为在经济好转时期也常常困扰穷人）如洪水泛滥。因此，不要认为华尔街不会失败，应更准确地认识到穷人和中产阶层收入能力的重要性。促进经济复苏的主流政治/经济战略包括：①资本收购，其资本收入来源主要是大企业和资本充足的人（通常与现有财富成比例），以及政府的重新分配；②为贫困人口和中产阶级提供就业机会（但绝不是最佳或最高收入的工作）以及各种形式的福利再分配。这些政策不能充分利用现有的生产能力，因为即使在降低单位成本的情况下，它们也不能分配足够的收入来购买产品。主流的政治/经济战略未能认识到，资本收益的更广泛分配将提供更大的激励措施，以充分地利用未使用的生产能力（劳动力和资本），而不是较狭窄的资本收购分配。主流战略中缺少的元素（可以很容易地加入政府和私人公司政策中，而不需要任何额外的成本）包括向同等的政府支持的企业融资，银行、私人保险公司、政府贷款机构向贫困和中产阶层的人开放担保、再保险。

莫德巴泽（Modebadze V）研究了反全球化者对全球化的敌视。他们经常谈论这一进程的消极方面，并认为全球化导致了全球不平等和贫穷的剧烈增长。据了解，全球化的积极影响在全球范围内并不均匀，世界的一些地方甚至整个大陆（非洲）被排除在外。非洲国家以及许多发展中国家不能从全球化进程中受益，相反，绝大多数非洲人被西方国家边缘化和剥削。在非洲，绝大多数人民的社会边缘化是对全球稳定的严重威胁。全球化进程并没有给非洲带来繁荣，贫穷普遍存在。国际货币基金组织（IMF）和世界银行迫使非洲国家推行公开市场政策，导致非洲贫困急剧增加，扩大了贫富差距。开放市场政策对许多非洲国家的经济基础设施和工业基础造成了巨大的破坏。20年前可以自给自足的大陆现在已经成为食品的净进口国。全球化导致南北国家之间不平等现象最为剧烈的增长，因为前者的进口成本持续上涨，而后者制造的产品价格持续下降。

亚洛（B. Jalloh，2010）认为国际货币基金组织和世界银行是如今非洲国家贫困的主要原因。尽管它们声称将减少非洲的贫困，但人们普遍认为，非洲的贫困是由国际货币基金组织和世界银行的政策导致的。它们的计划多年来一直受到严重的批评，因为大多数时候它们便是造成贫困的因素。国际货币基金组织和世界银行的政策与原来的意图截然不同。这两个货币机构最初在1944年的布雷顿森林会议上由44个国家组建，目的是为第二次世界大战后全球经济创建一个稳定的框架。特别是国际货币基金组织最初是通过向危机经济体提供无条件贷款，并建立稳定汇率和促进货币兑换，来促进稳定增长和全面就业的机制。这些愿景中的大部分都没有实现。美国政府的压力使国际货币基金组织根据严格的条件开始提供贷款。这些政策降低了发展中国家的社会安全水平和劳动，造成了环境标准的恶化。

在研究了贫困的定义及成因后，国内外众多学者采用不同的方法，进一步研究具体的扶贫手段和脱贫措施。

三、关于脱贫举措的文献综述

有许多国内外学者从不同的视角来研究多种脱贫措施。

中文文献方面，一些国内学者研究了产业脱贫这一扶贫举措。杜伟（2016）指出产业脱贫是指以市场为导向，以经济效益为中心，以产业发展为杠杆的精准扶贫、精准脱贫过程；是促进贫困地区发展，增加贫困户收入的有效途径，是精准脱贫的必由之路，是持续巩固脱贫成果的有效策略。他认为，近年来洛阳市产业脱贫取得了一定成效，但贫困地区的资源优势尚未有效转化为产业优势和经济优势，产业脱贫的精准化、组织化、科学化、规模化水平较低，需要采取相应的措施予以解决。白宜勤（2017）认为特色产业是陕西省农村贫困人口生活和收入的主要来源，发展特色产业是提高贫困地区自我发展能力的根本举措。要真正解决农村贫困问题，必须由“输血式”转向“造血式”，走产业脱贫之路。苏海红、杜青华（2016）认为“十三五”时期，坚持市场导向与政策扶持相结合，依靠科技进步和提高劳动者素质，以生态畜牧业发展为核心，结合优势资源发展特色种养业、高原生态旅游业、民族手工业、畜产品加工业以及文化创意产业和新兴服务业，是加快青海省青南藏区产业脱贫的现实选择。通过创新产业脱贫模式，从产业脱贫政策自身机制和产业脱贫具体实施层面进行调整创新，将产业脱贫重点由以往的“重生活”向“重生产、重发展、重生态”转变，形成政府扶持引导、企业主导、贫困人口积极参与的产业脱贫新格局，才能取得精准扶贫和精准脱贫的实效。

此外，国内一些学者还研究了金融手段助力脱贫的情况。邓坤（2015）依据四川省巴中市 3 县 1 区在 2011 年 1 季度至 2014 年 2 季度的面板数据，分析了涉农贷款这一主要金融扶贫惠农工具对当地农民收入的影响，发现涉农贷款占比增加并不能提高农民收入。此外，从构建的金融扶贫效率指标来看，农村企业组织贷款的扶贫效率在样本期内呈上升趋势。因此，可根据贫困地区实际经济情况和发展目标来引导涉农贷款的流向，有效发挥金融扶贫惠农的政策功能。师宗华（1998）认为小额信贷扶贫是最大限度地利用扶贫资金，并有效地扶贫到户的新型扶贫方式，并研究了小额信贷扶贫的基本特点、作用、管理机制及基本运作方式，最后提出对甘肃省开展小额信贷工作的认识和意见。

国内学者还研究了财政扶贫这一脱贫措施。孙翊刚、权太保和沈翼（1998）认为制约农业发展的因素很多，主要有农业自身的物质基础薄弱、工农产品比价失调尚未得到彻底解决、传统的农业经营方式制约地方财政的发展，并提出拓宽农业投资渠道，增加农业投入；发展多种形式的联合，促进农村产业化发展；建立效益财政机制，运用财政手段等，最终化解农业地区的脱贫问题。陈建国（2016）指出应准确把握新形势下云南省脱贫攻坚的基本特点，并探讨了云南财政支持脱贫攻坚的成效和面临的挑战，提出应科学谋划，打赢脱贫攻坚战的财政举措。具体而言，包括创新谋划财政扶贫思路，超常规筹措财政扶贫资金，建立机制提升财政扶贫资金使用绩效等。郭宏宝、仇伟杰（2005）指出财政投资是解决农村贫困问题的有效途径，在新世纪的扶贫工作中财政投资的效率边界值得加以研究，并分析了农村财政投资对减贫的作用机制，最终在此基础上提出了当前农村减贫中财政投资在不同地区、项目上的合理区间和运作方式。

国内学者还对更多的脱贫举措加以研究。孙自铎等（1997）以安徽省的实践为基础，着重研究了文化扶贫的意义，指出以“扶文扶智”为宗旨的文化扶贫开创了扶贫方式的一条新路；文化扶贫为科技扶贫建立坚实的基础，把科技扶贫推向新的层次；文化扶贫使农村两个文明建设找到了最佳结合点；文化扶贫促进了贫困地区的经济增长。王克启（2015）根据当前我国贫困地区的现状，就如何做好保险精准扶贫进行深入的思考，提出完善保险服务体系，扩充保险服务覆盖面；扩大大病保险覆盖范围，让贫困户告别因病返贫；大力发展“三农”保险，让贫困人口走农业脱贫之路等的新战略、新思路，以供保险经营机构在精准扶贫工作中灵活运用。王峻峰、胡振彤（2016）认为应采用多种方式打好精准扶贫攻坚战。具体而言，包括施行健康扶贫；产业扶贫；组织土地流转，使贫困户获得资产性收入；利用传统优势，开展种养加产业扶贫；组织企业帮带；争取资金入股企业，实现可持续扶贫；科技脱贫；兜底脱贫等方法。

外文文献方面，国外学者也从不同的角度研究了各种脱贫措施。有一些外国学者研究了保险手段助力脱贫的情况。阿巴伊和约翰内斯（Abay Asfaw and Johannes P. Jutting，2007）以塞内加尔为例，分析了健康保险在贫困削减中的潜在角色，发现健康保险在提高健康服务的使用和保护家庭免遭灾难性额外支出方面非常重要。可是大部分人口，尤其是穷人和农村家庭，并没有被任何健康保险计划覆盖。因此，向政策制定者提出扩大健康保险覆盖面，尤其应当覆盖国家最穷人口的政策建议。吉纳维夫、朱蒂斯、恩斯特和卡罗琳等（Genevieve Cecilia Aryeetey，Judith Westeneng，Ernst Spaan and Caroline Jehu-Appiah. ect.，2016）采用 Probit 模型和工具变量法分析 2004 年加纳国民健康保险计划对家庭额外支出、灾难性支出和贫困的影响，发现高额外支出导致加纳地区灾难性支出和贫困；参加国民健康保险计划会降低额外支出、提供财务保护、减少贫困。

国外学者也对金融扶贫措施加以研究。克里斯托夫、科林和维克多（Christopher J. Green，Colin H. Kirkpatrick and Victor Murinde，2006）考查了金融部门发展政策，尤其是支持小微企业发展，有助于削减贫困问题。特别的，通过实证工作和案例研究，探讨了小微企业在发展过程中的角色，正式或非正式金融的进入对小微企业的影响以及小微金融的作用。很多有关金融政策、小微企业发展和贫困削减之间联系的研究已经进行，以实现“到 2015 年为止全球贫困减半”的千年发展目标。尼吉尔（Nikhil Chandra Shil，2009）关注穷人社会，认为如果能够给予穷人资金和建议，他们就能摆脱贫困的命运。孟加拉乡村银行模式有助于以商业化的方式将信贷项目的范围从个人扩展到小微企业。而对于这些信贷项目，有时很难从受管制的金融机构中获得贷款。目前已做出很多努力来使小额信贷项目更加商业化。

国外学者还对政府扶贫的情况加以研究。乔纳森（Jonathan A. Aderonmu，2010）探讨了农村贫困的成因，以及尼日利亚连续多届政府所采取的减贫措施，并分析了过去减贫努力的主要缺陷，强调了地方政府在贫困削减过程中能够扮演的潜在角色。申根、彼得和苏哈代奥（Shenggen Fan，Peter Hazell and Sukhadeo Thorat，2000）利用 1970—1993 年的州水平数据，应用联立方程模型，估计印度不同类型的政府支出对农村贫困和生产力增长的直接和间接效应。结果发现，为了减少农村贫困，印度政府应当优先投资农村道路和农业研究。这些类型的投资有更大的贫困和生产力影响效应。除了花在教育上的政府支出有第三大边际影响效应外，其他投资仅有温和的影响。克劳迪奥、菲利普和戴安娜（Claudio A. Agostini，Philip H. Brown and Diana Paola Góngora，2010）以智利最新证据为基础，研究地方政府所实施的现金转移在县级层面对贫困和不公平的多种影响，尤其探索了地方公共财政和统治力量影响资金转移效率的方式。研究模型发现，公共支出、财政补贴和产业用地份额与贫困和不公平的大幅削减大有关联；统治力量很少影响减贫中资金转移的效率。通过更好地理解这种机制，社会项目的目标会更加清晰有效。

从上述研究脱贫措施的中外文文献中可以发现脱贫措施多种多样，包括产业脱贫、金融扶贫、政府财政扶贫、文化扶贫、保险助力脱贫等方式。大多数国内学者结合了中国各地的具体情况来研究各种脱贫举措。但是也发现，国内学者研究脱贫举措的方法大多是政策解读、案例分析等定性方法，定量研究偏少。从外文文献中可以发现，国外学者结合各国不同的国情来研究脱贫举措，主要包括保险、金融和政府助力脱贫的措施。相比国内，国外学者的研究更加规范，定量分析也更多。

本研究主要致力于分析各种脱贫措施中保险手段助力脱贫的情况。下面将就保险与脱贫的关系这一问题具体展开阐述。

四、关于保险与脱贫关系的文献综述

国内外学者就保险与脱贫的关系进行了大量的研究。许多中国学者研究了保险助力脱贫的情况。

许多国内学者未细分险种，仅就一般保险机制与脱贫的关系进行研究，从总体上考察了保险或社保机制的减贫效应。孙武军、祁晶（2016）构建了包含保险机制和不包含保险机制的两个家庭资本随机增长模型，并给出家庭陷贫概率，以此研究保险保障在家庭摆脱重大突发事件引致的贫困陷阱中的作用。研究发现，家庭获得保险保障后的陷贫概率由可增长资本效应和保险补偿效应共同决定。相对富裕家庭购买保险能降低陷贫概率，且保险的赔付比例越高，陷贫概率越小。相对贫困家庭购买保险后的陷贫概率可能提高也可能降低，取决于临界资本对保费费率的敏感系数。无论是相对富裕家庭还是相对贫困家庭，随着保险公司附加保费系数的下降，两种家庭的陷贫概率都随之下降。潘波（2015）指出要找准保险工作对扶贫开发的着力点，大力推进惠农扶贫，完善农业保障体系；助力产业扶贫，完善产业扶贫政策；拓展资金扶贫，完善金融支撑体系；突出民生扶贫，完善社会保障体系；推进救灾扶贫，完善防灾减灾体系，使保险服务能更好地惠及贫困地区的群众。潘国臣、李雪（2016）引入可持续生计分析框架，研究脱贫的关键要素及其风险管理，其中重点分析了生计资产和生计策略方面存在的主要风险及危害，以及现行的风险管理措施和效果，在此基础上探讨保险在扶贫风险管理中的作用。研究发现，针对脱贫过程中的各类风险，保险可以提供全面的应对措施，发挥较好的风险管理作用。最后，从政府和保险公司两个角度探讨了推动保险扶贫的体制和机制创新思路。刘一伟（2017）基于中国综合调查（CGSS）数据，采用 Probit 模型和 IV Probit 模型，将贫困分为经济贫困、健康贫困和精神贫困三个维度，探讨社会保障支出对中国居民贫困的影响和反贫、脱贫的作用，并分析了背后的影响机制。研究发现：社会保障支出降低了居民发生多维贫困的可能性，且在缓解经济贫困方面更为显著。同时社会保障支出的减贫效应具有城乡差异，对城镇居民而言，社会保障支出主要缓解经济贫困与精神贫困；对农村居民而言，社会保障支出主要缓解了经济贫困与健康贫困。文章进一步指出，社会保障支出主要通过缩小收入差距与提高居民收入来缓解经济贫困；在健康贫困方面，社会保障支出的作用通过提高健康水平得以实现；在精神贫困方面，社会保障支出的作用路径是提高居民的幸福感与娱乐休闲消费水平。李楠（2017）从保险作用机制出发，结合甘肃省实际情况，对甘肃省农村居民潜在的致贫风险因素进行分析，主要对自然灾害因素、重大疾病因素、基础设施缺乏、农村居民教育费用支出等四大致贫因素进行综合分析，并找到了可能的扶贫路径。最后根据风险的分析与路径的综合研究结合甘肃省实际情况对保险扶贫路径提出了相关建议与对策。

还有一些国内学者专门就农业保险与脱贫的关系加以研究。郭佩霞（2017）认为，目前民族地区贫困日益向自然灾害威胁下的家庭生计脆弱过渡，这一贫困性质的变化要求政策干预转向农业保险支持。考察民族地区农业保险财政补贴政策，普遍存在目标瞄准偏离、对三方农险主体激励不足、缺乏地域特殊性等问题。对此，基于反贫困需要的农业保险补贴政策的完善，需要从补贴范围、补贴力度等方面出发，加强对农户、保险经营机构、地方政府的激励，并通过差异化的补贴标准等路径，设计具有地域特征的补贴框架。吴臣辉（2007）考察了印度农业保险助力脱贫的情况。印度是一个自然灾害频发的国家，其农业人口众多、总体经济水平发展不高，农村贫困人口约占农村人口总数的70%以上。独立以来，印度政府一直都在为农村反贫困进行不懈的努力，实行了各种政策、措施来缓解农村的贫困压力，农业保险是其中一项重要的政策。印度农业保险经历了调研、发展、成熟三个时期，成为印度经济稳定发展、农民脱贫致富的重要保障。谭正航（2016）指出充分发挥农业保险的化解农业风险、稳定农民收入、防控农民因灾致贫与返贫、保障国家粮食安全战略等基本功能，是推进我国农村精准扶贫、精准脱贫和全面建成小康社会战略实施的内在需求。从精准扶贫视角来看，我国农业保险扶贫还存在扶贫对象识别不精准、项目安排不精准、保险补贴不精准与扶贫到户措施不精准等问题。法律是农业保险扶贫的基本保障。我国农业保险扶贫法律制度不完善是造成上述问题的重要原因。因此，我国应通过革新指导理念，健全立法保障体系，准确定性农业保险、合理配置农民保险权利、构建扶贫激励约束法律制度、优化农业保险风险防控法律制度等推进农业保险扶贫法律制度完善，以促进农业保险精准扶贫功能发挥，有效推进精准扶贫、精准脱贫国家战略的实施。李鸿敏、杨雪美、冯文丽等（2016）指出河北省“阜平模式”是农业保险扶贫的重要突破，并结合“阜平模式”的一些具体措施，论述了农业保险是精准扶贫的有效风险管理工具，提出农业保险精准扶贫需要政府精准扶持，保险公司精准开发新险种，加强贫困地区保险的精准宣传和完善精准的支持保障措施。谭磊（2017）结合中国农业保险精准扶贫运行机制，通过分析中国农业保险实施精准扶贫面临的挑战，对中国农业保险精准扶贫对策进行了研究，从大力开发农险产品和全面规范农险管理两方面对中国农业保险实施精准扶贫提出了建议。张伟、罗向明和郭颂平（2014）认为自然灾害是造成少数民族地区农村贫困的重要因素，政策性农业保险提供的风险保障有利于稳定农民收入，降低贫困发生率。受财政补贴制度和经济发展水平的影响，当前中国少数民族地区农业保险保障水平显著低于东部沿海地区，导致农业保险的扶贫效应难以得到充分体现，两地农民的收入差距进一步加大，财政补贴的公平性问题也日益凸显。政府应该进一步优化少数民族地区农业保险的险种结构，设计灵活的保障水平和保费补贴组合供农民自由选择，并将拨付给少数民族地区的部分扶贫资金转化为保费补贴的方式发放，以发挥农业保险扶贫的杠杆效应，帮助农民早日脱贫致富。孙香玉、张帆（2013）通过对甘肃省岷县的农户进行实地调查，对当地农业保险发展现状进行了分析和探讨，发现农业保险在贫困地区存在的主要问题，并提出了相应的发展对策。同时，应用Tobit模型对甘肃省贫困地区（以岷县为例）农户农业保险需求影响因素进行实证分析。对贫困地区农户农业保险的现状和需求进行分析研究，有利于了解当地农户的有效需求，促进农业保险在贫困地区的顺利开展。曹斯蔚（2017）以广西壮族自治区这一相对贫困的农业大省为研究对象，提出了区域性政策建议，以期助力广西精准扶贫工作。其认为在我国精准扶贫工作中，重点帮扶的贫困人口绝大部分生活在偏远农村，以农业生产为主要生活来源。扩大农业保险的保障范围可以有效地提高农业的抗风险能力，防止农民因灾致贫、返贫。李晓（2015）认为，要充分发挥农业保险在扶贫中的保障作用，需要借助多方力量，既要扎实推行政策性农险，又要鼓励更多的机构和资本进入农险领域，扩大农险在贫困地区的覆盖范围，并加大创新力度，为精准扶贫发挥不可或缺的作用。

为缓解老年贫困问题，国内许多学者分别研究了城镇和农村地区的养老保险等保险举措与脱贫的关系，取得了很多研究成果。首先，国内很多学者研究了城镇养老保险与脱贫的关系。姚建平（2008）指出在不同的社会保障制度模式下，社会养老保险的反贫困功能不一样。

不同的养老社会保险制度设计会影响其反贫困功能的发挥。美国的公共养老保险制度——“老年人、遗属和残疾人保险（OASDI）”的计算办法具有累退倾向，受益对象不限于城镇职工退休者本人，还包括配偶、遗属和残疾人，在实际给付时关于受益类型、课税、最低和最高收益、随生活成本进行调整等政策规定，对于低收入者的保护倾向非常明显。与美国相比，我国目前的社会养老保险存在覆盖面窄、水平偏高，受益水平差异偏大，缺乏不同的受益类型设计等问题。为推动多层次养老保障体系建设，我国社会养老保险制度改革的政策取向应该是降低现有的受益水平，扩大覆盖面，并通过覆盖更多的低收入者来增强制度的反贫困效果。同时评估和改革城镇职工个人退休金账户，以防止养老金差异过大。李二敏（2013）分析了我国城市老年贫困群体的构成，并在前人研究的基础上分析我国城市贫困老年群体的规模，指出我国城镇居民养老保险制度设计有待完善且具有保障水平低的缺陷，在此基础上就我国养老保险制度缓解城市老年贫困群体问题提出了建议。刘海宁、穆怀中（2005）认真分析了基础投保年限基本养老保险制度的保障水平，特别是解决老年贫困问题的能力。研究发现，为了在不断临近的人口老龄化高峰期保障退休者老年生活，1997 年我国确立了“统账”结合的城镇基本养老保险制度。“统账”结合的基本养老保险能够较好地、分层次地解决老年贫困问题，能够有效地保障老年人的基本生活水平，有利于社会的稳定和发展，是符合我国国情的一种较好的城镇社会养老保险方案选择。

其次，农村、牧区养老保险等的保险举措与农村脱贫的关系也被众多国内学者加以研究。张川川、约翰·吉尔斯（John Giles）、赵耀辉（2014）使用中国健康与养老追踪调查（CHARLS）数据，采用断点回归和双重差分识别策略，估计了“新农保”对农村老年人收入、贫困、消费、主观福利和劳动供给的影响。研究结果显示，“新农保”养老金收入显著提高了农村老年人的收入水平，减少了贫困的发生，提高了其主观福利，并在一定程度上促进了家庭消费并减少了老年人劳动供给。进一步的研究显示，健康状况较差的老年人受到政策的影响更显著，表明“新农保”的政策影响存在异质性。乌云高娃、巴图（2008）简要阐述了内蒙古农村牧区养老保障面临的挑战，着重分析了建立农村牧区养老保障体系过程中的制约因素以及由此导致的贫困问题，并提出了建立和完善农村牧区养老保险制度，实现农牧民脱贫的对策建议。龙玉其（2015）指出，目前在人口老龄化、家庭小型化、农村劳动力转移等背景下，民族地区农村家庭养老和自我养老的功能逐步弱化，需要完善农村社会养老保险制度。从理论上来说，农村社会养老保险制度的反贫困作用主要体现在制度模式、制度设计、制度实施等环节中。少数民族地区积极加强农村社会养老保险制度建设，在预防和缓解农村老年人贫困方面发挥了积极作用，但同时也存在不少问题与制约因素。未来需要进一步完善制度设计，加快实现养老保险制度人群全覆盖，建立非缴费型养老金制度，加大中央财政投入。薛惠元（2013）分别从试点县和农户两个层面来分析新农保的减贫效应。通过构建倍差法（简称 DID）计量模型，对广西壮族自治区 43 个县域经济数据进行实证分析发现，新农保政策具有显著的减贫效应。但由于新农保的覆盖面还不大，其对整体农民人均纯收入的影响还没有体现出来。根据对湖北省团风县、宜都市和仙桃市的调研数据进行分析发现，新农保对农村老年居民产生了一定的减贫效应。但由于农村老年居民领取的养老金水平偏低，其减贫效果还十分有限；对全体农户而言，新农保的减贫效果不明显。郑惠帆（2014）运用历史研究法，分析新老农保在筹资方式、缴费机制、标准设定等方面的差别，从关于贫困地区新型农村社会养老保险制度的基本理论出发，以国家级贫困县——石楼县新农保制度的发展为例，通过实证分析法，调查石楼县的基本情况，了解石楼县新型农村养老保险的现状和整个贫困地区新型农村社会养老保险制度建立过程中存在的问题。同时以贫困地区当地实际发展情况为基础，探究该地区新农保制度发展中产生相关问题的原因。通过比较分析法，在总结德国、新加坡、日本关于农村社会养老保险制度特点的同时，结合国内的苏州、重庆模式，对国内贫困的南疆地区的新农保制度进行研究，借鉴这些国内外的发展经验，最终提出完善贫困地区新型农村社会养老保险制度的建议，使得广大贫困地区的老年农民能够老有所养，真正从多方位为建立多层次、多支柱的农村社会养老保障体系提供保证。刘一伟（2017）利用具有代表性的中国老年健康影响因素（CLHLS2011）大样本微观跟踪调查数据，构建 Logit 计量回归模型，将农村老年人贫困分为经济贫困、健康贫困与精神贫困三个维度，从实证的角度，探讨了社会保险与农村老年人贫困的关系。研究发现，养老保险与医疗保险在不同程度上缓解了农村老年人多个维度的贫困。进一步指出，农村老年人贫困存在“恶性循环”，经济贫困、健康贫困与精神贫困三个维度之间相互存在显著的正向影响，但社会保险对农村老年人陷入“贫困恶性循环”起到了调节效应，即社会保险弱化了不同贫困之间的正向作用。这些发现可以为政府改善农村老年人群的贫困状况提供可靠的政策依据。翦芳（2015）从贫困的内涵、特征、分类及养老保险、新农保制度和相关贫困理论出发，结合目前我国农村养老保障现状及新农保制度现状，探寻新农保制度在降低农村贫困率、减轻农村贫困程度以及缓解农村返贫现象等方面的减贫效果，综合分析现阶段新农保制度减贫效果中主要存在的政府财政失责等问题，并提出一系列建议措施，以进一步加强我国新农保制度的减贫效果。习华（2016）基于 VEP 理论，测算了来自中国家庭追踪调查数据库的样本家庭的贫困脆弱性，并基于微观调查面板数据，以样本家庭贫困脆弱性测算结果为基础，利用面板数据双向固定效应模型和面板数据 Probit 模型，从家庭贫困脆弱性的角度研究了新农保养老保险对参保家庭贫困脆弱性的影响。

还有很多国内学者探讨了城镇和农村的最低生活保障制度、失业保险与脱贫的关系，成果丰硕。王轶群（2006）从北京市社会经济发展的实际状况出发，主要以“十五”时期的统计年鉴资料为基础，通过对城镇最低生活保障线进行测算研究，对城镇贫困群体规模、变动趋势的动态描述和对失业保险基金承受能力进行精算预测分析，系统且有重点地探讨了目前北京市城镇最低生活保障制度和失业保险制度运行中存在的问题，并在此基础上提出了治理城镇贫困问题的对策性建议。吴丽莉（2008）着重阐述了以下问题：我国城市贫困的概况，为什么要反城市贫困，如何通过失业保险有效解决城市贫困等，探讨了失业保险在减少城市贫困中的重要作用。葛霆（2015）利用“2010 年中国家庭追踪调查”（CFPS2010）的社区数据和成人数据，以附带效果模式为基础，分别从村级层面和个体层面出发，对农村最低生活保障制度的减贫效果和福利依赖效应进行了评估和分析。根据评估结果，分别从制度内和制度外两个角度提出相应的政策建议。孙月蓉（2012）分析了加拿大保险助力脱贫的情况。加拿大拥有覆盖全民待遇优厚的社会保障系统，其中低收入家庭保障计划针对低收入家庭的不同情况，设有税收减免补贴、儿童福利金、养老保障收入补贴、住房补贴等各种个性化救助项目，同时该计划以政府财政为支付保障、鼓励社会力量参与，基本实现了对低收入人群的全面救助，对加拿大社会和经济的稳定发展起到了重要作用。分析加拿大的低收入家庭保障计划，总结其先进的经验，有利于进一步完善我国的最低生活保障制度。

医疗保险在助力脱贫过程中非常重要，国内很多学者专门研究了医保与脱贫的关系。胡宏伟、刘雅岚和张亚蓉（2012）根据 2007—2010 年 9 个城市的家庭跟踪面板数据，使用面板数据固定效应 Tobit 模型方法，检验了医疗保险、贫困以及二者的交互作用对家庭医疗消费绝对量和相对比例的影响，结果表明在控制了其他因素的前提下，医疗保险显著释放了家庭的医疗需求，促进了家庭医疗消费绝对量和相对比例的提高；贫困因素显著抑制了家庭医疗消费，家庭人均收入越低，医疗消费越少，特别是低保户的家庭医疗消费更少；城市的农村户籍低保户获得医疗保险将显著提高医疗消费占家庭总支出的比重，医疗保险和贫困因素对家庭医疗消费相对水平的作用存在城乡差别。王飞跃（2003）指出农村合作医疗保险是实现农村小康社会的一项重要的公共事业。特别是在贫困地区建立、健全完善的合作医疗保险制度，不仅可以遏制农民因病返贫，还有利于农村公共医疗卫生事业快速反应机制的建立。但从目前的试点情况来看，对于贫困地区建立农村合作医疗保险制度，在资金匹配、医疗资源整合以及管理方面还有待于进一步健全和完善。王书举（2016）认为切实解决贫困群众脱贫问题，需紧扣减轻贫困群众看病就医负担这个主题，坚持“精准、精细、精良”原则，立足从根本上解决困难群众“因病致贫、因病返贫”问题。具体而言，坚持医疗扶贫全员覆盖，实施动态管理；调整医保报销政策，提升待遇水平；实施住院大病全报销，财政兜底助脱贫；完善慢性病鉴定办法，实行联网即时结算。深入开展医疗保险脱贫攻坚行动，使医疗扶贫资金真正投入到贫困群体，充分发挥医保精准扶贫的制度保障网作用。王起国、李金辉（2016）指出大病保险作为一剂破解“因病致贫、因病返贫”困局的精准扶贫良方，助力脱贫攻坚成效显著，对打赢脱贫攻坚战具有重要意义。然而，保险业开展大病保险面临着保本微利下的经营亏损、筹资机制有效性限制、保障机制设计仍需优化等问题。鉴于此，可以从提高认识水平、积极开拓创新、着力加强监管、加强制度建设、注重组织协调五个方面入手，不断推进大病保险健康发展。吴延风、信亚东和章滨云（1999）等探讨了农村大病统筹医疗保险方案的关键技术——特殊人群中贫困人群的界定问题，采用“收入平均数法”和“基数法”两种贫困测量技术，运用实际数据进行验证，结果显示这两种方法均具有科学性、合理性和可操作性。贫困人群的界定将为农村大病统筹医疗保险方案提供风险临界线和最大保险覆盖范围，从而界定解决因病致贫问题重点对象。薛秦香、王玮和卫小林等（2010）认为城镇居民基本医疗保险与城镇贫困人群医疗救助制度是社会保障体系的重要组成部分，也是社会保障领域改革的重要环节，两者衔接对缓解城镇贫困人员“看病难、看病贵”，提高卫生服务可及性、公平性有重要现实意义；并结合两制度衔接现状，探讨了两个制度衔接的必要性和可能性，以及当前两个制度衔接存在的困难和问题；最后提出了相关的政策建议。解垩（2008）利用中国健康与营养调查（CHNS）数据，估计了1989—2006年医疗保险对中国城乡家庭的反贫困效应。结果发现，发生灾难性卫生支出的城乡家庭比例较高，最贫穷的群体的医疗费用超过收入的比例增加，医疗保险对减少收入不平等只起到微弱作用。TIP 贫困曲线表明，近几年，医疗保险补偿后，城乡患病家庭的贫困并没有减轻，医疗保险在减少贫困上的作用很小。分析贫困特征的多元回归模型显示，家庭成员数量、教育程度、抚养比率、参保人数等因素都会影响贫困，而条件多元回归模型则显示，医疗保险对贫困的变动没有影响。

外文文献方面，国外很多学者从不同的角度研究了保险与脱贫的关系。有些国外学者分别研究了不同的险种与脱贫的关系，包括一般性的保险、养老保险、合作保险、医疗保险等。

马修、贝特朗和斯蒂芬妮（Matthieu Delpierre，Bertrand Verheyden and Stéphanie Weynants，2016）设计了一个内生风险接受模型来解释穷人更少采用高风险高收益策略、面对收入冲击更脆弱的事实。风险共担的引入，会产生负的风险外部性。由于保险的存在，风险接受会增加，从而产生道德风险。社会计划者通过削减穷人中的保险覆盖，来减少风险接受。通过引入风险共担，发现收入和风险方面的贫富差距有所扩大，而相对风险的效应却是模糊的。菲利普（Philippe Delacote，2009）认为普通的财产资源经常作为抵御经济危机的保险，但其使用可能会导致贫困陷阱。发展中国家的家庭中，如果资源过少或需求保险的人数过多，家庭会陷入贫困陷阱，不能达到生存维持水平。可以通过家庭之间的合作和引入合作保险机制来维持贫困陷阱以外的均衡。私人保险计划也是一个潜在的解决方案。法比奥、沃特和卡门（Fabio M. Bertranou，Wouter Van Ginneken and Carmen Solorio，2004）对巴西、智利等拉美五国进行研究后发现，以税收作为融资的养老金计划在减贫方面非常有效。该计划被视为对养老金覆盖和社会保险覆盖的补充。其挑战在于通过非正式经济中职工现存的保险计划来增加养老金覆盖面，以维持养老金的财务和社会稳定。有很多方式可以提高该计划的财务、管理等标准。伊丽莎白和蒂莫西（Elizabeth J. Fowler and Timothy Stoltzfus Jost，2008）精确考察了健康保险项目进行改革后，公共健康融资项目在改革之后的系统中所扮演的角色。现存的公共项目，如医保计划、国家儿童健康保险计划等项目，关系到近 1/3 的美国人。贫困人口和患者的需求必须满足，因此美国大选结果几乎不会影响这些项目，公共项目会继续存在。在所有改革后的健康保险系统中，低收入和高风险人群的特定需求肯定会被满足。

因儿童健康原因致贫的家庭很多，国外许多学者专门研究了儿童健康保险与脱贫的关系。杰玛、迪弗亚和法赫蒂等（Gemma A. Williams，Divya Parmar and Fahdi Dkhimi. ect.，2017）利用 2012 年加纳 4 050 个代表性家庭的截面调查数据，应用 Logistic 回归方法，研究国民健康保险计划中社会隔离儿童的录用决定因素，发现对于经济贫困、社会和政治隔离的儿童，国民健康保险计划录用更少，国民健康保险计划的公平性尚未实现。最后，提出一些措施来提高保险覆盖率，保证公平，从而可以降低儿童死亡率并改善儿童健康。温妮和皮特（Winnie Yip and Peter Berman，2001）利用 1995 年埃及家庭健康利用和支出调查数据，实证评估了受政府资助的学校健康保险项目在提高儿童对健康服务的使用和公平性以及保持项目可持续性方面所达到的程度。发现该项目显著提高了儿童对健康服务的使用，减轻了健康使用的财务负担，缩小了贫富差距。但也发现仅中等收入家庭中的儿童获益；由于该项目指向学校儿童，入学和未入学儿童的差距进一步扩大；该项目的财务费用可能被低估，从而影响项目的可持续性。安德鲁（Andrew D. Racine，2016）提出面对儿童贫困，美国健康系统已发展出很多补偿性对策：①联邦政府金融系统医保计划被设计以保证贫困儿童的保险覆盖；②健康服务投送在实际层面的重新设计；③联邦和州保险计划的一系列最近实验；④采用一系列工具准确识别由于贫困而面临社会压力的儿童。最后，健康系统应努力提高意识，认识到贫困会直接威胁儿童健康，并要求实施相应的公共政策。劳拉、热内维耶夫和本杰明（Laura R. Wherry，Genevieve M. Kenney and Benjamin D. Sommers，2016）考察了过去 30 年间美国为低收入儿童所提供的公共健康保险的扩展对家庭所提供的财务保护作用，并得出结论：儿童时期参加健康保险计划会减少死亡率、改善健康状况、促进教育参与、减少日后生活中对政府的依赖。总之，国家公共健康保险计划对低收入家庭的儿童有很多重要的短期和长期减贫收益。佩里和肯尼（Perry Cynthia D and Kenney Genevieve M，2007）利用 2001—2003 年医疗支出面板调查数据中年龄为 3～17 岁、生活在少于联邦贫困线 2.5 倍收入的家庭中的儿童数据来估计关于预防性建议接收的线性概率模型。结果显示，在医保计划和国家儿童健康保险计划中，接收更多不被保险的儿童能显著提高家庭接收关于健康行为和伤害阻止建议的机会。然而，接近一半的被保险儿童事实上并没有从医生那里得到重要的建议。泰勒（Taylor J，1994）利用儿童健康计划的数据，考察三个地理区域中低收入家庭儿童的医保服务接收问题。金融、地理、社会文化和使用健康服务的其他障碍被讨论。经过母亲们的辨别，发现儿童主要的医保进入障碍包括医疗成本、开业时间、交通和语言。重点强调了医保服务甚至非常少的手续费对低收入家庭的影响。

就医疗保险而言，还有很多国外学者研究了医疗保险计划助力脱贫的效应。赛义德、詹妮弗和保罗（Syed Abdul Hamid，Jennifer Roberts and Paul Mosley，2011）考察了在孟加拉国农村区域小微健康保险对于贫困削减的影响。利用 2006 年家户数据，以及家庭收入、稳定性、食物充足性、非土地资产拥有权、贫困概率等来测度结果，发现小微健康保险对贫困削减有正向影响。加里、伊曼纽尔和耿介等（Gary King，Emmanuela Gakidou and Kosuke Imai. ect.，2009）评估了墨西哥的一项健康保险计划，利用对 74 组健康组的指派治疗和 2005 年的基准调查结果，非参数性地评估了治疗意图和因果效应，发现健康保险计划确实有利于贫困人口，但是该项目并未显示其他效应。原因可能在于治疗持续期过短。因此，需要进一步的实验和后续研究来评估该项目的长期效应。凯莉、阿纳布和帕特里克（Kayleigh Barnes，Arnab Mukherji and Patrick Mullen，2017）利用印度一项贫穷人口社会健康保险的自然实验数据，估计了保险对成本的分布影响，并利用期望效用模型拟合结果计算福利效应。将消费限额、非正式借贷和资产销售引入并调整标准模型，从而考虑在发展中国家中，可以将财务风险削减值与消费平滑和资产保护相分离。结果显示，相比保险成本，健康保险大幅削减了财务风险和成本，尤其在分布的高分位数部分；因健康原因导致的资金借贷数额和频率也大幅削减。桑德斯和黛莉亚（Sanders Korenman and Dahlia K. Remler，2016）发展并实施了一个概念上可行的包含健康保险的贫困测度，并讨论了其局限性。在此基础上，构建了一个 65 岁以下人口的贫困测度，用以研究马萨诸塞州健康保险改革对于贫困的影响，并评估了该测度的可行性、实用性和价值。结果显示，公共健康保险利益和保费补贴能够大幅度地削减包含健康的贫困率至 1/3。阿努普、维尼和阿贾伊（Anup Karan，Winnie Yip and Ajay Mahal，2017）利用国家样本调查组织和录用的管理数据中三个时间段的家庭数据，应用双重差分法，估计印度 2008 年面向贫穷人口的健康保险计划对于额外支出的因果效应。发现该健康保险计划对额外支出无影响，额外支出反而有所增加。结果显示，该计划在减少贫困家庭的额外支出负担方面无效。姚、拉玛昌德拉和班狄亚帕迪亚等（Rao M，Ramachandra S. S and Bandyopadhyay S, etc.，2012）评估了印度安德拉邦（Andhra Pradesh）州实施的健康保险计划的影响，试图探索该计划在削减穷人灾难性支出上的贡献。利用该计划开始 18 个月的患者数据和 6 个随机选择区域的受益人、提供者数据等两类数据，发现该计划对贫困线以下的家庭大有益处，能够节省政府成本。这是一个成功的开始，该健康保险计划的公平和服务质量有潜力进一步加强。亚当（Adam Wagstaff，2010）应用不可观测异质性的方法，估计了利用政府收入给穷人、少数民族等进行健康服务融资的越南贫困健康基金项目的影响。其缺点是仅能估计该项目对覆盖人群的影响，未得出对未覆盖人群的作用。结果显示，该项目对健康服务的使用无影响，但已经大幅削减了额外支出。

此外，医保助力脱贫过程中健康保险对贫困人口利用健康服务资源的影响也为很多国外学者所研究。索萨、贾拉拉加和洛佩斯（Sosa-Rubí Sandra G，Galárraga Omar and López-Ridaura Ruy，2009）利用 2006 年国家健康和营养调查的截面数据，应用标准的倾向得分匹配方法，考察了墨西哥面向贫穷人口的公共健康保险计划对于健康服务资源使用的效果，以及对糖尿病治疗和控制的效应。发现该计划提高了墨西哥贫穷的糖尿病患者对于健康服务资源和血压控制的使用，对健康状况的管理有正面效果。该发现也适用于其他发展中国家。米歇尔、马克和约翰（Michel Grignon，Marc Perronnin and John N. Lavis，2008）研究了2000年法国政府免费补充健康保险计划的引入对非老年贫困人口对健康服务使用的影响。采用纵向数据集比较了相同个人在进入该计划前后的支出演变，克服了个体异质性导致的虚假性，并采用双重差分法，研究该计划特定好处的影响。发现该计划对健康服务的使用没有显著影响。这可能是由于该计划中的大部分成员都已经从相对慷慨的计划中获益，显著的影响可能来自先前没有被该计划所覆盖的人群。金和艾伦（Jin Kim and Ellen Frank-Miller，2015）考察了健康保险覆盖对低收入人群是否存在有益效果，并应用2002—2010年健康退休研究的数据来检查老年贫困人口中健康服务的异质性使用程度，以及健康保险状态能够平滑贫困对于健康服务利用效果的程度。施毕罗、苏里亚赫迪和维迦帝（Sparrow Robert，Suryahadi Asep and Widyanti Wenefrida，2012）利用2005年和2006年8 582户家庭的面板数据，运用双重差分法和倾向得分匹配法，考察了2005年印度尼西亚针对非正式部门和贫穷人口的一个受补助的社会健康保险项目的目标和影响。发现该项目指向贫穷人口和面对灾难性支出脆弱的人群。该社会健康保险项目增加了对健康服务的使用，提高了贫穷人口的效用。迭戈（Diego Fossati，2016）利用印度尼西亚近400个区和省的定性和定量数据，研究印度尼西亚地方政府为贫穷人口提供的健康保险政策的案例，发现省政府和区政府合作的区域有更高的保险覆盖率，并解释了多层级合作提高政策结果的原因，并得出结论：不同层级政府的政策合作对于复杂社会政策的实施非常重要，即使当地的民主机制十分虚弱，多层级合作也会产生有益的效果。侯晓慧和曹石言（2011）利用2006年7—12月美国佐治亚州的医保项目数据，评估了医保项目的初始影响，评估了好处是否可惠及国家中最贫穷的人群。他们发现医保项目显著增加了受益人对公共健康保险的使用；受益人中最贫穷的群体也可获益。当然，该发现仅适用于项目实施的头6个月，需要进行更多的分析来理解改革的动态和长期影响。施耐德（Schneider Pia，2004）回顾了关于决策理论的社会和经济文献，从不同的社会经济背景下描述低收入环境下个人的参保决策。在这些研究中，有证据显示一些因素能够解释贫困家庭投保或不投保的原因。将理论与实证相结合，能够实施中低收入国家中以社区为基础的健康保险计划，总的目标是提高贫穷人口对于健康服务的使用。

除了贫困人口，少数族裔、妇女、宗教人士等也会面临健康服务资源的进入障碍，遭遇歧视。很多国外学者以少数族裔和妇女等为例，专门研究了健康保险与脱贫关系中的公平性问题。帕特丽夏、邦尼、玛西亚（Patricia Suplee，Bonnie Jerome-D'Emilia and Marcia Gardner，2014）利用美国东北部教堂的西班牙裔女性的截面样本数据，采用卡方、t统计量等描述性统计分析手段，考察知识、态度、信仰等对于健康保险服务进入的影响和健康问题，发现没有保险，也就没有医疗服务，受益人会经历健康不公平，影响满意度。准确评估贫困群体、少数族裔等群体对于医保服务的使用和健康需求，能够改善政策。布拉夫曼、奥利瓦和米勒等（Braveman P，Oliva G and Miller M G. ect.，1988）关注了美国妇女健康保险的缺乏所导致的问题，尤其关注贫困少数族裔妇女的严重问题。他们还描述了不充足保险人口的特征，并且讨论了贫困、不充分保险覆盖、不充足健康服务和较差的健康状态之间的联系。女性活得更长，相比男性更贫穷。妇女的这种人口和经济特征会要求额外的健康需求。缺乏保险和不充足的健康服务会使问题更加严重。伊莲娜和凯伦（Irena Stepanikova and Karen S. Cook，2008）利用 2001 年的调查数据，应用多变量 Logistic 回归模型，考察了贫困和缺乏健康保险对于健康服务中种族和民族歧视的效应，发现相比在社会经济中更优越的同伴，贫穷的白人、未加入保险的黑人和西班牙裔更可能经受健康服务中的种族歧视。向未被保险的人群提供保险可以减少少数族裔中的歧视。

从上述研究保险与脱贫关系的中外文文献中，可发现众多学者研究的具体内容各不相同。国内学者广泛研究了多种不同险种在助力脱贫中的作用，研究了一般性保险、社会保险、农业保险、养老保险、失业保险、医疗保险等险种与脱贫的关系。在农业保险、养老保险和医疗保险助力扶贫的研究方面，国内学者的成果尤为丰硕。从外文文献中发现，国外学者也研究了不同险种与脱贫的关系，但医保与脱贫关系的研究成果尤为丰硕和深入。针对医保问题，国外学者专门研究了儿童健康保险与脱贫关系的问题，医疗保险计划助力脱贫的效应，医保助力脱贫过程中健康保险对贫困人口利用健康服务资源的影响，少数族裔和妇女在健康保险助力脱贫过程中所面临的公平性问题等。可见，国外学者对医保与脱贫关系的研究相当深入。在研究方法上，中外学者除采用定性的案例分析、政策解读等方法外，也大量应用 Probit、Logit、Tobit 等微观计量方法，双重差分法、断点回归、倾向得分匹配等研究设计也有所采纳。在保险与脱贫关系的研究设计上，定量方法的采用逐渐增多，中外研究在不断趋同。

这里拟进一步加强定量分析研究，具体考察保险助力脱贫的问题。

第三章　保险助推脱贫的理论基础

本章的主要写作目的在于阐述保险助推脱贫攻坚的理论基础，即在理论层面上解释“保险能否助推脱贫”“保险如何助推脱贫”等问题，为本书其他章节的具体研究提供理论依据。本章第一部分阐述了贫困的经济学理论基础，梳理经济学界对于贫困问题的相关理论分析及结论，并明确贫困的基本内涵；第二部分阐述风险管理和保险学的理论基础，分析保险的主要功能及其作用；第三部分在贫困的经济学理论和内涵的基础上，具体阐述保险如何通过发挥其特有功能，在理论和实践层面助推扶贫攻坚目标的实现。

一、贫困的经济学理论基础

准确认识贫困问题的经济学原理是实施脱贫工作的基础，本节的主要内容就是阐述贫困的经济学理论基础。本节首先从贫困的概念以及相关课题经济学研究的主要框架入手，然后选取主要的经济学理论进行具体阐述，最后根据相关理论总结贫困问题的基本内涵，为下文讨论保险如何助推脱贫的主题提供经济学方面的理论基础。

（一）贫困及其经济学研究概述

1. 贫困的概念

对贫困概念的理解是对贫困问题进行研究和制定反贫困政策的首要条件和重要基础，贫困一词的定义随时代的发展而不断完善，从最初的收入贫困到能力贫困再到权利贫困，贫困一词的内涵不断丰富。

本书第二章已经针对贫困的定义进行了系统的文献梳理和阐述，从学界的研究成果来看，贫困不仅仅是一种经济现象，更是一种社会、文化现象，其本质主要包括五点：第一，贫困是一种复杂而又多元的现象，贫困不单单局限于经济上的贫困，还包括社会、政治、文化等多方面；第二，贫困的核心是能力的缺失，表现为缺乏创造收入的能力，也缺乏获取机会和资源的能力；第三，贫困实质上是资源配置的不均衡，贫困的表现形式就是低收入，缺乏资源和能力等；第四，贫困是动态的、相对的，贫困会随着历史、环境的变化而变化，会随人们对最低生存需求的理解的变化而变化，会随整个社会的发展水平的变化而变化；第五，风险及面临风险的脆弱性，贫困者由于生存环境和生活条件恶劣，更容易暴露在疾病、死亡等风险下，在自然风险等外部风险的冲击下也更容易受到经济冲击而陷入更严重的贫困状态。

鉴于贫困内涵广泛，我们在对贫困问题进行研究或制定反贫困策略时，应该从贫困的内涵出发，真正解决贫困人口和贫困地区的生存问题，改善其生存状况。其实不论贫困的内涵如何发展和丰富，贫困的直接表现一直是收入或资金的短缺，对是否处于贫困状态的判断标准也取决于收入和资金的数量。因此，研究贫困问题和制定反贫困策略的首要任务就是解决收入低下和资本短缺问题，贫困的相关经济学研究也多从这两方面入手。

2. 贫困问题的经济学研究框架

贫困是一个长期存在的经济、政治、文化和社会问题，也是个难以回避和消除的客观现实。随着社会的发展和演进，社会各界对贫困问题的研究也日趋丰富，经济学家更是基于自身理解对贫困的概念、基本特征进行解释和研究，更不断基于自身领域应用人口经济学、政治经济学、福利经济学和发展经济学等经济学基础理论和知识对贫困问题的产生和发展、脱贫致富规律进行研究，使得贫困的相关经济学研究框架不断完善。

（1）贫困的概念和基本特征。贫困问题发展至今已经不仅局限于物质层面，其内涵已经覆盖政治、经济、社会、文化等多方面，因此如何对贫困进行准确的界定、对贫困特征进行科学的探讨也显得尤为重要。

（2）贫困产生的原因。贫困是一个自人类社会出现以来就长期存在、难以消除的客观现象，遍及世界各地，揭示其形成的原因才能“对症下药”。

（3）贫困人口或贫困地区的发展和现状研究。由于人群或地区的特征不同，致贫原因也会不同，如有些地区是由于自然条件恶劣致贫，有些地区是由于社会条件差致贫，通过对贫困人口或地区的经济发展史进行研究，可以总结其中的规律，也能积累经验教训，而通过对现状的研究则可以更加有针对性地制定反贫困策略。

（4）反贫困理论研究。研究贫困问题的主要目的就是为了消除贫困现象，帮助贫困人口和贫困地区脱贫致富，因此就贫困问题进行经济学研究的最终目标就是要从理论上对反贫困路径进行制定和选择，并从实践中吸取经验进行调整。

针对贫困进行经济学研究对于人们正确地认识贫困现象，了解贫困的成因，研究制定反贫困策略和计划具有重要的指导意义，对贫困问题进行研究也是实现社会稳定、维护社会平等正义、促进社会经济持续健康发展的客观要求。

（二）贫困相关经济学理论

关于贫困问题的思考，许多经济学家提出了自己的理论，如马克思的贫困理论认为随着资本积累和资本有机构成的提高，相对过剩人口产生，失业导致了无产阶级的贫困；马尔萨斯也提出了人口陷阱理论，认为是人口的过快增长导致了生产资料的稀缺，使得人民陷入贫困。还有许多学者从不同的角度对贫困的产生原因进行解释和分析，并基于此提出改善途径。

1. 贫困恶性循环理论

贫困恶性循环理论这一概念由美国经济学家拉格纳尔·纳克斯（Ragnar Nurkse）于1953年提出，该理论提出了贫困的恶性循环这一概念，认为在经济不发达国家，两个方向的循环关系阻碍了资本的积累，限制了经济的发展，使其陷入贫困状态。

贫困国家的贫困原因可以归结为缺乏充足的资本，这可能是由储蓄能力弱或对投资的引诱小造成的。Nurkse从资本的供给和需求两方面出发，对贫困国家或地区长期处于贫困状态的原因进行分析，发现了贫困的恶性循环规律（如图3-1所示）。从资本的供给来看，处于贫困状态的国家，其实际收入水平低，用于维持生存的消费比例相对较高，所以储蓄能力低，而低储蓄又意味着低资本积累，资本积累少会导致生产率难以提升，从而造成了低产出，低产出即意味着低收入。从资本的需求来看，贫困地区的购买力低下，产业发展对投资的吸引力不足，造成低资本积累，低资本积累又导致低生产率，造成低产出，低产出也就意味着低收入水平。

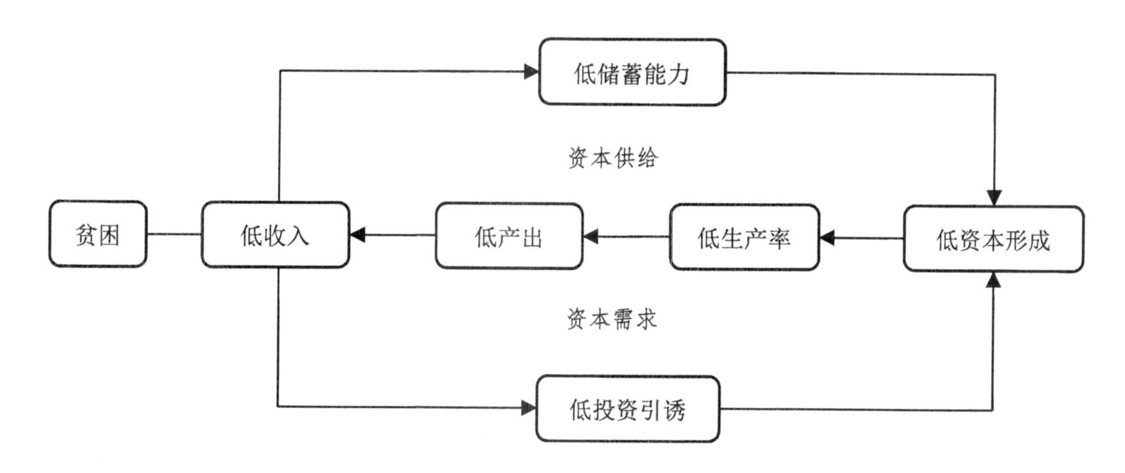

图 3-1　贫困恶性循环理论

贫困的恶性循环理论突出了资本对经济发展的意义，解释了贫困国家长期陷入贫困的原因：因为贫困国家的低收入特征造成了资本供给和需求两方面的匮乏，资本供给不足表现为储蓄能力弱，需求不足则表现为投资引诱小，这两者都导致了资本形成的不足，阻碍了生产率的提升和经济的发展。

贫困的恶性循环理论认为，资本积累是打破贫困恶性循环的关键，但不论是从资本供给还是需求角度出发，已形成的恶性循环都难以自行突破，两个方面的循环关系最后的结果都是在相互加强。Nurkse 也清楚地认识到仅仅依靠大规模的增加投资并不能打破恶性循环，他认为需要进行平衡增长战略，即将资本投入到各个行业中去，使得各个行业和经济部门的生产能够同时得以扩张和发展，各行业和各部门之间互相合作，加强彼此之间的联系，形成生产、信息和技术等多方面的分工协作，获得外部经济效益，这样才能真正达到资本积累，提高实际人均收入。

贫困恶性循环理论突出了资本对经济发展的重要作用，也提出了平衡增长的投资战略，强调了行业分工协作、共同发展带来的多倍经济效益，为之后的学者继续对贫困现象的研究提供了一定的借鉴作用。但是 Nurkse 过分强调了资本形成对经济增长的促进作用。此外，平衡增长战略对于贫困地区脱贫致富的实际作用并不大，因为对贫困地区而言，同时对所有行业进行大规模的投资是不现实的，只能依靠大量的外来投资才能得以实现，这过于被动，并且容易产生依赖性。

2. 低水平均衡陷阱理论

低水平均衡陷阱理论由美国经济学家理查德·纳尔逊（Richard R. Nelson）于 1956 年提出。该理论通过提出假设，并建立数学模型，解释了不发达国家和地区陷入低水平均衡陷阱的原因，并提出了摆脱低水平均衡陷阱的方法。

低水平均衡陷阱是指人均收入稳定在仅能维持生存的均衡水平的一种状态，此时国民收入的边际消费倾向很大，而边际储蓄（投资）倾向很小，资本存量的增长率与人口增长率基本相同，人均收入水平稳定在低水平。

低水平均衡陷阱理论通过分别考察不发达国家的人均资本、人口增长和产出增长与人均收入增长之间的关系，得出低水平均衡陷阱的理论。

Nurkse 认为在人均收入水平很低的情况下，社会总消费水平会高于储蓄水平，整体经济处于负储蓄的状态，人均资本也不会增长，甚至可能呈下降趋势。当人均收入提高到一定水平时，人均资本会随之增长，而人均资本的增长也会带动社会生产部门的扩张，促进经济的发展，提高人均收入，这样就进入了一个人均收入与人均资本共同增长的正循环。

人口增长率与人均收入水平之间也具有相互影响的关系，人均收入水平低下意味着人民生活水平低，所享受的医疗卫生服务少，人的健康水平低下，这也就提高了人口死亡率，抑制了人口的增长，人口存量的下降会在一定程度上提高人均收入水平；而一旦人均收入的增长率超过人口增长率，人民的生活水平得以改善，健康水平得以提高，人口的死亡率也将随之下降，人口的增长率提高，人口存量也随之增加，这又会将人均收入水平拉回到原来的状态。而当人均收入水平超过某一水平，人民的生活水平得以保证，此时人均收入水平对死亡率的影响基本可以忽略，那么人口增长率将不再随人均收入水平的增加而发生变化。

当社会总资源、技术水平不变时，经济增长率会随人均收入的增加而增加，然而由于边际收益递减规律，在人均收入水平不断提高的情况下，资本和劳动的边际生产率会不断下降，使得经济增长率的增长速度缓慢下降，直至达到经济增长率的最高点，资本的边际收益下降，经济增长率也将下降。

由图 3-2 可以看出不发达国家经济增长率、人口增长率与人均收入之间的关系。如图中 AB 段所示，当人均收入水平较低，且人口增长率和经济增长率都呈现正增长的情况下，人口增长的边际增长率高于经济增长率，此时人均收入的增长会被人口的增长所抵消，导致人均收入稳定在低水平，这也是所谓的低水平均衡陷阱。

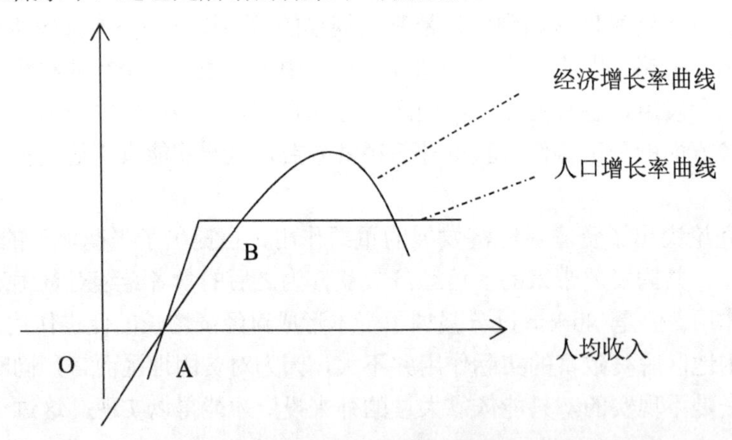

图 3–2　经济增长率、人口增长率和人均收入之间的关系

低水平均衡陷阱理论从人口增长率、人均收入和经济增长率之间的关系出发，解释了人均收入水平与人口死亡率、出生率等之间的关系，认为不发达国家的人口增长对人均收入水平比较敏感，容易陷入低水平均衡陷阱。但是 Nelson 并不将解决问题的视角停留在人口学上，他认为不发达国家收入水平过低，这导致了储蓄率不足、人均资本不足，因此不发达国家陷入贫困陷阱的本质原因是资本稀缺，资本形成不足限制了经济的发展，因此他认为不发达国家应该进行大规模的投资以跳脱低水平均衡陷阱，这样才能使投资所带来的经济增长率能够持续超过人口增长率，从而提高人均收入水平。

低水平均衡陷阱理论的意义在于揭示不发达国家或地区陷入贫困的主要原因是人均收入过低、资本稀缺，强调了资本形成不足对摆脱低水平均衡陷阱的决定性作用，为正处于低水平均衡陷阱的国家或地区的脱贫工作提供了理论基础，也对它们寻求经济发展的途径给予了启发和帮助。但是Nelson仅对处于人口自然增长状态下的情况进行了讨论，没有阐述在非自然状态，即存在政府政策或人口制度限制的情况下，低水平均衡状态能否得到改善。

低水平均衡陷阱理论和贫困恶性循环理论都论证了不发达国家在没有外力的推动下，其贫困状态都是一个稳定的均衡现象，但是一旦挣脱恶性循环或者低水平均衡，经济就能实现持续稳定的增长。这两个理论都过于强调资本形成对摆脱贫困的重要作用，过于依赖投资和资本增长，忽略了很多其他因素对经济发展的意义和作用。

3. 最小临界努力理论

最小临界努力理论是由美国经济学家哈维·莱本斯汀（Harvey Leeibenstein）在贫困恶性循环和低水平均衡陷阱的基础上研究并发表的一个新的贫困理论。最小临界努力是指为打破低收入均衡陷阱和贫困恶性循环所需要的最低的投资率。

该理论认为，在经济增长过程中，存在不同的影响因素，它们会对人均收入水平的增长产生正向促进和反向阻碍两种作用，如图3-3所示。上期人均收入水平和投资水平对本期人均收入水平起正面促进作用，而上期投资水平和人口增长率则会在一定程度上阻碍本期人均收入，因为上期人均收入决定了本期人力资本的素质和健康程度，而投资水平的高低则决定了生产规模和效率。此外，在社会总财富不变的情况下，上期人口增长率又决定了本期人均收入水平的高低。当有两种相反的作用力对人均收入产生影响时，最终人均收入水平的提高与否取决于人均收入水平的促进动力与阻碍力之间的大小。通过前文的分析可以看出，只有当同期人均收入水平的增长率大于人口增长率时，人均收入水平才能得到提高。

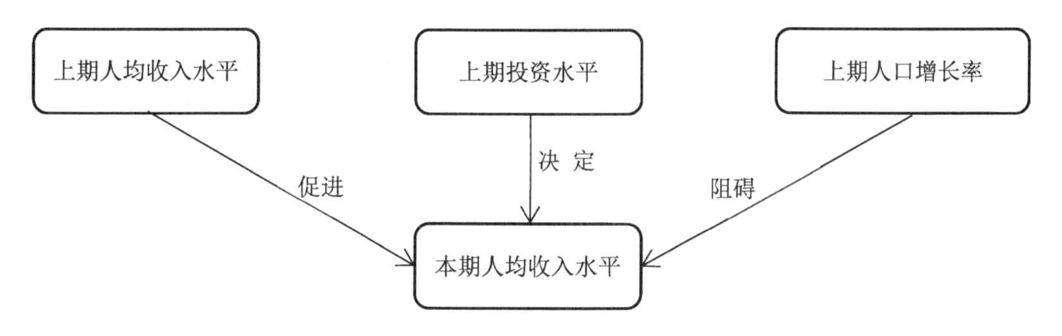

图3–3 本期人均收入的影响因素

最小临界努力理论认为只有进行大规模投资，才能大幅度提高收入水平，以打破人口增长率等阻碍人均收入水平提高的因素导致的收入水平的降低，其主要原因在于：第一，大规模的投资能帮助克服生产要素不可分性所导致的内在不经济，以及无外在依存关系导致的外在不经济；第二，在出生率不变的情况下，收入水平的提高能够降低死亡率，从而提高人口增长率，而人口增长率对人均收入水平提高会产生阻碍作用，需要通过大规模的投资打破这个阻碍；第三，为了经济的持续发展，适当的投资能够增加要素投入、改善经济结构以推动经济的发展。此外，投资的增加也能帮助引入高端人才，增加知识储备，带动技术进步。

最小临界努力理论的核心在于说明一定的投资率能够使得国民收入的增长快于人口的

增长，实现国民收入的提高，从而打破低水平均衡陷阱和贫困恶性循环。他强调了资本形成对促进经济增长的重要作用和人口增长率对人均收入水平的挤压，也突出了规模投资对提高生产率和收入水平的积极作用，对不发达国家认识贫困问题和摆脱贫困状态给予了一定的启示，如让人们认识到要促进贫困地区的经济发展存在一个投资率的阈值，只有超过这个值时，整体经济才能进入一个稳定增长状态。当然 Leeibenstein 的最小临界努力理论也存在一定的缺陷，他没有给出摆脱贫困的具体建议，也没有对最小临界努力在不同情况下的值进行确切分析。

4. 循环累积因果理论

循环累积因果理论由瑞典经济学家卡尔·贡纳尔·米达尔（Karl Gunnar Myrdal）提出，该理论认为在社会环境的动态变化过程中，各社会经济因素之间存在循环累积因果关系，一种社会经济因素的变化会影响另一种社会经济因素的变化，同时后者的变化又加强了前者的变化，导致社会经济过程仍按最初的社会经济因素的变化而发展，从而形成了累积式的循环发展趋势。

如图 3-4 所示，循环累积因果理论可以解释地区经济发展差异存在的原因。一个地区由于初始的资源禀赋优势，获得优先发展的机会，成为经济发达地区，会通过“扩散效应”，向落后地区进行资金、劳动力等资源的流动，促进落后地区的发展。与此同时，“回流效应”也会出现，即落后地区的资金、劳动力等资源也会受到发达地区的吸引而向发达地区流动，使得落后地区的资源缺失，发展更慢。最终的循环累积结果就是发达地区获得更多的资源，累积优势不断发展，而落后地区的可利用资源不足，发展更加缓慢。但是发达地区和落后地区的经济差异是存在上限的，根据规模报酬递减的规律，当发达地区发展到一定程度后，其土地等资源不断消耗，经济效益逐渐减小，经济发展放缓，这也会导致资本、劳动力和技术等资源向落后地区扩散，促进落后地区的经济发展。

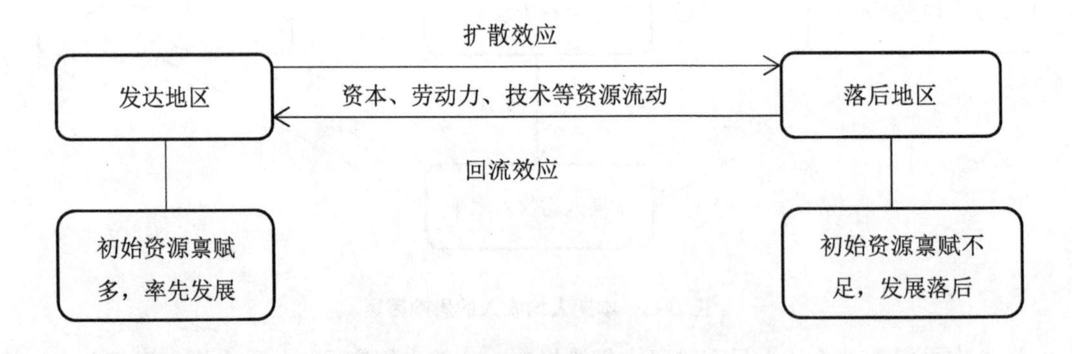

图 3–4　地区贫富差距的形成

循环累积因果理论认为政府干预可以限制地区经济发展差距的扩大，在经济发展前期，优势地区优先发展是有必要的，而当经济发展到一定程度时，政府就可以通过一系列的经济政策刺激落后地区的发展，促进发达地区向落后地区进行资源流动形成的“扩散效应”，同时在一定程度上阻碍落后地区向发达地区进行资源流动形成的“回流效应”，这样就能缩小地区之间的经济差距。

循环累积因果理论还解释了贫困地区长期陷入贫困的原因。在不发达国家或地区，人均收入水平低，人民生活水平和生活质量低下，医疗设施和医疗技术等卫生条件恶劣，人民的健康水平较低，教育条件恶劣，人民的受教育水平低下，劳动力的质量差，导致了劳动生产率的低下，最终导致低产出和低收入，这也进一步加剧了不发达国家或地区的贫困程度，使其陷入贫困的累积性因果循环。

循环累积因果理论认为虽然低收入是由社会、经济、政治和制度等多因素综合造成的，但是资本稀缺和收入分配的不平等是导致低收入的最重要原因。该理论认为需要通过权力关系、教育等方面的改革，使得收入分配更加平等，以提高投资和储蓄水平，促进资本的形成，提高生产率，最终实现收入水平的提高。而收入水平的提高能够帮助打破贫困的累积因果循环，因为高收入水平能够帮助人民获取更加良好的医疗服务和教育，从而提高健康和教育水平，提高劳动力的质量和素质，从而提高劳动生产率，最终提高人均产出和人均收入水平，打破贫困的累积因果循环，形成一个正向的累积因果循环。

循环累积因果理论从一个全新的视角对地区经济发展不平衡和贫困现象产生的原因进行解读，不仅仅从经济市场本身出发进行分析，也考虑了社会、政治和制度等因素的作用，使人们对贫困问题产生全新的认识。但是循环累积因果理论没有解决扩散效应和回流效应在什么条件下会达到平衡，这两者之间的作用强度大小如何等问题。

综合来看，以上四个关于贫困的理论都是从贫困的直接表现——实际收入低出发，对整体经济进行简化分析，虽然都是从不同角度、使用不同方法进行分析，对贫困问题形成原因的分析不尽相同，但都认可资本稀缺对经济的发展具有阻碍作用，也是导致贫困、导致低收入的重要因素。其中前三个理论主要是对长期陷入贫困的原因进行解释分析，然后针对关键点提出相应的解决途径，而循环累积理论主要研究的是贫富差距产生的原因，相比前三个理论，循环累积因果理论不仅仅是从经济这一层面对贫困现象进行分析，而且考虑了社会、制度等其他因素的影响，是对贫困问题研究的一种升华。这四种理论各有其优缺点，对今后贫困问题的研究和反贫困政策的制定具有不少启示性的作用。

（三）贫困的内涵

结合本书第二章对于贫困成因的文献综述，并分析以上对于贫困问题的经济学理论研究，可以看出收入、资本和社会环境的缺陷均是导致贫困的重要因素。本节在前文理论研究的基础上对于贫困的主要内涵进行总结，为后文将保险机制引入农村扶贫体系提供理论前提。

1. 收入水平低

从前文对贫困的概念和贫困相关理论的论述可以发现，贫困的直接表现就是收入水平低，难以满足基本的生活需求。此外，贫困者创造收入的方式和能力有限，这也导致了贫困者长期陷入贫困状态，难以脱离。贫困者由于收入有限，其消费支出仅限于维持基本日常生活，如食品、服装和一些必需生活用品的支出，在教育和医疗等方面的支出能力不足，且可获得的教育、医疗等资源也不足。

贫困地区往往没有足够的教育机构，师资力量和专业素养水平也不高，贫困者很难享受到便捷且高质量的教育。并且贫困地区的消息闭塞，在现代化的信息时代，知识的获取来源不仅是课本、老师和学校，课外读本和网络对增长知识、开阔视野和提高见识也有着不可或缺的作用。即使是处于非贫困地区的贫困者，由于受有限的收入影响，会优先选择关乎生存的食品等其他必需品的消费支出，剩余支出又难以支撑高额的教育相关费用，这就导致了贫困者的受教育手段、年限和质量均有限，因此贫困者的受教育水平低导致了其劳动能力和劳动生产率低，依靠自身进行脱贫的概率也低。

贫困地区的医疗机构较少，医疗相关人员素质不高，医疗机器、药品和技术也相对有限，贫困者很难享用到便利且高效的医疗服务；同样，非贫困地区的医疗服务费用较高，贫困者可能难以承受。在社会医疗保障体制不断完善的当代社会，贫困者就医问题虽然能得到一定缓解，但仍未完全得到解决。在饮食方面，一切消费均围绕着贫困者基本的生存需求，在营养摄取上也有不足，因此贫困者的健康水平相对非贫困者来说也较低，这也导致了贫困者的劳动生产率低，依靠自身脱贫致富的概率也低。

此外，贫困者面对风险的脆弱性也使其生存状态面临更强的不确定性。贫困者由于收入低，仅能维持或不足以维持自身的基本生存，因此对风险的容忍度低。一旦遭遇风险事故，将发生收入受损或超额支出，直接威胁到自身的生存状态。首先，当贫困者面临意外事故造成身体的损害时，需要花费部分或大量收入用于医疗支出，这就直接挤压了食品等日常支出的份额，使自身陷入更加艰难的处境。如前文所述，贫困者身体的健康水平低，因此也更容易遭受疾病的困扰，这一方面会增加医疗支出，另一方面也会影响贫困者的工作质量和工作天数，从而降低贫困者的收入水平，因此疾病风险对贫困者的打击可见一斑。其次，贫困者一般以户外体力劳动为主，很容易遭受自然风险，如暴雨洪涝等的侵袭，影响贫困者的劳动状态和劳动成果，使得贫困者的收入受损，同样威胁着贫困者的生存。最后，贫困者对经济、技术等风险的防控能力极弱，这也增加了贫困者创造收入的不确定性，同时加剧了贫困者长期低收入的状况。

2. 个人生产资本短缺

贫困人口生产资本的缺乏也是导致贫困的另一个重要原因。由于收入水平低下、财富累积少，加之农业风险事故频发造成经济损失，贫困人口往往没有足够资本投入生产和再生产，也就没有途径自行实现脱贫致富。此外，贫困者在依赖自身进行劳动获取收入时，为了提高劳动生产率，难免会遇到资金不足的问题，如需要更新农机农具、引入新的耕种技术等，这些费用都增加了农户的负担，使其面临生产资金不足的困境。

对贫困者的社会保障和社会救助往往只能解决贫困者生存资本欠缺的问题，贫困者要想获取生产资金以提高劳动生产率，可取途径只有借贷。一般来讲，向银行贷款分为信用贷款和抵押贷款，不同的贷款产品所需条件不尽相同，然而对于贫困者而言都难以获取。对于信用贷款，贷款者往往需要提供正当职业和稳定的收入证明，房产和车辆等可以提升贷款额度和贷款的可能性；对于抵押贷款，则需贷款者提供抵押物。而目前农村小额信贷的发展虽然在一定程度上降低了农户贷款的门槛，但是对小额信贷机构的要求有严格的限制以保证企业经营的安全性，并且相应的小额信贷产品也比较单一，还款期相对较短。贫困者往往没有稳定的工资收入，并且缺乏符合银行等金融机构认可的抵押物，因此银行等金融机构考虑到可能面临的信用风险，很难为贫困者提供贷款，即使小额信贷有国家政策支持，但并没有根除农户的信用风险高的问题，因此其难以解决贫困者或低收入农户的资本短缺问题。

3. 产业资本短缺

贫困地区往往初始资源禀赋不足，受限于恶劣的自然环境如地理环境，包括地形地貌和地理位置等因素，使得地区的开发变得困难，或者更不具经济性，陷入贫困后，该地区的资金和人才等资源外流，地区的开发建设更加困难，这就导致了贫困地区基础设施的建设和生产技术等资源不足，贫困者难以享受到应得的社会福利，也难以享受时代进步和技术革新所带来的红利。

首先是基础设施建设不足。贫困地区由于初始资源禀赋不足，出于经济性考虑，政府和商业群体对其开发的力度也就远远不够，对贫困地区的基础设施建设的投入资金不足，对贫困地区基础设施的建设管理体制规划落后。

其次是产业发展落后。贫困地区不具备优秀的人力资源，也不具备充足的生产资金，生产技术落后，其产业发展也就相对落后，没有形成一个完整的产业生产链。以农业发展为例，贫困地区的农业仍是以传统的家庭分散式农业生产经营模式为主，农户依靠经验从事农业生产活动，缺乏科学的管理手段和规划，各农户单独进行农产品的收购和出售。这样进行农业生产不仅生产率低下，而且难以抵御自然灾害。此外，传统的农业生产方式下，农产品的供求市场闭塞，信息交换不顺畅，很容易出现产品积压，这都不利于农户收入的稳定和提高。

4. 社会环境缺陷

贫困者处于社会的最底层，不仅收入低，时刻面临高风险，而且享受的社会公共福利也较少，时刻面临生存问题。其实贫困现象的产生也是一种资源分配和占有的不均衡，这也加剧了社会分级和社会分化，严重阻碍了社会的平等和正义。

而且贫困不仅仅指生活质量低下，更在于社会、精神和文化等各方面的落后，贫困者的价值观、人生观、道德观等与社会标准可能有一定差距，由于自身生存状态恶劣也更容易滋生对社会的不满，产生违法犯罪行为，制造社会冲突，危害社会的稳定和国家的长治久安。

贫困作为一种社会现象，不仅反映了以上社会问题，也体现了社会制度的不完善。造成贫困的原因一部分在于贫困者的初始资源，另一部分则在于贫困者能够获取的机会少，某些社会制度使得贫困者难以脱离目前的状态，这将导致贫困群体的不满，严重时甚至可能动摇社会秩序的安定。比如过于严格的户籍制度会限制人口的自由迁徙和流动，限制贫困地区人口享受社会福利和支配社会财富的机会，在户籍制度影响下，贫困地区人口即使进入发达地区的劳动市场，也会因为存在一定的就业歧视，其就业机会、劳动报酬率等偏低，劳动时长、劳动强度等则偏高。因此某些社会制度的不完善也是贫困现象的产生和贫富差距扩大的重要原因。

虽然在经济发展前期，选择非平衡的发展战略，优先发展经济效益高的地区是可以理解的，但是当经济发展到一定程度，如果仍然没有有效的政策引导以刺激贫困地区的发展，贫富差距扩大是不利于整体社会经济持续发展的。因此，贫困地区的长期存在也是一个整体国家经济发展规划和社会福利制度不完善的结果，说明对贫困地区和贫困人口的扶持政策缺失或者效率低下，难以推动贫困地区的经济发展、难以保障贫困人口的收入稳定，社会救济制度、社会保障体系和一系列扶贫助贫政策没有真正让贫困人口享受到社会发展所带来的福利。

由前述可知，社会制度的不完善和扶贫助贫政策的低效导致了贫困的产生和持续，贫困人口难以得到有效的保障，阻碍了社会的平等和正义，容易导致社会矛盾，影响经济的健康有序发展。

二、风险管理与保险学理论基础

本节研究的主题是保险助推脱贫这一课题在保险学方面存在的理论基础。本节首先简要论述了风险管理与保险学的整体理论体系，明确了本书中保险这一概念主要界定在商业保险的范围内；其次，阐述了保险的准公共物品特征，为后文对保险功能与作用的分析提供了经济学依据；再次，从保险的功能角度入手，讨论了保险的保障、增信、投资、社会管理等四项基本功能；最后，本节在保险功能的基础上对保险的作用进行了分析和延伸，为保险助推脱贫的可能性提供了理论基础。

（一）风险管理与保险学理论概述

为了研究保险助推脱贫攻坚的理论基础，在对贫困的经济学理论依据进行梳理之后，对于风险管理与保险学理论的研究也必不可少。本部分首先介绍风险管理学和保险学的主要内容，然后就二者之间的关系及其在农村扶贫工作中的意义进行了阐述。

1. 风险管理学基本理论

风险管理是人们对各种风险的识别、估测、评价、控制和处理的行为，是指各经济单位利用风险识别、风险估测和风险评价等方式，并在此基础上优化组合各种风险管理技术，对风险实施有效的控制，对风险所致损失的后果进行妥善处理，以最小的成本获得最大安全保障目标的管理过程①。风险管理的主体包括各种类型的企业、组织、家庭和个人，管理流程包括识别、评估、应对和效果评价等多个环节，其核心目标是在付出最小限度成本的前提下，最大限度地保障自身安全。

风险管理可以分为事前风险管理与事后风险管理，其划分界限是风险损失发生的时间点，而风险管理在这两个阶段各有不同的要求：在风险事故引发损失以前，风险管理的主要要求在于优化风险管理手段，合理规划管理方式，并最大限度地控制风险管理成本，一方面能够有效降低风险发生的概率及其损失程度，使管理主体收益最大化；另一方面也能够降低风险的不确定性给管理主体带来的压力和焦虑感。在风险事故引发损失以后，风险管理的主要要求在于维持个人、组织或企业的基本生存条件，保障生产生活的连续性并尽快组织再生产，稳定收入或经营利润等。此外，由于风险事件的影响范围通常不仅局限于某个风险管理主体，各个主体有必要通过风险管理体系在损失发生前控制风险隐患、防灾防损，并在损失发生后减小损失程度、降低社会不利影响，这不仅是风险管理主体自身的生存发展要求，同时也是其社会责任与义务的一部分。

在经济高速发展的现代社会背景下，风险管理的地位越来越受到重视，其存在意义和作用日益凸显：第一，风险管理能够有效维持管理主体生产经营活动的安定，减少其对风险事故的恐惧或焦虑；第二，风险管理能够有效控制风险发生的概率和损失程度，减少因风险事故导致的收入波动和生产中断，从而促进个人或企业生存发展的可持续性；第三，风险管理能够通过提高风险管理主体应对风险的能力增强其生产力和市场竞争力，从而促进管理主体进一步发展扩张，实现更好的经济效益；第四，风险管理通过发挥对各主体的积极作用，增强整个社会和行业应对风险的能力，大大减少了社会经济发展过程中面临的不确定因素，从而促进经济的健康发展和社会的平稳运行。因此，规划合理有效的风险管理计划，不仅对风险管理主体具有重要意义，也是促进国家整体良性运行的重要手段之一。

风险管理的具体方法分为风险控制和风险转移两种。其中，风险控制主要是指减少管理

① 江生忠.保险学理论研究[M]. 北京：中国金融出版社，2007.

主体的风险暴露，即避免和防范风险、减少和控制损失，其具体管理工具主要包括风险回避、损失预防、风险分散和信息管理等；风险转移则是指将自身遭受的风险损失后果转移至其他主体，避免自身承担过多损失，其具体管理工具包括保险和其他风险融资转移方式。

保险是风险管理中最常见的工具之一，而风险管理理论也是保险学理论的核心和出发点。保险的基本理论体系是在风险管理的理论基础上发展而来的，而保险的基本功能和作用也离不开其作为一种风险管理手段的影响。在针对农村脱贫问题的研究中，风险管理和保险的地位是不可替代的。

2. 保险学基本理论

保险学是一门研究保险及其相关事务运动规律的学科，其研究方法涉及经济学、金融学、数学、法学等多个学科，主要研究内容包括保险原理、保险合同、保险基本原则、保险分类、保险产品定价、保险企业管理、保险市场和监管等多个方面。

保险是风险管理的一种手段，是指投保人根据合同约定，向保险人支付保险费，保险人对于合同约定的可能发生的事故发生所造成的财产损失承担赔偿保险金责任，或者当被保险人死亡、伤残、患病或者达到合同约定的年龄、期限等条件时承担给付保险金责任的商业保险行为[①]。保险不仅可以通过赔偿被保险人的经济损失来保证其生产生活的正常运行，同时也是保障整个社会生产、生活秩序的重要“稳定器”，对于个人、家庭和国家均具有重要意义。

本书所讨论的“保险”一般是指商业保险，即投保人和保险人通过订立保险合同运营的、由专门的保险企业以营利为目的进行经营的保险形式。商业保险关系是由当事人自愿缔结的合同关系，投保人根据合同约定向保险公司支付保险费，再由保险公司根据合同约定范围内的事故发生所造成的财产损失承担赔偿责任，或当被保险人死亡、伤残、患病或达到约定的年龄、期限时承担给付保险金的责任[②]。

与商业保险相对的概念是社会保险，即国家通过立法强制实行的，由劳动者、企业（雇主）或社区以及国家三方共同筹集，建立保险基金，对劳动者因年老、工伤、疾病、生育、伤残、失业、死亡等原因丧失劳动能力或暂时失去工作时，给予劳动者本人或供养直系亲属物质帮助的一种社会保障制度。在我国，针对农村人口的社会保险是农村社会保障体系的重要组成部分，主要包括农村养老保险和农村医疗保险。

商业保险与社会保险的主要区别包括：①商业保险由商业保险公司运作，以营利为主要目的，而社会保险由国家指定的专门机构进行运营，以国家财政为基础，不以营利为主要目的；②商业保险由被保险人自愿投保，保险人与被保险人自由签订合同，而社会保险则根据国家法律实施，被保险人必须符合国家规定的保障对象标准，具有强制性；③商业保险的保障范围和保障水平可由投保人与保险人共同协商，充分满足双方诉求，而社会保险的保障标准一般由国家专门规定，保障范围窄，保障水平低，仅满足保障对象的最低生存需求。

与商业保险相比，社会保险具有强制性、非营利性、基础性的特征。如今在我国“精准扶贫”的目标下，由于政策和运行机制的限制，农村社会保险能够提供的仅能是普惠的、基本的、低水平的保障，而无法具体到对每个农户、个人采取精准的扶贫措施。因此，本章的重点主要放在“商业保险如何助推脱贫攻坚目标实现”及其理论基础上，对于农村社会保险

① 摘自《中华人民共和国保险法》。

② 李民，刘连胜. 保险原理与实务[M]. 北京：中国人民大学出版社，2013.

的相关内容不进行过多讨论。

在经营商业保险的过程中，由于保险人总是以盈利为最终目标，因而总是倾向于承保风险低、价值高的保险标的。但是这一目标与我国贫困农村人口的财产状况和保险需求是存在矛盾的。第一，保险合同要以保险标的的存在作为成立的前提和基础，而贫困农户由于缺乏资本和生产生活资料，没有足够规模的田地、牲畜或收成、收入作为农业保险的保险标的；第二，保险人收取保险费用后在保险合同范围内承担保险标的的相关风险，但贫困农户的储蓄和收入都处于极低水平，在没有来自政府财政支持的情况下很难独立支付较高的商业保险产品保费；第三，由于自然环境、市场风险等因素的影响，农户的生产、生活往往面临很大的风险，其生产收入也具有较大的不确定性，不符合保险公司承保低风险标的的倾向。在此背景下，商业保险公司不愿为贫困农户提供风险保障，贫困农户也无法购买符合自身需求的保险产品，传统的商业保险机制不能直接解决农村贫困问题。

尽管商业保险不能直接解决脱贫问题，但是由于商业保险自身拥有的特点，政府可以利用保险的几项主要功能，将其用作助推扶贫攻坚的工具之一。下文中我们将介绍商业保险的主要功能，为下一节分析保险作为助推脱贫工具的可行性和优势提供理论基础。

3. 风险管理与保险的关系

虽然风险管理学和保险学具有不同的内涵和外延，可以看作两个相对独立的学科，但是二者之间又存在密切的内在联系，并对保险的产生和发展具有重要的意义。

一方面，保险是风险管理的组成部分，是风险管理的一种手段。从面对风险的处理方法来看，风险管理有规避风险、预防风险、自留风险、转移风险四种方法，而保险则是主要的转移风险的管理手段之一；从风险的主要类型来看，社会、个人和企业一般面临物质风险、人身风险、财务风险、责任风险和信用风险等几种主要风险，而保险则是弥补以上风险带来财产损失的重要手段之一。

另一方面，风险管理赋予了保险不同于其他金融产品的内涵，保险的核心功能即风险管理。保险的产生和发展始终围绕着风险的积聚、分散和转移这一核心流程，并以实现风险管理的目标为主要目的。投保人和被保险人在选择和购买保险产品时，其主要出发点也在于判断该产品是否能够有效保障自身面临的财务风险。在现代社会背景下，保险作为金融市场的重要组成部分，逐渐被赋予了投资、社会管理等更多经济社会层面的功能和意义，但其内含的风险管理功能仍旧是区分保险与其他金融工具的根本特点。

对于农村扶贫工作而言，农业生产经营的发展和改革均面临着风险事故和资金压力等方面的问题。因此在这一课题下，保险无论是作为风险管理的一种手段，还是作为一种具有风险转移功能的特殊金融工具，都具有重要的研究意义和实践价值。

（二）保险与准公共物品

1. 保险的准公共物品特性

公共物品是指公共使用或消费的物品，与私人物品是一对相对的概念。而准公共物品则是一个介于公共物品与私人物品之间的概念。是否具有竞争性和排他性是区分私人物品、公共物品和准公共物品的基本衡量标准。其中，私人物品同时具有竞争性和排他性，公共物品同时具有非竞争性和非排他性，准公共物品则不同时具有非竞争性和非排他性。

从理论上讲，保险属于一种准公共物品。虽然保险是由投保人向保险公司单独购买、仅保障合同规定范围内被保险人损失风险的产品，货币交易仅在买卖双方之间进行，但是与私人物品的竞争性与排他性特点不同的是，保险具有明显的正外部性特征，对于经济发展和社会稳定均具有显著的推动作用，因此在一定程度上具有非竞争性和非排他性。

2. 保险的正外部性特征

外部性也被称为溢出效应或外部影响，也就是某一主体的经济活动对他人或社会整体产生的非市场化的影响。这种影响一般是无法通过货币或市场交易进行定量的，因此进行该经济活动的主体付出的私人成本和获得的私人收益无法与社会的总成本与收益完全对等，其产生的过量或不足将使市场经济整体无法达到帕累托最优。外部性又可以细分为正外部性和负外部性两种，其中正外部性是指经济行为产生收益的一部分由其他主体享有，使其免费获益的现象；负外部性是指经济行为产生成本的一部分由其他主体负担，使其额外受损的现象。

作为一种准公共物品，保险具有明显的正外部性特征：投保人购买保险产品后，不仅能够保障自身的风险损失，同时也保障了本国经济的健康稳定，对于社会秩序的安定产生有利影响；保险人卖出保险产品后，不仅能通过费用管理和投资获得收益，同时也为国家金融市场注入资金，为金融市场的发展提供新的动力。这一特点决定了保险的社会效益多于交易双方获得的私人效益：对于投保人和被保险人而言，其购买保险付出了全部的保险费，却不能获得全部的社会收益；对于保险人而言，其收取保费后为被保险人以外的其他社会主体提供了额外的保障，也就是付出了额外的成本；对于其他社会主体而言，他们没有付出任何代价，却确实享有了保险双方交易带来的好处。

保险作为准公共物品所具有的正外部性特征，是保险学理论背后的经济学解释与依据，它决定了保险具有的独特的社会功能与作用，也决定了保险产品在社会风险管理等方面与其他金融产品之间的根本区别。这既为保险助推扶贫工作提供了理论上的可能性，也为政府财政将保险作为推动扶贫进程的工具提供了理论依据。在后文中将详细介绍保险产品正外部性的具体体现，即保险的功能与作用。

（三）保险的主要功能

本部分主要介绍保险的四项主要功能。在前文中我们提到，保险的核心功能是风险管理，而下文介绍的四项主要功能则是这一核心功能的主要体现：保障功能是保险通过风险管理弥补被保险人财产损失、保障其财务平衡的重要体现，增信功能是在保障功能基础上延伸出的创新功能，投资功能是保险公司在自身风险管理过程中派生出来的新功能，社会管理功能则是保险有效实现风险管理目标后在社会层面的成果体现。

1. 保障功能

保险的保障功能主要体现在基础的补偿和给付功能方面，保险能够保障被保险人的收入曲线平稳、生产生活正常进行。在解决农村贫困问题的过程中，保险的保障功能主要体现在保障农民收入方面。

从保险的运营机制来看，保险的保障功能是保险产品拥有的最基础也是最核心的一项功能，包括补偿功能和给付功能，其中补偿功能主要针对财产保险，给付功能主要针对人寿保险。

财产保险是指以财产及其相关利益为保险标的的保险，包括财产保险、责任保险、农业保险、信用保证保险等多个类别。财产保险的赔付金额是以保险标的的实际损失金额为标准的，用于补偿被保险人的损失，故其主要保障功能为补偿功能。财产保险通过发挥其补偿功能，能够弥补被保险人因灾害事故导致的财产损失，帮助其快速恢复财产的使用价值，从而恢复正常的生产活动。

人身保险是指以人的身体和生命为保险标的的保险，包括人寿保险、健康保险和意外伤害保险。由于人的身体、寿命和健康的价值是难以准确计算的，人身保险的赔付金额一般是按照投保人和保险人之间约定的金额为标准的。该金额的确定受到投保人的缴费能力、保险人的承保要求和法律规范的约束等多个因素的影响，一旦确定后，只要发生保险合同约定的保险事故，或约定期限届满时，保险人直接向被保险人支付约定的金额，故其主要保障功能为给付功能。人身保险通过发挥其给付功能，能够在被保险人的生命或健康出现问题时，对医疗费用、安置费用及其家庭生活费用等方面的支出进行弥补，帮助稳定其个人和家庭经济状况不至于产生过大波动。

2. 增信功能

增信是指信用增进措施，是企业、组织和个人在融资时获取更低的贷款利息、减少融资成本的手段之一，其常见的具体途径包括第三方担保、抵质押担保、信用准备金、风险准备金、保险等。保险的增信功能主要体现在信用保险和保证保险产品这两个险种上，对于被保险人具有明显的增信作用，有利于被保险人信用等级的增加和贷款利息的降低。具体到农村贫困问题方面，保险机制的存在能够提高贫困农户的信用等级，帮助其降低融资成本，从而解决因个人资本不足造成的贫困问题。

保险的增信功能主要体现在信用保证保险产品上。信用保证保险是指以信用风险为保险标的的保险，按照投保人在信用关系中的不同身份，可以分为信用保险和保证保险：由债权人投保、要求保险人保障债务人的信用风险的，称为信用保险，当债务人无法履行或拒绝履行偿债义务时，债权人有权要求保险人赔偿自身的损失；由债务人投保、要求保险人保障自身信用风险的，称为保证保险，当债务人不履行偿债义务时，可由保险人代为履行。总体来说，无论是信用保险还是保证保险，实际上补偿的都是债权人的权利，保障的都是债务人的信用。

保险的增信功能体现在信用保证保险所具有的担保性质上，即信用保证保险实际上是由保险公司出面，为被保险人在申请银行贷款时提供担保，增加被保险人的信用等级。在由保险公司保障的情况下，银行在贷出款项时可能面临的信用违约风险实际上被转移至保险公司，作为被保险人的企业、集体或个人就能够在没有充足抵押物的情况下，通过增加其信用等级，以较低的贷款利息获得银行贷款。在审核贷款申请时，银行通常需要严格评估和控制申请人的财力和信用状况，但是由于保险公司一般具有足够的权威和信用，能够在贷款人违约的情况下代替其履行偿还义务，因而银行将倾向于向投保信用保证保险的申请人发放贷款，申请人的融资难度和成本也相应降低。此外，由于贷款双方所掌握的信息具有严重不对称性，贷款审核通常面临较长的审核期和较低的审核效率，而保险公司所拥有的专业风险管理团队则能够深入地调查了解贷款申请人的信用状况，从而加强银行提供贷款的信心并提高其审核效率。

3. 投资功能

投资功能又称为资金融通功能，是保险的附加功能之一。保险资金的合理运用不仅可以保障和提高保险公司自身的偿付能力和企业价值，还能对经济社会发展过程中重点领域的建设起到推动作用。具体到农村贫困问题方面，保险通过发挥其投资功能，可以推动农业及其相关产业的建设，将自身的作用和影响力扩展至整个农业部门，从而解决因产业资本不足造成的贫困问题。

保险的投资功能是指保险企业作为一个金融中介机构将其闲置资金投入社会再生产的各个环节中所发挥的作用。从保险公司收取保险费直至向被保险人赔付保险金之间存在一定的时间间距，且保险费与保险金之间也存在一定的金额差距，因而保险公司的账面产生了一定数额的闲置资金，这就为保险资金的投资融通提供了前提和可行性。与此同时，将保险资金用于投资，对于保险公司来说也有其必要性：首先，保险资金需要在长期内对被保险人进行补偿和给付，由于通货膨胀问题的存在，保险资金必须通过投资融资来进行保值增值，因此将保险资金用于投资是保险公司履行其保障功能的必然要求；其次，商业保险公司本身具有逐利的性质，闲置资金如果不加以合理投资运用，保险公司将失去大量潜在的投资收益，因此使用保险资金进行投资是保险公司经营目标的内在要求；最后，在保险行业激烈的市场竞争环境下，保险产品的价格竞争往往会压缩保险公司可获取的利润空间，此时，通过保险资金的运用获取收益将成为保险公司经营利润的主要来源之一，因此将保险资金用于投资也是市场竞争的内在结果。

在一般情况下，金融机构的资金可以用于存款、拆借、债券、股票、不动产、贷款、投资基金等多个途径。但是由于保险的经营要以保证向被保险人的赔付为前提，具有其特殊性，因此保险资金的运用需要遵循以下几个基本原则：一是安全性，这也是保险资金运用的最重要的原则，因为保险资金的最终用途是补偿和给付被保险人，实际上是保险公司对被保险人的负债，因此为了保障保险公司的偿付能力，必须保证资金运用的安全，应选择安全性高、形式多样化的投资项目来分散投资风险；二是合法性，这也是保险投资的基本原则，目前世界各个国家和地区在保险资金的运用领域和额度上均有不同程度的要求，保险公司必须在所在地的法律规定范围内，结合自身投资需求和规划进行合法合理的资金运用；三是流动性，由于保险事故以及相应赔付需求的发生具有偶然性和随机性，保险公司必须保证随时有足够的资金用以偿付保险金，因此保险投资必须根据不同保险业务的不同特点选择适宜的投资项目，保持充足的资金流动性，以应对随时可能出现的赔付需求；四是收益性，保障偿付能力、增加经营利润是保险公司运用保险资金的主要目的，因此追求保险投资的收益性是保险公司经营的内在要求，保险公司必须在多个投资方案中选择收益相对较高的投资项目，力求实现利润最大化。需要注意的是，保险投资的四项基本原则是相互联系的，安全性、合法性和流动性是保障收益性的前提和基础，而收益性则是保险投资的主要目的，因此保险公司应当首先保证其资金运用的安全性、合法性、流动性，并在此基础上追求收益性。

包括保险投资在内，投资对于国家经济增长、企业规模发展、国民收入提高和科学技术进步等多个方面具有重要的推动作用：第一，投资是促进经济增长的重要动力，投资可以改变资源配置、提供生产要素，从而形成生产力，拉动经济增长；第二，投资是企业的产生、发展和成熟的重要动力，无论是企业自身建立、扩大生产规模、转变生产方式等发展战略，还是企业与企业之间的兼并收购等商业行为，都要通过资本的运作才能成立；第三，根据以凯恩斯为首的西方经济学理论，投资具有乘数效应，即投资的变动能够通过经济部门之间的交易形成其他部门的收入和消费，引起国民收入数倍于原始投资的变动，使国民收入成倍增加；第四，投资对于科学技术的更新换代具有重要推动作用，技术进步是社会进步的动力，而技术进步离不开资本的运作，一方面，科学技术的研发需要大量物质和人力资本的投入；

另一方面，技术成果的推广和应用也需要资金的支持。

由此可见，投资对于社会经济发展具有重要作用。保险的投资功能通过以上作用机制，对社会生产力的进步发挥着重要的推动作用。

4. 社会管理功能

保险的社会管理功能是指保险机制的存在对于社会整体具有的调节、管理和控制功能。保险发挥其社会管理功能，有利于维持社会各方面主体的正常运转和健康和谐，对于国民经济的发展和社会秩序的安定均有重要作用。具体到农村贫困问题方面，该项功能能够补偿农业生产损失，为贫困农户生产生活的稳定提供保障；能够识别、防范和管理农业风险，为农业风险管理提供支持；能够通过市场机制对受损农户提供合理补偿，减少社会纠纷和摩擦；能够完善社会信用制度，推动农村社会进一步发展。

保险的社会管理功能是由其正外部性特征决定的。外部性是指某个经济主体的活动对于外部人员和社会总体造成的非市场化的、不能以货币体现的影响，分为正负两个方面，其中正外部性是指该行为带来的收益外溢至社会，使其他社会主体免费获益的情况。尽管保险是由投保人购买、由保险人提供相应服务的私人交易机制，但是在其具体实施过程中，保险确实具有促进社会各主体正常运转、推动社会经济协调发展的效果，即保险带来的收益能够外溢至其他社会主体，具有正外部性特征。保险主要能够在以下几个方面发挥其社会管理功能。

一是体现在社会保障管理方面。社会保险制度是社会保障制度的重要组成部分，一般以社会保险为基础、以商业保险为补充。而商业保险的社会保障管理作用也可以体现在两个方面：一方面，商业保险可以作为社会保险的受托人、经办人，在社保理赔的操作和社保基金的运作等方面提供代办服务；另一方面，商业保险可以为未被涵盖在社会保险保障范围内的人口或集体提供风险保障服务，并发挥商业保险多样化、灵活化的优势，在社会保险的基础上为社会各个主体提供具有补充性和针对性的保险产品，以满足被保险人日益多样化的保险需求。保险通过发挥其社会保障管理作用，能够在维护社会保障体系健康运行的基础上有效提高社会保障水平、缓解政府财政在社保方面面临的压力，对维护社会环境的安定具有重要作用。

二是体现在社会风险管理方面。风险管理包括风险的预防、识别、评估、控制和处理等多个方面，与保险保障功能只能在风险事故发生后产生作用相比，保险的风险管理功能能从事前防范风险和事后降低损失两个方面发挥其作用。保险公司出于自身业务要求，在保险产品开发、客户承保理赔等业务经营阶段需要充分了解风险的起因、发展过程和后果，具有丰富的风险管理专业知识；同时，在长期的市场实践中，保险公司累积了大量客户和风险事故的损失数据和资料。因此，保险公司能够为社会风险管理提供知识、技术和历史数据等多个方面的有力支持。此外，由于保险公司自身趋利避害的经营目标，在实际承保理赔过程中，一般会鼓励、引导和帮助被保险人进行风险防范和控制以降低赔付率，从而间接地推动农业产业整体风险的管控。

三是体现在社会关系管理方面。在应对风险损失时，相比中央财政拨款、各级地方政府层层拨付的传统救济方式，保险的赔付工作由保险公司直接面向被保险人进行，能够以更高的效率处理风险事故发生后的各项工作，及时满足受灾群众的补偿需求；此外，由于保险的赔付是以合同规定的保险金额和被保险人的实际损失为依据进行的，能够针对每个被保险人的实际损失进行合理补偿，因此在高效的基础上兼具公平性。基于保险赔付机制具有的以上特点，在参与风险灾害处理的过程中，保险的存在能够同时满足政府、企业和个人的不同需求，有效减少各主体之间可能出现的摩擦和纠纷，促进社会关系和谐、有序发展，从而维护社会秩序，推动社会发展。

四是体现在社会信用管理方面。保险是现代社会信用体系的组成部分，其运营方式是建立在信用和法律的基础之上的。保险公司在其长期经营过程中能够积累大量客户企业和个人的信息数据和行为记录，这一方面可以为投保人和被保险人未来的其他合作方提供相应的信用履约状况参考，另一方面也能够为社会信用管理体系的建立提供数据资料来源，实现信用管理制度在全社会的普及。

中国政府于2014颁布的《国务院关于加快发展现代保险服务业的若干意见》（简称“新国十条”）就体现了政府对于保险社会管理功能的充分肯定和重视。该文件不仅是对保险行业实践的政策指导，也是对于保险在社会管理体系中地位和作用的一次理论创新。该文件指出，保险业的发展目标主要定位为：政府、企业、居民风险与财富管理的基本手段，提高保障水平和质量的重要渠道，以及政府改进公共服务、加强社会管理的有效工具。现代保险业的快速发展，对于完善现代金融体系、带动扩大社会就业、促进经济提质增效升级、创新社会治理方式、保障社会稳定运行、提升社会安全感、提高人民群众生活质量具有重要意义①。“新国十条”针对社会保障体系、社会治理体系、灾害救助体系、“三农”等社会管理过程中不同方面的问题制定了保险的潜在功能和发展方向，并制定了市场主导、政策引导的基本发展原则。由此可见，保险的社会管理功能对于政府工作来讲具有重要的意义。“新国十条”为保险助推脱贫攻坚提供了理论依据和实践路径，在中国的农村扶贫体系中，保险的社会管理功能与其保障功能、增信功能和投资功能结合起来，能够成为政府扶贫工作的有力工具，为实现精准扶贫目标提供强大的助推力。

（四）保险的主要作用

在实践过程中，保险的主要功能体现为在国民经济中发挥的推动作用。这一推动作用主要反映在社会秩序、政府工作、商务贸易、金融行业发展等多个方面。保险通过发挥其主要作用，有利于促进资源优化配置、推动国民经济健康可持续增长。

第一，在社会秩序方面，保险的作用体现为通过风险管理和防灾减损，维持社会稳定、人民生产、生活安全。在没有保险保障的情况下，一旦发生灾害损失，很可能导致个人和家庭失去财产储蓄、企业生产中断甚至破产的情况，而单一的政府援助在巨大的财政压力下难以在短时间内有效应对多方面的救济需求，这就容易导致经济的波动和社会的动荡。而保险一方面能够通过提供风险管理服务，降低风险发生的概率并控制损失发生的规模，将灾害导致的影响最小化；另一方面能够在损失发生后有效弥补被保险人的经济补偿需求，迅速使被保险人的生产、生活状态恢复到灾害发生以前，这对于维持经济发展和社会秩序具有非常重要的作用。此外，由于风险的发生存在不确定性，个人、家庭和企业在生产、生活过程中很可能对潜在的人身和财产损失产生紧张和焦虑情绪，进而对其工作效率和工作积极性产生不利影响。因此，购买保险能够有效缓解被保险人对于意外损失的过分担忧，从而促进其情绪稳定。

第二，在政府工作方面，保险的作用体现为通过开展社会保障和风险管理相关业务，提

① 摘自《国务院关于加快发展现代保险服务业的若干意见》国发〔2014〕29号。

高社会福利水平，在一定程度上代替政府行使社会治理职能。商业保险作为社会保障体系的重要组成部分，能够有效弥补政府管理在效率和公平方面的缺陷。我国政府正在经历由全能型政府向服务型政府的重大转变，政府的简政放权成为必然趋势，因此在社会保障领域，商业保险公司可以在政府的引导和支持下，成为政府职能的执行者，并通过发挥其市场化的机制，促进社会保障体系的完善和社会福利水平的提高，从而实现政府的社会管理目标，为形成良好的社会经济环境提供强大支持。

第三，在商务贸易方面，保险的作用体现为通过为企业提供风险保障、风险管理等方面的服务，间接提高企业承受风险的能力、增强企业竞争优势，从而促进行业商务和贸易的发展。企业在生产经营和商务往来的过程中面临多重风险，而不同的保险产品能够解决企业的不同保障需求，如财产保险能够防范企业因意外事故导致的严重财产损失，责任保险能够防范其客户或雇员因为损失赔偿问题导致的财产纠纷，信用和保障保险能够防范企业在贸易和融资过程中因信用违约行为导致的资金波动等。保险为商务和贸易活动中可能存在的问题提供了缓冲和解决手段，不仅有利于企业间商务活动效率的提高，还能够为国家总体贸易状况的利好发展提供帮助。

第四，在金融行业发展方面，保险的作用体现为通过将投保人的储蓄转化为投资，从而激活储蓄、促进资金流动。在资金市场上，资金的持有者和需求者往往面临信息不均衡、供需不匹配的问题，而保险公司作为一个金融中介机构，能够通过收取保费，将社会中闲置的小额资金集合起来，成为大额投资资金，并以贷款或其他方式投入其他经济领域中，促进金融市场和实体经济的繁荣。与借贷双方一对一的融资模式相比，保险公司作为金融机构发挥其作用具有以下优势：第一，单个投资者在寻找投资渠道时通常面临较高的时间和财力成本，保险的金融中介作用能够有效降低该项成本，间接提高投资者的效率和收益水平；第二，大型投资项目往往具有极大的资金缺口，直接融资寻找少数投资人通常难以满足其融资需求，此时保险企业具有的大规模资金池就能够有效填补其资金缺陷；第三，来自保险公司的大额投资能够有效运用到社会各界急需发展的领域，从而形成规模经济，推动产业的专业化发展和技术的创新升级，实现社会资源的优化配置。保险在金融领域发挥的作用，有利于社会资金向有需要的产业流动，进而推动产业转型升级、促进实体经济增长。

三、保险助推脱贫的经济学分析

在上文中，我们主要讨论了贫困问题的经济学理论基础，并在此基础上延伸分析了保险在国民经济的发展中可发挥的主要作用。本节主要在前文的理论基础上融入实践的相关内容，首先论述扶贫的相关理论框架，明确精准扶贫的基本概念和一般性实现途径；然后分析保险四大功能在贫困问题中的运用，为保险助推脱贫提供理论基础；最后结合一般性的扶贫途径，阐述保险参与助推扶贫工作的主要可行性，为本书的实证研究、路径设计及政策建议等其他环节打下理论基础。

（一）农村扶贫框架概述

1. 扶贫的概念

扶贫是指政府对贫困者初始资源禀赋不足的状况进行干预，通过提供扶贫资源，弥补初次分配的不公，并使社会总财富进行合理的再分配。在最初阶段，由于缺乏理论基础和实践经验，扶贫大多采取的是传统粗放的方式，即在实践中不考虑成本、效果和质量的合理性和有效性，是一种普遍的、没有针对性的扶贫方式。但是由于导致初始资源禀赋不足和初次分配不均匀的因素具有差异性，加之贫困者分布的区域和各自的状况千差万别，所以粗放式的扶贫方式不仅收效甚微，而且只能解决表面问题，扶贫资源一旦撤出，很容易使脱贫的贫困者返贫。因此，无论在理论研究还是实践总结方面，扶贫的具体措施均呈现出由传统粗放式的扶贫方式逐渐转变为精准扶贫方式的趋势。而本书提及的“扶贫”概念，也是指“精准扶贫”，本书主要考虑如何将保险纳入助推脱贫的工作体系，从而达到精准扶贫的目标。

精准扶贫的基本定义是针对不同贫困地区的环境、不同贫困农户的状况，采取有针对性的、科学有效的扶贫措施，帮助贫困者实现脱贫。精准扶贫相比传统粗放式的扶贫而言更具有针对性，不仅提供资金方面的扶贫资源，而且提供教育、就业等精准扶贫资源，使贫困的家庭和人口具备创造财富的能力，满足不同人群的实际脱贫需求，实现真正意义上的脱贫。与粗放式扶贫相比，精准扶贫在脱贫过程中具有效率和公平两方面的优势，但是相应的，精准扶贫在实践过程中也就面临着更多的难点和更高的要求。

2. 扶贫的主要步骤

与粗放式扶贫相比，精准扶贫在实践过程中增加了识别、管理等步骤，这些步骤一方面能够提高扶贫工作效率，另一方面也需要更高的管理水平，才能达到精准扶贫的目标。

（1）准确识别贫困人口是精准扶贫的基础。通过科学有效的方法将低于贫困线的贫困者识别出来，并判断导致这些家庭和人口贫困的关键性因素，为下一步的扶贫工作做好准备。

（2）准确帮扶困难群众是精准扶贫的关键。在精准识别的基础上，针对识别出来的贫困者不同的致贫因素实行因地、因户、因人制宜的帮扶措施，提高扶贫的效率。

（3）准确管理工作进程是精准扶贫的保证。建立贫困者信息网络系统，将识别出的贫困者的基本资料详细全面地录入系统，并实行动态管理，按期根据贫困者的实际情况进行调整，将已实现脱贫的家庭和人口剔除，纳入新识别出的贫困者，实现信息系统贫困家庭和人口的实时把握。对信息网络系统实行严格的管理制度，将扶贫对象的信息、扶贫资金的运用等进行公开披露，做到公开透明。

（4）准确考核扶贫效果是精准扶贫的保障。精准考核是对精准扶贫效果的考核，有利于督促贫困地区的地方政府切实落实扶贫工作。精准考核需要建立完善清晰的考核制度，明确中央统筹、省市支持、地方落实的工作职责。

3. 扶贫的具体要求

（1）准确识别贫困农户对于资源差异化的需求。导致资源稀缺的原因具有多元化特点，可能由于初始资源禀赋不足，也可能因为初次分配不均匀，而资源稀缺类型的不同又导致贫困者的贫困状态不同，所以对于不同地区、不同情况的扶贫对象不能采取相同的措施，而是应该准确有效地识别出贫困者致贫的关键因素及其稀缺的是何种资源。针对具体情况进行精准扶贫，不仅可以节约社会资源，而且可以提高扶贫效率。

（2）在扶贫措施中选择最佳方案。精准扶贫需要强调公平和效率，即社会效益和经济效益的最大化。一方面，在扶贫工作中，某些地区的扶贫效果很难在短期内显现，会出现经济成本大于经济收益的情况，这时就要考虑扶贫工作带来的社会效益，如缩小收入差距、实现社会公平等。另一方面，针对贫困农户对稀缺资源的不同需求进行差异化的供给，可以最大程度上减少资源的浪费，使经济成本最小化，从而提高资源配置的效率，实现经济效益最大化。

4. 扶贫的重点难点

（1）贫困问题具有复杂性、多样性的特点。致贫原因不只包含单一的收入因素，而是由疾病、灾害、教育等多种因素综合所致，这就对精确识别贫困家庭和人口的模式提出了更高的要求，需要考虑多维的经济、社会、生态等因素。

（2）扶贫工作的边际效益递减。粗放式的扶贫政策可能使资金不能真正运用到有需要的贫困人口中，反而使相关资源外溢至贫困农户以外的其他人口，导致扶贫的边际效益不断递减，投入的扶持资金越多，收获的成效越小，这也是从粗放式扶贫向精准扶贫转变后仍需考虑的问题。

（3）通过扶贫工作脱贫的贫困者较容易返贫。通过精准扶贫脱贫的贫困家庭和人口，可能会因为重大疾病或者自然灾害的发生再次变成贫困者，这就使扶贫资源在一定程度上产生浪费，并且增加了扶贫工作的复杂性与艰巨性，如何使精准扶贫的扶贫效果具有持续性和不可逆性，是扶贫工作的一大难点。

5. 扶贫的实现途径

（1）通过公共服务和基础设施建设实现精准扶贫。推进贫困区的基本公共服务均等化，提高贫困区基础教育质量及医疗服务水平，建立健全农村养老保障体系，以及农村留守儿童、妇女和老人的关爱服务体系。加快建设贫困区的基础设施建设，因地制宜地解决通水、通电、通路、通网络等问题，如修建水利设施，确保贫困区的饮水安全、防洪抗旱安全以及发挥水利设施在农田灌溉中的作用；发展光伏产业，解决贫困区的用电问题。

（2）通过产业实现精准扶贫。根据贫困区的地理环境等因素，发展特色农业，不仅能发挥当地的自然环境优势，而且能取得明显的扶贫效果。在发展特色农业时，转变经济发展方式与经济结构，延长产业链，提高产品的附加值，可以带动其他产业的协同发展，如特色农业可以发展成为乡村旅游，并带动周边餐饮业、交通业等增长。通过产业的精准扶贫，可以使贫困者自己创造财富，实现快速脱贫，并有效防止返贫现象的发生。

（3）通过就业实现精准扶贫。一方面，根据不同贫困区的产业和贫困群体进行相应的就业培训，只有通过新型职业农民培训，才能使贫困者转变职业观念、掌握职业知识、提高技术水平，实现更好的就业；另一方面，精准扶贫需要政府因地制宜地扶持当地特色产业的发展，提供更多的就业岗位，使贫困者可以就近就业。

（4）通过金融创新实现精准扶贫。建立精准扶贫专项基金，丰富小额信贷金融扶持模式，发挥保险在助推攻坚脱贫中的积极作用，丰富针对精准扶贫的保险种类，政府可以为贫困家庭和人口购买新型医疗保险、养老保险，以及防止因重大疾病致贫的重疾险，防止因自然灾害致贫的财产保险，有效防止脱贫者返贫。

（5）通过教育实现精准扶贫。对贫困区的孩子进行教育上的扶助，使他们拥有公平接受教育的权利，帮助他们树立正确的人生观、价值观，增长知识，增强意志，获得自我创造财富的能力，这是阻断贫困代际转移的根本方法。在教育扶助中，不仅要重视教学楼等硬件设施的建设，还要注重师资力量等软实力的提升，可以采取对口教师援助、外派教师培训等方式提高教师的教学水平，并且根据不同贫困区、不同贫困群体的情况开设符合其特点的课程，因地、因人制宜，使贫困区的孩子接受现代化的教育。

（6）通过生态保护实现精准扶贫。提高贫困区人民的生态意识，拓宽生态扶贫的资金来源途径，在生态环境尚可修复的贫困区进行生态修复，缓解因自然环境恶劣带来的贫困问题；在生态环境特别脆弱、直接制约贫困区产业经济发展的地方进行扶贫搬迁，并对搬出地实行生态保护。

（二）保险助推脱贫攻坚的理论分析

回顾上文内容可以看出，在当前社会背景下，农村扶贫工作对于精确性有着愈来愈高的要求，而保险能够通过发挥其功能和作用，有针对性地助力扶贫工作的实施推进，符合精准扶贫的目标和需求。

如前所述，我们通过阐述贫困问题的经济学理论基础和保险学的理论框架，从贫困理论和保险学理论两个方面为保险助推脱贫攻坚的理论分析奠定了基础。下文将在精准扶贫的实现途径的基础上，结合贫困理论和保险学理论说明保险可以通过发挥其特有功能，助推脱贫工作目标的实现。

1. 保险保障功能助力脱贫攻坚

如前所述，农户收入水平低下和不确定性是贫困问题的几个基本内涵之一。而根据贫困的恶性循环理论，保险可以通过发挥其补偿和给付功能，达到稳定甚至提高农民收入的目的，从而介入贫困循环的低收入环节，达到解决贫困问题的目的。保险的保障功能一方面能够防止处于贫困边缘的低收入农户因为不确定的意外事故或其他风险事故进入贫困状态，从而陷入贫困的恶性循环难以脱离；另一方面，在收入具有保障的情况下，农户有更大的动力进行生产方式和生产技术的改进，这可以提高农户的生产效率，也就提高了其产出水平和收入水平，即保险的保障功能可以在一定程度上影响投保农户的生产行为，激励其改进技术，从而提高劳动生产率，打破贫困的恶性循环。

具体到针对农村贫困人口的保险方面，保险的保障功能也体现在补偿和给付两个方面。在财产保险方面，农业保险能够在农业生产因为风险事故出现损失时及时补偿农户的生产资料和成本的损失，受灾农户可以将农业保险提供的保险金重新投入生产、生活，从而缓解和减轻灾害损失导致的不利影响。由于农业生产具有季节性和周期性的特点，贫困农户又缺乏储蓄和财富积累，一旦发生灾害损失，农民很可能会在相当长的时期内失去生活来源和生产资本，继而陷入更加严重的贫困状态。因此，农业保险的赔偿金就成为投保农民在灾后解决基本生活、恢复再生产的最重要的资金来源之一：一方面，赔偿金能够弥补投保农户的灾害损失，在一定程度上保证其当期收入水平；另一方面，赔偿金能够用于恢复因灾害事故中断的农业再生产活动，间接地保障其下一期的收入水平。

在人身保险方面，贫困农户投保的人寿保险、健康保险和大病保险能够在农户发生疾病和意外伤害时弥补其经济能力的不足。对于贫困农户而言，由于不具备足够的财力，当因重大疾病或意外事故导致残疾、失能或死亡时，他们往往无力承担相应的医疗、康复和安置费用；即使对于非贫困农户而言，重大疾病和意外的发生也很可能对家庭收入和储蓄造成严重负担，从而导致农户返贫。因此，人身保险能够通过发挥其给付功能，替农户解决因此类问题产生的相应费用，在一定程度上保障其收入水平不受到严重影响。

此外，由于保险机制能够保障农民收入水平的稳定性，农户在拥有一定收入保障的情况下，将更加积极地扩大自身生产规模、调节自身生产结构或采取新的生产方式和生产技术，这也为农户收入水平的提高提供了新的可能性。因此，保险的保障功能不仅能够平滑农户的收入曲线，还可能间接地提高其收入水平，对于解决因收入导致的农村贫困问题具有良好的推动作用。

2. 保险增信功能助力脱贫攻坚

回顾前文可以看到，个人资本的短缺也是贫困的重要内涵之一，由于缺乏资本投入农业生产和再生产，贫困农户的经济状况往往会陷入恶性循环。而保险正可以通过发挥其增信功能，为农户提高信用水平、获取银行贷款、解决家庭资本不足的问题提供有效的帮助。贫困恶性循环理论、低水平均衡陷阱理论和最小临界努力理论都强调了资本形成的短缺是贫困问题形成的主要原因之一，而保险的增信功能通过为农户提供信用担保，使农户能够获取额外的生产资本投入农业生产和再生产，因此保险的增信功能可以在一定程度上增加农户的生产资本，提高农户的生产率，从而打破贫困的恶性循环。

通常情况下，农业信贷是农民获取生产资本的一个重要来源，但是一方面，贫困农户大多没有足够的存款、房产或其他可作为贷款抵押物的财产，即不具备申请贷款的资格；另一方面，农业生产经营的高风险和不确定性也使得农户具有较高的信用违约风险，这些因素均使得贫困农户获取贷款的过程变得十分艰难。在此情况下，保险的增信功能就能够发挥其作用，为贫困农户获取小额贷款提供帮助。一方面，小额贷款保证保险能够保障农户的贷款清偿能力，降低银行的坏账概率，消除银行对贷款申请人信用违约风险的顾虑，从而直接提高农户的信用水平；另一方面，农业保险能够将农户尚未获得的不确定收入转化为相对具有稳定性的收入，实际上可以成为农户具有还款能力的依据，可以在一定程度上起到贷款抵押物的作用，间接地提高农户的信用水平。通过提高其信用水平，贫困农户在转移自身风险的同时，降低了融资难度，能够以更低的成本获取资金，用于农业生产和再生产，从而改善自身收入水平，摆脱贫困的束缚。

保险不仅为农户提供了资金融通的保障，同时也间接提高了信贷机构的预期投资回报，这将使银行等信贷机构更愿意为农户提供更多高质量的信贷服务，使农民在获取生产资本的同时享受更多便利，从而形成良性循环，为改善农村金融整体环境、推动农村金融改革发展打下良好基础。

3. 保险投资功能助力脱贫攻坚

整个农业产业资本的不足也是导致农村贫困问题的重要内涵之一。而保险公司通过收取保险费集聚了大量资金，在扣除各项准备金之后，其余资金可以通过各种途径转化为投资资本进入金融市场，在保障保险公司偿付能力的同时促进金融市场的繁荣发展。同时，农户也能够通过购买保险，改变传统的将储蓄作为单一投资渠道的理财方式，提高金融资源配置效率。在此背景下，保险的投资功能能够发挥激活闲置资金、推动农业产业环境改善的作用，从而为农村贫困问题的解决提供助力。

保险投资功能不同于保险增信功能的是，保险的增信功能仅仅是为投保的农户提供资金融通的保障，而保险投资功能是通过向贫困地区的某些产业或领域投入大量资金，解决贫困地区资本形成不足的问题，帮助其提高整体生产率和收入水平，从而摆脱贫困陷阱。

首先，保险资金可以用于农业基础设施建设领域。农业基础设施是指包括水利、交通、气象、地质等多个方面在内的对农业生产起基础性作用的设施。在现代背景下，农业基础设施的建设已经成为提高农业生产力、推动农业经济发展的重中之重，加强农业基础设施建设也是推动农村贫困地区脱贫的重要途径之一。但是由于农业基础设施建设受到需求规模庞大、收益相对较低、投资周期长等因素的制约，商业金融机构往往不会选择该领域的项目作为投资对象，这也导致了农村贫困地区的基础设施建设陷入停滞，脱贫目标难以实现。在此背景下，政府可以引导保险公司，促使其将部分闲置资金投入农业基础设施建设领域，甚至利用农业保险公司在农业领域方面的专业优势和知识储备，有效地加强基础设施建设，提高贫困地区的农业生产力，为脱贫目标的实现提供助力。

其次，保险资金可以用于农村金融建设领域。农村金融体系的建立是推动农村经济发展乃至整个国家经济发展的关键，对于推动农村脱贫目标的实现也具有重要作用。保险公司既是农村金融体系的一部分，又是农村金融建设的推动者，可以通过保险资金的运用，在建设发展企业自身的同时，为农村金融的发展和脱贫工作的实施提供助力。保险公司可以将闲置资金直接投入农村金融领域，如投资农村信用合作社、农产品期货等农业领域的金融机构和产品，在获得投资收益的同时推动农村金融市场规模的壮大。此外，保险公司可以将资金用于自身营业网络的建设，并与信用社、银行等金融机构加强合作，将单一的保险公司营业网点转化为可提供全面金融配套服务的营业场所，在节省经营成本、扩张自身规模的同时，促进农村金融资源整合，为农村贫困人口提供更加便捷高效的金融服务。因此，保险的投资功能在农村金融领域中的发挥，不仅能够成为农村脱贫工作的重要动力，对于保险公司自身的发展也十分有利。

再次，保险资金可以用于农业技术领域。农业技术的研发和应用有利于改变传统生产方式、降低生产成本、提高生产效率、增加农民收入，从而拓展农村脱贫途径、提高脱贫工作效率。但是农业技术从产生到普及的每一个环节都需要大量资金的投入：一方面，农业科技的研究和改进要花费大量的人力、物力，对于科研资金的投入具有较高要求；另一方面，农业技术的试点、宣传和推广也需要高昂的成本并面临较高的损失风险。在此情况下，保险可以充分发挥其投资功能，商业保险公司可在政府引导下将资金投入农业科技领域，促进农业科学技术水平的创新和进步，从而间接推动扶贫目标的实现。此外，保险公司还可以发挥保险的基本保障作用，补偿农户在应用尚未成熟的技术成果时面临的损失风险，从而保障其收益水平。

最后，保险资金可以用于引导农业生产向集约化、规模化方向发展，促进农业产业结构调整升级，推动农业现代化发展。在现代社会经济背景下，由于规模经济的存在，以农业合作社、专业大农户、农业企业为代表的新型农业经营主体生产模式相比传统的分散式小农生产方式，在经营成本、生产技术和效率等方面都具有更加显著的优势。在扶贫工作中，引导贫困地区农户联合生产或与大型农业生产集体合作经营都是十分具有前景的扶贫方案。因此，保险资金可以投入新型农业经营体系，鼓励发展多种农业规模经营模式，并鼓励新型农业经营主体吸纳、帮助贫困农户共同发展，从而促进农业健康发展。

4. 保险社会管理功能助力脱贫攻坚

在前文中我们也指出了，社会总体管理制度的缺失也是导致农村贫困问题的重要内涵之一。而保险则可以通过发挥其社会治理功能，从农村社会保障管理、农业社会风险管理、农村社会关系管理和农业社会信用管理等方面入手，在一定程度上填补社会管理制度在农村贫困地区的空白，改善农村贫困地区所处社会环境，为提高农村脱贫工作效率提供有利条件。

虽然资本稀缺和收入分配的不平等是贫困问题产生的重要原因，但是贫困问题也是由社会、经济、政治和制度等多方面因素综合造成的，循环累积因果理论也认为应该通过制度、权力关系等方面的改革来使得收入和社会资源的分配更加平等，而保险能通过发挥其社会管理功能，参与农村的社会保障、社会风险、社会关系和社会信用等方面的管理，帮助投保农户更多地享受社会发展带来的福利，提高农户的生活质量，从而提高劳动生产率和收入水平，打破贫困的累积因果循环，形成一个良性发展的累积因果循环。

第一，保险能够融入农村社会保障制度，为贫困地区提供社会风险保障。农村社会保障制度包含了社会救济、社会福利和社会保险等多个方面，但是受到政府财政压力的约束，农村社保制度总体保障水平较低，能够为农村贫困人口提供的仅是平均的、基本的保障。而将商业保险机制引入农村社会保障体系，不仅能够与社会保险合作，在经营管理、资金运作等环节提供专业支持，从而扩大社会保险覆盖范围，还能在一定程度上替代社会救济和社会福利等其他社会保障制度，缓解政府财政压力。此外，商业保险也可以作为社会保险的有力补充，满足不同地区、不同农户多种多样的风险保障需求，完善农村社会保障制度，对推动农村脱贫工作起到积极作用。

第二，保险能够参与农业风险管理，有效分散、预防和转移农业生产面临的各种风险。农业生产经营的过程极易受到自然灾害风险和市场波动风险的影响，而自然环境和市场状况天然地具有不确定性和不可预测性，任何变化的发生都可能会对农业生产和农民造成直接或间接的经济损失，甚至有时会造成极其严重的损害后果，这对于农村扶贫工作来说也是一个难以规避且急需解决的问题。保险的介入能够为农业风险管理提供有利条件：首先，由于自然灾害一般具有区域性、季节性特征，而保险公司通过风险的积聚和分散，能将某一地区某一时刻面临的灾害风险及其损失在空间和时间两个层面上进行分摊，从而降低自然灾害事件对于农村贫困地区的突发性打击，保证扶贫工作平稳有序运行；其次，由于农业生产的周期性特征，农产品市场供需变动造成的市场风险也是影响脱贫工作的重要因素之一，而收入保险产品则能承担贫困农户由于价格变动导致的收入和成本损失，将价格风险转移至自身，从而保障农户收入稳定；最后，尽管自然灾害和市场波动均属于系统性风险，保险在理论上仅能分散转移而不能使之减弱或消失，但是在实际操作中，保险公司可发挥其专业储备和经验优势，对保险标的进行风险排查和监督，并对农户进行灾前防范和灾后抢险等方面的培训教育，降低损失发生的概率或规模，起到规避或减少农业风险的作用。保险通过以上几个方面的作用，能够实现对于农业社会风险的有效管理，从而为农村脱贫目标的实现发挥积极作用。

第三，保险有利于改善农业部门各主体间社会关系，缓解脱贫过程中可能发生的矛盾纠纷。一方面，保险赔款的高效率能够保证贫困农户在受灾后及时得到补偿，有效维护农户正常的生产、生活，保险赔款的公平性则能保证农户不会因赔偿不当而产生矛盾，对于农村社会的安定和和谐具有重要作用；另一方面，保险能够将低收入人群的收入维持在一定水平，这也有利于缩小社会贫富差距，从而间接维护社会秩序的稳定。此外，农业部门的生产秩序对于国家保障粮食安全和社会稳定都具有重要意义，保险通过弥补灾害损失，能够迅速缓解灾害风险导致农业生产中断造成的粮食供给波动和农产品价格变化，保障国家粮食安全，维护社会经济平稳发展，为农村脱贫工作提供良好的社会环境。

第四，保险有利于农村信用制度的建立。一方面，保险可以发挥其增信功能，为贫困农户申请小额贷款提供保障，推动社会信用管理制度覆盖到农村低收入人群；另一方面，保险能够收集整理投保农户的资信状况，为农村信用制度的建立提供数据信息支持，从而推动农村乃至社会信用管理制度的发展成熟。

（三）保险在贫困问题中的运用

前文中，我们主要讨论了保险的四项主要功能及其在社会经济中能够发挥的作用。实际上，保险的几项主要功能之间是相互联系、相互影响的：保障功能是保险的基础功能，体现了保险机制最根本的作用，也是将保险公司与其他金融机构区分开来的核心特点。增信功能和投资功能是在保障功能的基础上产生的衍生功能，体现了保险公司作为金融市场主体的作用，是保险公司在资本市场中作为供给方和管理者的重要依据；而增信和投资功能又能反过来增强保险公司的偿付能力，从而更好地促进保障功能的实现。社会保障功能是保险在一定社会背景下产生的另一项重要功能，是保险的前三项功能在实践过程中产生的新的后续功能，因此社会保障功能的发挥是通过前三项功能来实现的；而保险社会保障功能的充分发挥又能提高保险行业的总体社会地位，从而为保险发挥其保障、增信和投资功能提供更便利的条件和更广阔的空间。

同时，保险这四项主要功能的发挥及其主要作用也为保险助推脱贫攻坚提供了可行性和理论依据。尽管保险机制不能直接解决贫困问题，但是相对于纯粹由政府推进的扶贫模式，将保险机制引入扶贫机制并促进其发挥特殊功能，则可以提高扶贫工作效率，间接推动扶贫目标的实现。

保险的保障功能能够为农村扶贫工作提供“兜底”保障，即在为贫困农户提供收入保障的同时，为脱贫过程中的农户或已经实现脱贫的农户提供保险服务，巩固脱贫成果，防止因灾害事故和疾病意外导致的返贫；增信功能则可以通过市场化的途径，为贫困农户提供获取生产资本的便捷渠道，减少传统政府救济方式中烦琐的运作程序，从侧面提高农村扶贫的效率；投资功能能够通过对整个农业产业的资金支持，为农村低收入人群提供完备的农业基础设施、先进的农业基础及良好的农业生产环境，从而间接地为农村脱贫工作提供助力；社会管理功能则能在一定程度上代替政府进行社会管理的职能，缓解政府压力，并且通过市场化运作方式，减少纯政府扶贫模式中可能存在的寻租和腐败行为，从而保证农村扶贫机制健康可持续运行；此外，由于保险合同是由保险人与投保人之间一对一签订的，其保险费率、保险金额和赔付条件等具体内容能够根据投保人和被保险人的保障需求进行灵活调整，因而保险机制能够保证扶贫工作的针对性和精确性。

保险功能的发挥需要通过建立保险机制来实现，而且保险机制能够融入社会扶贫机制和扶贫实现途径，与政府或其他部门、机构或行业结合起来，为脱贫工作提供助力。

（1）公共服务和基础设施建设方面。前文中我们提到保险投资功能如何助力脱贫攻坚，其中一点就是可以将保险资金用于农村公共服务领域，这不仅包括水利、交通、新型经营模式等农业基础设施的建设，还包括农村医疗、农业科技研发、金融、教育、数据统计和管理等多个方面的建设。商业保险公司可以根据自身经营业务范围和对投资收益的需求，选择不同产业进行投资，在保障自身偿付能力的前提下推动农村公共服务体系完善，提高农村脱贫工作的效率。

（2）产业建设方面。保险可以与农业产业紧密结合，推动农业经济健康可持续发展。保险具有增信和投资功能，一方面可以通过信用保障为贫困农户获取生产资本提供有利条件，另一方面可将资金用于农业新生产模式的开发，如规模性农场和农业合作社、生态农业和旅游观光农业等。农业经济的发展壮大不仅有利于农村脱贫工作的推进，也有利于增加农村地区保险需求和保险市场的壮大。保险也可以与互联网、科研、医疗、教育等产业有机结合，从而助推脱贫任务的进行，为其提供风险保障或资金来源，还可以将与产业间的合作关系和与投保农户间的交易关系联系起来，如鼓励和引导贫困农户应用互联网服务和农业科研成果、积极加入农村医疗体系和教育体系等。保险与各大产业的有机结合，不仅是推动农村脱贫攻坚的重要手段，同时也能为各产业的发展壮大提供良好契机。

（3）就业方面。保险机制在贫困地区的建立必然意味着保险公司经营范围的扩大，这也意味着对保险从业人员的需求增加，因此保险公司可以对贫困群体进行就业培训，使其成为拥有职业观念、专业知识和技术水平的保险人才，一方面能更好地实现就业，另一方面也能推动保险工作在贫困地区的开展。此外，前文也提到了保险对产业的推动作用，产业的增长也能创造新的就业机会，提供更多的就业岗位。

（4）金融创新方面。保险不仅是金融市场主体的重要组成部分，同时也是抵御金融风险的重要角色之一，因此可以发挥其在金融市场的重要作用，推动农村扶贫工作的进程。

总体来说，将保险机制引入农村扶贫机制，不仅符合农村扶贫工作对于效率和公平性的要求，还能弥补政府救济机制可能存在的问题和缺点，并且能够保障农村扶贫工作精准性的要求。因此，对于我国政府来说，将保险纳入农村扶贫攻坚体系，是一个具有充分可行性和必要性的课题。

第四章　保险助推脱贫的国际经验——小额保险

本章主要介绍小额保险的国际经验，总结了菲律宾、印度、南非三个国家小额保险的实践经验。总结国际上小额保险的实践经验可以为解决中国市场存在的疑问及保险扶贫提供有价值的启发。

一、国际小额保险经验分析

由于小额保险具有保费低、保障有限的性质和特征，决定了其面向低收入人群的市场特点。而从世界范围来看，发展中国家具有人民生活水平普遍不高、人口数量多，尤其是低收入人群占多数的特点，这就为小额保险的生存和发展提供了良好的市场环境。因此分析小额保险的国际经验需要从第三世界国家的实践经验入手，通过归纳和总结各国小额保险的实际操作情况，为中国小额保险的发展提供有借鉴意义的参考建议。

（一）国际小额保险市场的整体情况

小额保险自20世纪初面世，至今已是拥有百年历史的“老资历”产品了。因其主要是针对贫穷人口的保险，所以在功能上与社会保障有相似的地方。发展小额保险不应只将其当作一种商业保险来看待，更要认识到其是对国家社会保障体制的一种补充和完善。近年来，由于政府的关注和支持，小额保险在第三世界国家发展迅猛。根据小额保险研究中心的预测，在未来5年时间里，小额保险还有很大的成长空间。

在世界100个贫困国家中有77个国家提供区别于社保的小额保险产品，而另外23个国家有近3.7亿人无法得到有效的保险保障。世界小额保险市场按区域可以划分为美洲、非洲和亚洲三个大区，其中印度和西非是小额保险提供机构最多的地区。但是目前仅有约3%的低收入人群被纳入小额保险保障的范围内。下文将分别对这三个区域的小额保险覆盖情况加以解析。

1. 美洲小额保险市场情况

在中南美洲约有780万人持有小额保险，约占世界小额保险整体市场份额的10%。这其中有670万人主要来自两个国家——秘鲁和哥伦比亚。而秘鲁的小额保险产品主要是信用生命保险，约有330万人投保；哥伦比亚的小额保险产品主要是丧葬保险，约有250万人得到保障。整体来看，小额保险在中南美地区的覆盖程度约占总人口比重的7.8%。经营较好的小额保险产品大多是法律强制要求购买的，而且以团险的形式在销售，这就有效降低了提供保险的成本，提高了保障的覆盖率。在该区域存在的一个普遍现象是，当一个国家小额保险市场做得很大时，往往市场当中只有一家公司或机构在经营。

2. 非洲小额保险市场情况

小额保险在非洲的覆盖程度相对有限。从总体数量来看，仅有350万人得到保障，约占全球小额保险市场份额的 4%。虽然保险覆盖率不大，但是非洲小额保险市场中却同时存在着大量的小额保险产品。这种单一产品投保比率较低是基于社区组织（Community-Based Organizations，CBO）的小额保险运作模式的一种典型特征。非洲人均拥有寿险比例仅为0.3%，相比其他地区，显然更需要小额保险覆盖。

3. 亚洲小额保险市场情况

亚洲小额保险市场情况相对特殊，首先是因为在这一区域有中国和印度两个人口大国；其次各国的小额保险运营模式乃至经济体制都不尽相同。亚洲目前共有 6 720 万人在小额保险覆盖范围之内；但是与区域贫困人口总数相比，还有超过 90%的低收入者未被纳入小额保险保障范围内。

（二）小额保险的经营机构

将世界范围内所有的小额保险供应商按照组织性质的合法性和规范程度可以分成三大类。其一是在保险监管范围内的，包括取得营业执照的保险公司以及部分准许经营保险相关业务的成员制互助保险组织。这部分组织的运作受到国家保险法律法规的约束，所有经营受到保险监管机构的有效监督。其二是具有运营资格但不在保险监管范围内的组织。一般是指受其他政府职能部门监管的正规组织，包括非政府组织、合作社、正规的丧葬社团、其他性质的互助组织、健康保险运营机构以及邮局经营的保险计划等。这部分组织虽然不在保险法规约束的范围内，但是仍受到国家其他政府机关的监督，因此是有约束机制存在的。最后一种是完全不被法律法规约束，不属于任何政府机关管辖的非正规团体。这其中包括了一些社区或民众自发形成的丧葬互助会以及其他一些提供与保险有关的保障服务的社会团体。

按照组织形式划分，目前国际上经营小额保险的机构总共有七类，分别为商业保险公司、非政府组织（NGO）、社区组织（CBO）、互助保险机构（Mutuals）、塔卡机构（Takaful）、国营机构（Parastatal）以及其他非正规机构；其中最主要的是前四种。以下对前四类小额保险经营机构及其对应的运作模式加以具体解释和说明。

1. 商业保险公司

虽然并没有商业保险公司只专注于经营小额保险业务，但是大多数小额保险产品是由商业保险公司提供的。在100个发展中国家的357种非社保的小额保险产品中，有159种来自商业保险公司。商业保险公司在覆盖范围上同样处于领先地位，约有 3 800 万人通过保险公司得到保障，约占总人数的一半。事实上保险公司只是小额保险领域的新兴势力，其凭借自身网络优势，并借助有效的渠道可以迅速扩大小额保险的覆盖面。商业保险公司是提供小额保险种类最多的机构，同时也是接受外部捐赠最少的，这些都证明了保险公司在该领域的发展潜力。

2. 非政府组织（NGO）

剔除我国的中华全国总工会在世界所有 NGO 中为低收入者提供小额保险保障总量贡献的话，实际上仅有 11%的贫穷人口是借助非政府机构得到保障。但是 NGO 对于小额保险市场的贡献还是不言而喻的，因为它经营的根本目的并不是为了获取利润。这就赋予了 NGO 在经营上可以更加灵活，例如可以进行不同的大胆的尝试、提供诸如健康险等商业保险公司不愿涉足的产品领域。NGO 在经营小额保险的时候同样存在一定的缺陷，其中最重要的一点就是缺乏保险监管。因为 NGO 经营的目的不是为了获取收益，因此相关保险监管的法律法规对其并不适用。

NGO 是目前世界最大的小额健康保险供应商，其中一个最主要的原因是健康险是低收入人群最为关注的保险产品和服务。此外 NGO 接受大量的社会捐助，而大部分捐赠会用于健康险基金，因而健康小额保险是一个半捐赠运营险种。正是由于健康险的经营缺乏利益驱动，迫使 NGO 在未来健康险的经营上很大程度要依赖捐赠的支持。

3. 社区组织（CBO）

基于社区的保险组织是组织成员共有，并由成员自行管理的小额保险供应者。一般这些组织的人员都是自愿参与的非专业人士，并且组织的运营也严格限制在一个小范围的社区之内，提供的保险产品有限。目前国际上以 CBO 形式经营小额保险相对比较普遍，尤其是在非洲的丧葬费用融资方面扮演重要的角色。从整体发展视角来看，CBO 都是一些小规模、运营能力有限的机构，大多只是针对一个小村庄的住民提供保险保障。但是从近几年的发展态势来看，每个 CBO 所覆盖的范围正在逐渐扩大。除了受限于规模，还有其他因素阻碍了 CBO 经营的小额保险的发展，如工作人员的非专业性，CBO 属于非正式保险人不受法律法规的监管约束等。

一般而言，CBO 小额保险运营者具有几个普遍特征：通过风险分担和资源集中模式提高成员的医疗保健服务水平；非营利性；基于有共同特点成员组成的共同利益组织；成员既是所有者，又是受益人；成员参与决策；参保自愿；可以促进社区团结、民主和凝聚力增强；除了具备保险功能外，还有其他潜在功能等。

4. 互助保险机构

互助保险机构是非营利性的以会员制为基础的保险机构。它与 CBO 的区别在于实施专业化管理，且受除保险监管之外的其他法律法规约束。应该说，互助保险机构是 CBO 的进化产物，随着不具备专业技能的社区成员逐步提高了知识和技巧，原先的组织也就演化成了专业的互助保险机构。目前互助保险机构主要在亚洲范围内较为突出，尤其是菲律宾的互助利益协会模式具有代表性。

（三）小额保险产品

根据小额保险研究中心的调查，低收入人群最需要的保险产品是健康保险和人寿保险，其次是财产保险和意外伤害保险。调查显示目前小额保险在世界范围内的分布如表 4-1 所示。

表 4–1 世界小额保险产品覆盖人群分布

区域	人寿保险	健康保险	意外伤害保险	财产保险
美洲	7 545 057	445 876	105 000	600
非洲	2 036 141	3 053 778	1 603 000	1 600 000
亚洲	54 158 332	31 697 038	39 180 508	34 557 434
合计	63 739 530	35 196 692	40 888 508	36 158 034

资料来源：The Micro Insurance Centre. The Landscape of Micro Insurance in the World’s 100 Poorest Countries.

由于目标客户群体的不同，小额保险产品相比一般商业保险产品或者社保产品具有其自身的特点。而这些特点又决定了小额保险产品的定义，即符合这些特点的产品一般可以归入小额保险产品范畴。这些特点包括：第一，保障范围有限，产品价格低廉。小额保险产品通常提供客户所需的最基本保障，如被保险人的人身、死亡保障等，所需支付的保费较低。第二，针对低收入人群，保障程度不高。小额保险针对的低收入人群的可支配收入（一般为家庭日可支配收入低于 2 美元）有限，可用于投保的资金很少。因此，保障的程度与被保险人的收入水平和资产状况相对应，以便控制道德风险。较低的保险额度不需要客户缴纳高额保费，因此贫困的客户也可以负担得起。第三，保险期限较短。由于小额保险常与小额信贷搭配销售，因此小额保险的周期也与小额信贷的贷款周期相一致，一般为一年期。此外，由于低收入人群市场缺乏历史数据累计，保险期限短可以有效控制风险发生的概率。第四，保障特有风险。小额保险产品针对的是特定风险，往往保障利益单一，只针对消费者面临的风险，如死亡、疾病、贷款等。设计的产品责任清晰，简便易懂，便于在农村地区销售。

1. 健康保险

小额健康保险产品主要提供疾病医疗和生育保障，包括直接医疗费用（护理和治疗费用）、间接医疗费用（住院期间的食宿）和其他间接费用（如因治疗导致的收入损失等），保险人按照事先的约定，补偿被保险人的损失。在小额保险产品领域，健康保险自出现起就一直是需求最旺盛的产品。健康问题导致收入损失主要体现在两个方面：其一是需要支出医疗费用；其二，也是最重要的是家庭会因为主要劳动力不能工作而失去经济来源。健康保险可以很好地说明小额保险可以与社会保障体系相互协调。大多健康保险需求可通过 CBO 和 NGO 所提供的基础医疗服务得到满足，而这部分医疗保障可以作为政府在缺乏有效组织的医疗服务情况下的重要补充。

2. 人寿保险

人寿保险是相对易于经营和较流行的小额保险产品，这是因为人寿保险是低收入群体最主要的需求之一；相比其他产品，人寿保险更容易定价；人寿保险可以更容易控制保险欺诈和道德风险；人寿保险与其他机构没有必要的关联，不像健康保险还需要有较为完整的医疗服务体系作为支撑；人寿保险较容易与其他小额金融服务产品，如小额储蓄和小额信贷等相挂钩；保险对象容易划分。由于小额信贷机构在过去几十年发展迅猛，小额人寿保险便于营销，当前世界上已有 6 400 万人持有小额人寿保险。人寿保险产品包括：小额信贷人寿保险、定项人寿保险、长期人寿保险、养老金等。

3. 意外与残疾保险

小额意外与残疾保险一般是与个人死亡保险保障一起提供，主要提供因意外引起的被保险人身故、残疾的风险保障。在一些不是单独提供意外保障的寿险产品中，对意外死亡给予更高的保险金额。无论是覆盖率还是产品数量方面，目前这种保险产品主要集中在南亚地区，尤其在印度属于法定保险。目前这种小额伤残保险适用于那些有足够证据证明和易于判断的残疾认定上，如失去手臂等，从而有效防止道德风险的发生。

4. 财产保险

虽然低收入人群的住宅条件都是比较简陋的，但是根据调查显示，99.3%的低收入者都没有购买财产保险。相比财产保险，低收入者的确更关注，也更需要人身保险，而且人身保险也比较容易承保和索赔。小额财产保险出险难以确定损失总额，也难以计算房屋等重置成本；

减去免赔额的话，获得的补偿相当有限。财产保险一般是以个人而不是团体为营销对象，这就大幅增加了保险运营商的销售成本，进而不得不提高保费，造成恶性循环。

（四）小额保险的经营与监管

1. 小额保险的经营

无论是从理论研究还是实践经验上看，分销渠道都是小额保险产业发展至关重要的因素。表 4-2 介绍了目前世界范围内不同小额保险分销渠道的覆盖情况，其中 CBO、NGO 和互助保险机构等占多数。这是因为这些组织本身就与低收入人群关系较为紧密，而且深受这部分客户的信赖。反而传统意义上更贴近客户需求、在小额保险领域更有渠道发展前景的保险经纪人在现实中却没有发挥突出作用。这主要是因为这部分市场在经纪人眼中还是微利的，所以他们更倾向于从事更有利润的商业或者跨国市场。相类似的是，已经深入市场且有相对成熟机构优势的小额金融信贷机构作为小额保险的销售渠道也未发挥突出的作用。目前在印度等一些国家，销售渠道也有一种向零售商和指定的小额保险代理商转移的趋势。

表 4-2 不同小额保险分销渠道覆盖规模

渠道种类	覆盖人数
保险代理——小额保险或其他	7 569 773
保险经纪——小额保险或其他	292 947
CBO、NGO 以及其他团体	25 645 596
雇主组织	181 192
政府和国有企业	11 815 690
互助保险机构	13 800 214
其他金融机构（如小额信贷机构等）	17 001 644
其他相关产业的零售商	1 755 682
其他	436 766
合计	78 499 503

资料来源：The Micro Insurance Centre. The Landscape of Micro Insurance in the World's 100 Poorest Countries.

低收入人群受限于受教育水平和知识水平，更不了解保险的好处。所以宣传小额保险的价值和必要性对于经营者就显得十分重要。直接开展小额保险业务的公司一旦确立目标客户群，就会把保险的展业宣传作为经营环节的一项重要工作来进行。

保费征集模式主要包括以下几种：从小额信贷账户中扣除、直接从储蓄账户中扣除、用储蓄账户利息支付、中介机构代收、直接上门收取、被保人直接缴纳。

2. 小额保险监管

发展中国家受限于其自身社会体制，尤其是法律体系建设不够完善，小额保险缺乏有力的监管。各国的监管者在对小额保险产业实施监管过程中会遇到四个方面的困难：首先是现有监管法规不利于小额保险代理市场的发展。监管法规通常要求销售保险产品的代理人通过从业资格考试。而 NGO 等机构的组织形式是成员共有的，因此其不能作为代理人经营小额保险业务。其次就是监管能力有限。发展中国家的保险监管机构缺乏足够的人力和财力，监管人员也缺少监管的技能。再次是保险合同等文件对于低收入者过于复杂，消费者在购买的时候难以完全理解，从而滋生了对消费者的欺诈。最后也是最重要的一点，若将保险公司的最低资本要求直接套用到 CBO 和 NGO 等经营小额保险的机构上会给它们造成过重的负担，这些机构肯定都无法满足现有法律要求的保险经营者的初始资本要求。这就造成大量的小额保险供应商不在监管范围内。目前包括国际保险监管官联合会（IAIS）在内的一些组织已经开始着手研究适用于小额保险监管的政策规定，以帮助这些发展中国家迅速建立适用于小额保险领域的监管体系。

通过以上的总结和分析可以看出，小额保险作为一种新兴的“老”保险产品在当今的国际市场当中具有相当旺盛的生命力和光明的发展前景。各发展中国家的政府正在通过财政税收、法律法规以及相关配套机构和政策等方面的手段力促其发挥社会保障的补充功能。保险业者也意识到从事小额保险产品的经营不只是在做公益事业，而且还能从中获取新的利润增长。虽然低收入者对保险产品的了解不多，但是通过宣教是完全可以激发他们对于小额保险产品的需求的。各方面都在朝着积极的方向发展，小额保险在未来国际保险市场的发展前景不言而喻。剩下的只是如何从渠道、产品、经营管理的角度入手，将这种美好的愿景变成现实。以下通过对三个发展中国家的实际小额保险运营经验进行解析，为在中国经营小额保险提供有借鉴价值的参考。

二、菲律宾小额保险运营的实践经验

在菲律宾，小额保险通常是为无法获得正规保险和长期储蓄计划的自雇人员或非雇佣人员提供的保险。由于产业特点和经营主体结构的原因，菲律宾保险的发展与欧洲以及北美的保险技术发展是同步的。这些正规的保险公司将目标客户群定位为中产阶层以及上层收入者。由于对目标市场缺乏了解且没有有效的技术手段分散和管理风险，因此大多选择回避低收入人群的市场。

虽然缺少商业保险公司的参与，但是这并不意味着低收入者就完全失去了保障。其实小额保险在菲律宾并不是一个新话题，通过互助体系、风险分担机制以及一些其他的风险管理技术提供类似的保险保障在菲律宾已相当普遍。在实际情况中更多的小额保险运作方式是混合式的，或者称为半正规的——既有地方非正规特性，也兼具正规保险的特点。保险互助利益机构（Mutuals）就属于此范畴。保险互助会（Mutual Benefit Associations，MBA）是一个非营利性的，为成员提供互助保险保障的组织。其产品接受保险监管机构的监管，并且是经过正规的精算测算过的。通常这些保险计划都是由合作社以及 NGO 管理的，透明性较强，因为一般组织的成员都能很容易地了解资金的流向以及管理手段。由于没有最低资本要求的入门要求，所以 MBA 目前是菲律宾低收入市场中最主要的保险提供者。

（一）相关法律和监管环境

保险经营在大多数国家都受国家干预以确保保险公司经营的谨慎性以及资产负债匹配。菲律宾政府一贯支持保险业发展，希望保险能提高国民储蓄并促进资本市场的进一步发展。目前保险监管的指导性法令是 1974 年的《菲律宾保险法》。这部法令近年来有频繁的修改，其中与小额保险相关的监管规定主要是第七章互助利益组织和慈善用途的信托，对互助利益组织开展业务的许可调节、初始资本等做出了规定。

在菲律宾成立互助利益组织非常简单，任何向会员定期收取规定金额的非营利组织均可以转为互助利益组织。组织的目的主要是为会员提供疾病保障、失业生活保障以及向遗属提供一笔援助资金。互助利益组织必须是由会员共有和管理，经注册的组织能为会员提供较好的保障，因为可以受到有关监管部门的监管，有效降低了欺诈等行为的发生。

（二）小额保险市场的经营主体

目前有小额信贷机构（MFI）参与的经营小额保险业务的机构按其专业性和正规性可以分为三个主要形态：小额信贷机构拥有的保险公司（MFI-Owned Insurance Corporations）、非政府组织与小额信贷机构合作的混合式组织（NGO-MFI）以及协作小额信贷机构（Co-Operative MFI）。

1. 小额信贷机构拥有的保险公司

目前菲律宾市场中提供正规小额保险产品的两家最大的由小额信贷机构成立的组织分别是菲律宾协作保险组织（CISP）和互助利益人寿保险合作社（CLIMBS）。其中 CISP 是 1974 年在地方政府与社区发展部门注册的国家级组织。它的主要职能是向农民、工人等低收入人群组成的合作社以及工会等其他协作式定位的组织提供保险保障。CISP 的特点在于它是具有社会性质的低成本保险；可为协作机制提供坚实金融基础保障；促进储蓄以及自保计划；传播协作理念。CISP 是以人寿保险公司的形式设立并运作的，受保险监管机构监督。CLIMBS 成立于 1971 年，起初只是作为互助保险组织的一种试验形态存在。在 1992 年通过协作发展局的审批正式以 MBA 的形式注册成立。CLIMBS 的主要目标是建立并发展互助保险服务，以满足大多数菲律宾人的保障需要；在协作体制转型的过程中协调统一互助保障体系；同时发展寿险与非寿险系统；为协作体制转型提供财务支持；建立并发展具有活力的教育和研究项目。

CISP 和 CLIMBS 都是由小额保险金融机构注册和所有的营利性公司，首要目的是提供低成本和低价格的正规保险产品。这些公司旨在获取经营收益并拓展公司的市场份额及影响力，因此在销售保单的时候不会向保单持有人提供任何津贴补助。作为专业公司，它们通常都配备职业经理人和精算人员，在运用专业技能进行财务决策和风险管理的同时，也为了满足监管者要求而谨慎经营。这些公司的产品具有一定的技术含量，这种其他小额保险供应商所不具备的优势可以提升公司的竞争力。但是这些公司的产品也具有价格较高、应变迟缓且对市场的变化和反应不够敏感的缺点。这些缺点只能寄希望于管理权能够适度下放以更贴近客户的办法来解决。

2. 非政府组织与小额保险金融机构合作的混合式组织（NGO-MFI）

NGO-MFI 是非营利性组织，它是由经过普选产生的托管人（Trustee）负责管理日常运营的。在菲律宾，此种类型的代表就是农业研究和发展中心（CARD）。CARD 成立于 1986 年 12 月，属于互助保险组织（Mutuals）的组织构建模式，其目的是为了提升贫穷的菲律宾农村人群的生活质量。该组织采用孟加拉国的农村小额信贷银行模式，提供的服务主要针对人均月收入低于 33 美元的无土地妇女。CARD 的借款客户主要从事小型畜牧场管理、小型零售业、餐饮业、裁缝和捕捞业等。在经历了初期的成功之后，CARD 还成立了银行，以便能够更好地执行目标。CARD 建立了独立的 MBA，这个机构是以会员制形式存在的。这种组织形式不仅可以使会员共同分担风险，而且还将保险风险与信用风险分离开来。

3. 协作小额信贷机构（Co-Operative MFI）

相比前两种组织形式，协作小额信贷机构是最不专业且风险最高的机构。该类型的机构是由所有会员共有，每年在会员间选举管理委员会负责经营运作。会员们在组织内部分享收益的同时也共同担负巨大的风险。例如，健康保险的风险对于这些缺乏医学专业知识且没有管理此类风险经验和技能的组织可能是致命的。由于是会员制经营，其产品类似于社会保障服务，仅是用来保障每个成员的利益，所以在经营费用以及理赔成本上可以大大地节省。但是在产品设计、定价以及风险管控上的缺陷只有借助 CISP 等组织的技术协助才能克服。

上述比较分析如表 4-3 所示。

表 4–3 不同组织形式的小额保险运营商优劣比较

组织形式	优势	劣势	解决方案
小额信贷机构拥有的保险公司	先进的保险技术 雄厚的资金实力 专业的管理技术 比营利性保险产品要便宜 比集体互保产品要简便	比团体互保产品价格昂贵 管理结构效率相对不高 相比互助形式，缺乏补贴	专营互助利益保险组织无法提供的专业产品 通过与互助组织的更紧密合作，拉近与消费者间的距离
非政府组织与小额保险金融机构合作的混合式组织	注重风险管控和谨慎经营 较为专业的管理	缺乏创新 服务能力和水平有限	注意小额保险产品的研发
协作小额信贷机构	社会资本 成员之间还可以共同分担医疗风险	保险风险过高	借助专业技术设计更合理的保险产品 注重产品研发

资料来源：Eloisa A Barbin, Christopher Lomboy, Elmer S. Soriano: A field study of micro insurance in the Philippines.

（三）小额保险产品

1. 信用人寿保险

信用人寿保险或者信贷保险是小额信贷机构要求借款人购买的一种用于转移和分散因借款人死亡或伤残而无法偿还贷款的信用风险的产品。所有由小额信贷机构经营的信用人寿保险都有一个共同点，即这种保险是强制的，所有申请贷款的人都必须购买；一般保费会自动从贷款额中扣除或者加到每月的还款额上。

以 CARD MBA 提供的全额贷款保险计划（All Loan Insurance Package，ALIP）为例，它是贷款偿还基金（LRF）的创举，能够保障信贷机构以及 CARD MBA 的成员机构能够在借款者死后拿回全额贷款。一般的保险产品只能给付剩余的部分未偿还贷款，而 ALIP 能够支付全额的贷款给身故者家庭及信贷机构。支付的保费是由贷款本金以及贷款期限决定的，具体要求：

第一，一年期贷款需支付 1.5%的本金；

第二，六个月贷款需支付 0.75%～0.8%的本金；

第三，三个月贷款需支付 0.38%～0.4%的本金；

第四，当收到被保险人死亡证明材料后，CARD MBA 支付剩余的未偿还欠款给信贷机构以及已偿还的贷款给受益人。

如果被保险人经符合资质的医生鉴定符合永久完全残疾，CARD MBA 将支付剩余的未偿还欠款。但已经偿还的贷款部分不再给付被保险人。因为这种情况下，被保险人符合全残附加利益给付条件，可以获得 18 个月按月给付的保障金，这是寿险的附加险。若被保险人在未满 65 岁前退保，同时已连续缴费 3 年以上则可以拿回寿险已缴保费的 50%和全额退休储蓄计划保费外加当时活期储蓄利息。

2. 人身保险

CARD 于 1994 年开始经营和提供小额人寿保险产品——成员互助基金（MMF）。当时是与小额信用人寿保险同时研发推出的，旨在保障丧葬费用等。而此类产品在 Co-Operative MFI 类组织中大多是强制购买的，其保障程度和价格很低，高层次的需求是以附加险的形式选择购买。CARD MBA 的终身人寿保险要求每周支付约 0.33 美元保费，可以保障被保险人及家庭成员，保额根据保障期长短变化，详见表 4-4。

第一，合格的家庭成员包括合法婚姻的配偶，出生满 14 天但不满 21 岁的未婚子女或收养子女，超过 21 岁的残疾无工作能力的子女。

第二，如被保险人单身，其年龄超过 60 岁的父母也可以作为家庭成员参保。

第三，如果保险人单身，但有子女，其符合第一条的长子或长女也可参保。

表 4-4　人寿保险死亡给付金额（按周保费 0.33 美元计）

<table>
<tr><th rowspan="2">会员加入时长</th><th rowspan="2">死亡原因</th><th colspan="2">赔偿金额（美元）</th></tr>
<tr><th>被保险人</th><th>家庭成员</th></tr>
<tr><td rowspan="3">不足一年</td><td>先存条件</td><td>44</td><td>无</td></tr>
<tr><td>疾病</td><td>132</td><td rowspan="2">110</td></tr>
<tr><td>意外</td><td>264</td></tr>
<tr><td rowspan="2">满一年不足两年</td><td>疾病</td><td>220</td><td rowspan="2">110</td></tr>
<tr><td>意外</td><td>440</td></tr>
<tr><td rowspan="2">满两年不足三年</td><td>疾病</td><td>660</td><td rowspan="2">220</td></tr>
<tr><td>意外</td><td>1 320</td></tr>
<tr><td rowspan="2">三年及以上</td><td>疾病</td><td>1 100</td><td rowspan="2">220</td></tr>
<tr><td>意外</td><td>2 200</td></tr>
</table>

残疾附加险一般有两种情况，其一是失明或完全残疾的情况，即失去双手或双脚或一手一脚，在这种情况下只要递交完整的理赔所需材料就可获得保险金；其二是非全残情况下，即如果因疾病或事故导致被保险人或家庭成员卧床不起，无法从事正常劳动，此状况持续六个月以上，经符合资质的医生证明即可视为全残，按月获得给付保险金。

3. 健康保险

目前能够向低收入人群提供小额健康保险的机构只有少数的协作小额信贷机构，而 NGO-MFI 模式中也只有 CARD MBA 计划提供自主开发的健康险产品。造成这种情况的原因在于这些合作社贴近客户且以满足会员需求为经营目的，而需要健康保障正是低收入人群的共性。目前合作社提供的保险计划可以覆盖门诊费、医药费、牙科费用和手术费等。

CARD MBA 可以补偿被保险人在意外交通事故发生后的医疗费用支出。交通事故医疗保险允许被保险人或配偶在因交通意外事故而住院，且接受有资质的医生治疗、住院时间超过 24 小时的情况下，可获得事故发生后六个月内实际发生的医疗费用赔付。这部分支出费用包括住院费、护理费等，最高给付金额约 220 美元，基本可以满足被保险人整个恢复期的资金需求。该项利益的支付金额将根据住院费用发票金额决定，但该发票必须经过医院以及警局的事故报告审核。

（四）小额保险的销售与管理

1. 营销与宣传

菲律宾小额保险的销售主要是由 MFI 在推动，商业保险公司在这一市场领域的参与程度不高。由于小额信贷机构在菲律宾国内经营多年，业务范围深入大多数目标市场。而小额保险在该国又具有与小额信贷配套的特点，因此小额保险的分销可以借用 MFI 的现有渠道，达到降低销售成本的目的。目前的销售主要是通过 MFI、NGO 以及协作小额信贷机构现有的机构和网络完成。例如，CARD MBA 目前 95%都是通过 CARD 银行销售的，所有产品作为 CARD 会员计划的一部分强制购买，销售环节直接在机构内部处理，从而使得销售简单有效。目前 CARD MBA 也向其他团体组织开放，尽管只有小部分保费来自组织外，但是随着渠道的逐渐成熟，保费规模增长也是可以预见的。该机构的另一个战略转变是建立省级分支机构。非集中模式能有效地监督 MBA 协调员的工作质量，同时也便于客户和协调员获取信息，从而拉近了与客户的距离，提升了服务质量。

在小额保险展业宣传方面，互助利益组织是不做推广的，而是通过口口相传的形式吸引新会员，所以没有宣传费用支出。对于像 CARD 这种 NGO-MFI 而言，最有效的营销方法就是与客户直接接触，通过交流去推广金融服务者的形象。对于互助利益组织的产品，主要是由 MBA 协调员向客户推广，而 MFI 经营的一些产品本来就是强制要求购买的，所以只需向客户解释说明相关保险产品的作用和意义。

2. 保费征集与理赔

由于一些小额保险产品是 MFI 强制要求购买的，所以保费的收取可以直接从贷款中扣除或分摊到月还款额中。CARD 会员可以在还款或者储蓄的同时缴纳保费，而已经退出 CARD 但仍希望保留保险服务的客户则需要到省级分支机构现缴。由于保费是定期缴纳，因此收集的流程相对简单，后台处理和记录也较为简便。保费扣除部分手续费之后，每月一次转账至互助利益组织，同时附上详细的月度累计报告。保单有 31 天的宽限期，如果逾期仍未缴费则中止保障，已缴纳的保费也不予退还。

小额保险的理赔不像正规保险理赔，其所需的资料完整度较为灵活。正规保险公司要求的资料相对完整，而 NGO 以及合作社虽然也有明确的资料要求，但是很多时候是取决于理赔委员会的决定。对低于 880 美元的死亡给付，只需要核对并确认死者身份即可，理赔程序简单得多。如果被保险人在第一年即出险，协调员才需要亲身调查客户是否存在先存条件。如果存在疑点，当地医生会参与案件审核并提供专业意见。互助利益组织的理赔工作是由所有成员管理和经办的，通过互相监督可以降低串通的概率，保证理赔工作的合理性和公正性。

三、印度小额保险运营的实践经验

目前印度保险市场有超过130种小额保险产品，而且已有几百万的低收入者被纳入小额保险覆盖范围。目前国际上还没有哪个国家像印度一样将小额保险列为一种国家强制性法定产品，因此其适用度和实际效果还有待观察。

（一）相关法律和监管环境

印度保险监管机关（IRDA）颁布的《IRDA2000条例》对保险公司农村地区的保费收入和保单数量做出了硬性规定。

像其他许多发展中国家一样，印度国内也存在着大量的由合作社、NGO等机构经营的非正规保险产品。对于这些产品，印度并未专门立法规范，所有经营保险业务的机构都遵循印度保险法（1938年版）运营。该法案规定注册保险公司的资本为2 100万美元，而不符合法案要求的产品，如小额信贷机构、NGO与工会提供的保险产品则在法律真空中运作。目前印度尚未出台新的政策以放宽对最低资本要求的限制，因此在一定程度上也阻碍了正规小额保险产品的发展。

印度用于规范小额保险的法规主要有两个，第一个是2002年颁布的《保险公司对农村与非正规经济阶层的职责》。该法规本质上是一个配额制度，要求保险公司必须将其业务按照一定比例销售给低收入人群。第二个重要的监管文件是由印度保险监管机构于2004年颁布的《印度小额保险监管需求意向书》。该文件存在两个重要问题：其一是把小额保险的销售模式限制为合作代理模式；其二是小额保险产品缺乏灵活性。2005年7月，监管机关出台了小额保险的监管规定，明确了小额保险的定义，并允许小额信贷机构以及符合条件的非政府组织和互助保险组织作为小额保险代理商销售小额保险。同时还规定了小额产险和小额寿险产品可以捆绑销售，只是在承保责任上予以完全分离。

（二）小额保险经营机构

1. 以塔塔友邦为代表的商业保险公司

印度目前经营小额保险业务比较具有代表性的商业保险公司就是塔塔友邦（Tata AIG）保险公司，它是印度第一家开展小额保险的合资保险公司，因此具有较高的知名度和市场认可度。本部分将以该公司的实践经验为切入点，通过对一家示范型公司的解析，总结出印度经营小额保险的商业保险公司的普遍经验。

塔塔友邦公司通过开展小额保险，获得了诸多荣誉。公司当初涉足小额保险领域的主要目的虽然也是为了获得经营许可，但是公司高层意识到经营小额保险不仅可以履行公司的社会责任，同时也可以借由经营此项业务与监管当局建立良好的互动关系。公司管理者还意识到经营小额保险需要创新的思维，因为针对低收入家庭的保险产品并不仅仅是保费和保额较低的一般产品，尤其是销售小额保险，需要一个新的销售机制。塔塔友邦公司并未冀望该部门短期内实现盈利，而是划出一定范围的自由度，允许考虑兼业代理渠道，并指派专门负责人探索小额保险的销售模式。

塔塔友邦公司采用的小额保险经营模式主要是公司自营。公司开发了小额营销员模式，即先在销售目标地与希望从事小额保险营销工作的NGO建立良好合作关系，委托NGO寻找希望加入小额保险销售团队的保险营销员。NGO会向公司推荐适合成为小额保险营销员的人选，而公司则支付给NGO一定的咨询费。如果被推荐的人选有兴趣成为小额保险营销员，那么公司再把这些人组织起来，设立农村社区保险团队（CRIG），以一种与保险营销公司类似的模式运作。塔塔友邦协助团队负责人取得营销员执照，这些持有执照的营销员负责签发保单，而所有团员独立负责销售保单。这种类似于直销的模式要求NGO提供较高程度的支持与合作，如收集保费、保费汇总结转、为营销人员提供办公场所、人员培训以及协助支付保险金等。这一模式为农村的NGO和小额保险营销人员带来新的收入来源，具有一定的积极意义。

通过自营营销网络的成长，塔塔友邦公司从2002年3月到2005年6月已累计售出34 100份定期和养老保单，其中一半以上是销售给女性客户的。目前已经实现保费收入122 000美元，截至2005年底，建立销售渠道共花费23.4万美元。公司针对不同收入阶层，将农村市场细分为四个部分，具体销售渠道与产品如表4-5所示。

表4–5　市场细分占比与对应的渠道和产品

细分市场	占比	销售渠道	相关产品
富裕阶层	6%	公司营销员/银保/兼业代理	终身寿险、投连险
中等收入（家庭日收入3～6美元）	14%	公司营销员/银保/兼业代理	生死两全险、终身寿险
高于贫困线（家庭日收入1～3美元）	60%	农村营销员/小额信贷机构/NGO/农村组织	生死两全险、返还型定期险
贫困线以下（家庭日收入低于1美元）	20%	CBO/团体保险/农村直销	信贷险、团体定期险

资料来源：梁涛，方力. 农村小额人身保险. 北京：中国财政经济出版社，2008。

2. 非正规小额保险运营商

在印度艾哈迈达巴德开展的自主经营妇女协会（SEWA）是全球小额保险先驱之一。该协会在1991年就与印度人寿保险公司建立了业务关系，成为该公司寿险产品的代理人；1992年，该协会又与印度联合保险公司合作开发了一项健康保险计划。多年来，该协会以合作伙伴兼营销员的内部保险模式开展运作。尽管现在该组织仅与保险公司开展合作，但也已经为9万名客户提供了综合人寿、健康与财产保险服务。

在CBO运作模式当中，民众自发组织起来，用全体成员的钱依照全体制订的规则保障全体的共同利益。而青年慈善组织（Youth Charitable Organization，YCO）就是CBO模式中的典型代表。YCO组织是一个带有保险特色的储蓄与信贷机构。该机构的8 100名会员每年缴纳保费约2.2万美元，用于覆盖全体会员的人身及财产保障，保费筹集工作由该机构会员承担。单个被保险人的自然死亡保险金约为333美元，意外身故保险金加倍。

在NGO和MFI经营小额保险的模式当中，贷款机构主动为借款人寻求信用保险保障，从而维护自身安全。例如，斯潘达纳（SPANDANA）作为一个大型的MFI，强制其贷款客户购买人寿和农舍保险。由于交易成本较低，目前该类产品已经实现盈利。这部分盈利被SPANDANA用作其信贷客户子女的奖学金，以做到返还社会。目前保费的收集也是与贷款账户挂钩，直接从借款人可贷到款项的总数中予以扣除。

目前这些机构虽然在一定程度上解决了部分低收入者的保险需求问题，但是其覆盖范围和保障程度实在有限，不能从根本上解决贫穷人口的保障问题。而且这些计划都不在保险监管范围之内，其风险保障状况堪忧。

（三）小额保险产品

根据 IRDA 于 2005 年颁布的小额保险产品的相关条例规定，定期小额寿险产品的最高保额为 1 100 美元；提供小额保险产品的机构可以是 NGO、互助保险组织或者 MFI；小额保险的年度佣金比例必须平均；小额保险营销员的培训时间为 25 个小时，且小额保险营销员可以同时销售财险与寿险产品。目前在印度境内销售的小额保险产品详见表 4-6、表 4-7。

表 4–6　印度小额保险产品分类（1）

产品种类	最低保险金额	最高保险金额	最低保障年限	最高保障年限	最低投保年龄	最高投保年龄
保费返还/不返还的定期保险	USD 222	USD 1 100	5 年	7 年	18 岁	60 岁
生死两全保险	USD 222	USD 1 100	5 年	7 年	18 岁	60 岁
健康险	USD 222	USD 333	1 年	7 年	18 岁	60 岁
意外伤害险	USD 222	USD 1 100	1 年	5 年	18 岁	60 岁

注：上表对应人寿小额保险产品——“life micro-insurance product”。

表 4–7　印度小额保险产品分类（2）

产品种类	最低保险金额	最高保险金额	最低保障年限	最高保障年限	最低投保年龄	最高投保年龄
农舍及其他生产农具保险	USD 222	USD 444	1 年	1 年	18 岁	70 岁
健康险	USD 222	USD 333	1 年	1 年	18 岁	60 岁
意外伤害险	USD 222	USD 1100	1 年	1 年	18 岁	60 岁

注：上表对应一般小额保险产品——“general micro-insurance product”。

（四）小额保险的经营管理

小额保险产品主要是通过保险代理人、保险经纪、银行（包括全国范围的商业银行、地区农业银行和农村合作社）、MFI、NGO 或专门的小额保险代理机构销售。以代理形式销售小额保险产品是印度最为普遍的分销模式。一般的小额保险代理机构多采用 NGO 或者是自助社团（Self Help Group，SHG）的组织形式。这些代理机构都是由保险公司指定的，通常签订了专门的代理合同以销售小额保险产品。

1. 分销模式

印度市场中具有创新性的就是塔塔友邦开发的 CRIG 代理模式。CRIG 是一家根据当地法律注册成立的合作制企业，由五位妇女组成，其中负责人必须已经取得保险营销员执照。

CRIG 的特点是成员都是妇女，这是因为她们来自互助保险组织，而这也正是此类组织的代表性特点。互助保险组织通常由 15～25 名成员组成，成员的社会经济背景大致相同。互助保险组织由 NGO、银行或者政府机构召集并提供援助。组织鼓励成员每周或每两周开展定期储蓄，并将储蓄借贷给其他成员。通常储蓄账户就在当地银行开设，使得该银行可以了解互助保险组织的工作进展。CRIG 本质上是一个保险营销员机构，其接受邻近农村组织如非政府组织的监管。CRIG 成员负责保险产品的促销、销售以及保费收取。相比个人小额保险营销员机制，CRIG 可以让没有业绩或者想退出的成员通过转变合作关系而进行互换。在 CRIG 机制中，通过向不同的成员分配不同任务来实现有效分工。此外，在该模式下，营销员在相互配合的同时也可以实现相互监督，从而有效地降低营销员个人欺诈事件的发生率。

但是 CRIG 的分销模式并不是十全十美的，它还存在很多缺陷，包括营销人员的培训成本过高，而经由营销人员销售的保险产品保费收入较少；营销人员的业务范围只能限制在其所熟悉的地区和人群中，跨区域销售的交易成本过高；保险公司的部分理赔工作可以通过中介代理商完成，这是保险营销员所不具备的优势。

2. 促销宣传

在促销宣传方面，塔塔友邦公司在处理这一难题时选择着重宣传其与塔塔集团的密切联系，通过借助母公司在印度超强的名气来拉升公司的知名度。当在农村开展相当多的业务后，公司会将相关的营销材料寄送到相关的 NGO，以制订在该地区持续投资发展的经营方针。在给付理赔之后，公司会公开宣传；在通过小额保险个人营销员销售保单时，至少在最初阶段，人们希望为其销售保单的是熟悉的可以被信赖的营销员。

3. 保费征集

在塔塔友邦经营模式下，保费一般由小额保险营销员代收，并由 CRIG 负责人汇总之后交给与组织协作的 NGO，最后再由 NGO 每月一次以即期汇票的形式转给保险公司。现在公司引入了两种全新的服务工具：一种是带有公司标识的汽车被用于营销活动，在车上不间断播放营销用的电影帮助促销；另一种是为每个 CRIG 提供网络支持，可用于在线帮助营销人员搜索续保单和提交等，使得续保环节借助网络提升效率。

四、南非小额保险运营的实践经验

相比其他非洲国家，保险产业在南非要更发达，市场竞争也更加激烈。截至 2005 年底，南非共有 82 家经营长期保险业务的公司，其中包含 6 家再保险公司；另有 106 家公司经营短期保险业务，其中包含 7 家短期再保险公司。274 亿美元的保费收入约占南非全国 GDP 的 14%，远高于世界平均水平。近年来，南非的保险公司和代理人市场呈现了一种兼并整合的趋势，这与南非国内银行保险的发展态势也是相吻合的。而无论是长期还是短期保险公司，成本的迅速攀升为公司经营带来不小的压力。造成短期业务市场成本飞涨的原因主要在于赔付的增加和欺诈率居高不下，激烈的竞争环境迫使公司通过价格战抢占市场。而由于 1994 年的市场开放，本地公司不得不面临新进主体的有力挑战。向低收入阶层提供保险产品和服务在南非还是个较新鲜的概念，但是肆虐非洲的艾滋病的蔓延却大大地刺激了人们对丧葬保险的需求。随着过去的健康保险体系逐渐不堪负荷以及商业保险公司提升了相关保险业务的入门标准，贫穷人口的保险保障空白已经越来越难以填补。鉴于这种情况，南非政府也有意通过放宽政策的手段刺激小额保险市场的发展。

（一）相关法律和监管环境

1. 监管环境

1998年，南非政府颁布了两部法案——Act 52长期保险法和Act 53短期保险法，以替代1943年版的保险法。这两部相互独立的保险法案规范了商业保险公司的注册流程；规定了一家保险公司只能申请一种保险业务经营执照的同时，也确立了市场主体分业经营的模式，想要混业经营的公司只能走集团化的道路。法案同时确定了申请注册的最低资本要求，根据所经营业务的不同，注册资本金不得低于500万兰特，约合66万美元。虽然法案规定只有注册的保险公司才能提供保险产品和服务，但是互助会（Friendly Societies）例外。南非的互助会性质与菲律宾的互助保险机构相似，可以向成员提供不高于667美元的类似保险的保障。在实际操作中，流行的丧葬保险被归为长期保险业务的范畴，但是意外与健康保险仍属短期险，因此对于此类保险的性质分类还存有一些疑问。

在南非保险市场中履行监管职责的机构是金融服务委员会（Financial Services Board，FSB）。FSB是产业资助的执法机构，向国家财政部（National Treasury）提供政策建议，担负监督公司合法合规运营的责任，同时其也是IAIS的成员之一。FSB不具备对立法和修改法律提供建议的职能，但是有对新出台法规做出解释和咨询的义务。除了由规范的保险公司经营的机构之外，南非保险市场中还存在一些保险行业自律组织，如金融服务中介协会负责中介行业的代理人和经纪人的管理工作。2001年出台的保单持有人保障规定强化了对被保险人的保护，在要求保险公司和经纪人对客户负责的同时，也为保单持有人提供一系列的教育培训课程。南非保险监管环境中还有一个重要的特点就是设立了稽查舞弊的机构，这一机构是由保险行业自愿组织和赞助的，专门负责处理被保险人的投诉。

2. 现有监管体制与小额保险发展的不适应

目前的监管体制很明显是为应对大型商业保险公司的监管需要而构建的，不论是最低资本标准还是资产盈余要求都不是专门提供小额保险产品的机构所适用的。短期保险公司的最低资本限制在66万美元以上，最小资产盈余要高于40万美元或者超过净保费的15%。这一标准对于商业金融机构而言不高，但是对于像NGO这样希望在低收入人群中开展业务的机构而言又太苛刻了。而要发展低收入保险市场则只能通过正规的公司在现有中等收入人群市场的基础上向下扩展。如果公司想要经营小额保险业务，就需要在中介渠道、承保以及产品等方面有所创新。

目前南非市场的实际情况是大多数的小额保险产品都是非法的；很多机构都不在监管范围之内；更严重的是，一些提供小额保险产品的机构也是非法的。在消费者权益保护方面，目前的监管体制也远远不够。处理消费者投诉的反应速度明显偏缓，效率较低。FSB和保险稽查人员由于需要复杂的材料和烦琐的处理程序而无法在第一时间对投诉做出回应。低收入者受限于教育水平因素，既缺乏自我保护意识，也不了解如何申辩。而FSB是需要消费者投诉才能启动处理程序的，这就使得经营小额保险的公司或经纪人躲避了监管约束。最终导致市场出现了许多小额保险，主要是丧葬保险供应商的产品，且都缺乏实际的财务充足性和保障能力。

由于立法的缺失，南非财政部考虑出台一套专门适用于小额保险的法规以规范相关市场。

同时由于丧葬保险市场繁荣，政府也考虑给只经营此种产品的机构颁发专门的执照（Funeral Insurance License）。种种政策可以降低最低资本限制，简化监管程序，允许其他的市场主体经营小额保险。更主要的是，通过放宽限制，可以把当前不在监管范围内的机构强制纳入 FSB 的监管范畴，以便对其实施有效的监督，保护消费者利益。

（二）小额保险市场的经营模式

1. 小额保险供应商

在南非，经营小额保险业务的正规商业保险公司还是相对较多的，但是其提供的产品基本上都是丧葬保险。与其他保险产品不同，此类产品在南非的需求量相当大，因此也吸引了商业保险公司涉足这一领域。由于可以完全转移风险，还可以选择个性化的服务，因此向保险公司购买小额保险产品以保障会员或者员工的利益也是单位或雇主的重要选择。作为企业客户，如果希望在分享利润和分担风险上具有更多自主权的话，还可以选择通过购买或租赁单元型自保公司（Cell Captives）的方式。单元型自保公司是以保险公司的形式注册，并向团体客户销售个体单元。每个单元独立运营和核算，并各自确保偿付能力充足。单元的母体公司最终要承担全部的保险风险，并将一个单元的风险在其他单元中分担。虽然南非法律允许互助会提供保险服务，但是据统计，在 220 家互助会中仅有 5 家提供收益担保的保险产品，2005 年的保费规模约为 533 万美元。而同年出台的合作社法案（Co-Operative Act）有力地促进了互助保险的发展。除了这些正规的保险机构之外，大多在售的小额保险均是那些非正规的供应商在经营的。这些非正规的小额保险通过互助风险池来保障客户的利益。据估计，南非共有 8 万～10 万个丧葬社团（Burial Societies）提供类似的风险分担产品，而所有持有丧葬保险的客户中约有 52%是通过这些组织购买的。这些非正规的保险计划在财务稳定性和偿付能力充足性上相比正规产品较弱。

市场中还有少数的 MFI 向它们的客户提供小额保险，服务范围基本限于信用生命保险和丧葬保险。提供信用生命保险的主要目的自然是为了转移风险，而患艾滋病比例的升高也为 MFI 经营保险业务起了推波助澜的作用。而提供丧葬保险的另一个目的还在于其自有客户的需求；因为丧葬保险还未覆盖到更偏远的农村地区，提供此类保障仅依靠当地社区团体显然不够。MFI 在小额保险市场主要扮演着保险公司代理人的角色，所提供的产品也都源于合作保险公司。目前阻碍 MFI 推广小额保险的因素主要包括五点：首先是一些保险公司或者保险经纪人对于通过 MFI 向低收入者提供小额保险不感兴趣；其次是向贷款客户提供保险的成本太高，导致 MFI 难以负担；再次是交易成本较高，MFI 为向客户提供小额保险所需增加的交易成本往往高于保费本身；第四是 MFI 缺乏销售和管理小额保险产品的经验和技术，其所能获得信息量也十分有限；最后也是最重要的一点就是缺乏市场需求。因为销往企业团体的保险产品保障程度不足，难以引起购买兴趣；而销售给个人的往往又超出消费者承受的范围。当然随着 MFI 业务规模的不断扩大和客户群的拓展，在未来，通过 MFI 销售小额保险产品应会取得一定的进步。

2. 小额保险产品

目前在南非小额保险市场占主导地位的仍然是丧葬保险，虽然这一险种几乎没有得到政府机关的大力推动，但是旺盛的需求还是让这一市场一片繁荣。表 4-8 显示的是一个丧葬保险保费和保障程度的例子。

表 4-8 南非丧葬保险产品（单位：美元）

被保险人资格	保险金额	月保费
单身无子女，年龄为 14～59	390	3.9
	910	5.85
	1 300	7.15
单身无子女，年龄为 60～74	390	6.5
	910	11.7
	1 300	16.25
保障家庭主要劳动力，年龄为 14～59	390	4.55
	910	6.5
	1 300	7.8
保障家庭主要劳动力，年龄为 60～74	390	8.45
	910	16.9
	1 300	22.75

除了丧葬保险之外，其他类型的小额保险产品在南非并不流行。比较特殊的小额保险产品如“Money Wise”，可以向低收入者提供财务咨询服务的小额理财类产品；还有一种有趣的产品“Retrenchment Insurance”，它可以补偿被保险人在购买某物品的分期付款期间因失业而违约的损失，可以看作信用保险的衍生。

3. 小额保险的分销渠道

丧葬保险的销售主要是通过殡仪馆、代理人或经纪人完成的。保险公司一般不会开发自己的分支机构或产业销售渠道，在此类保险上，中介的作用是相当突出的。这主要是由于丧葬保险较其他保险产品更容易通过中介销售，但是过程中也更容易产生欺诈的风险。保险经纪普遍与一家保险公司建立合作关系，且各经纪提供的产品差别不大。从这种关系来看，经纪人更像是保险代理，不同的是其与低收入客户关系相对紧密。目前保险供应商也在研究和应用新的销售手段。这些新的销售方式一般具有三个特点：第一是通过移动通信技术签署保单和联络保费支付事宜；第二是通过零售商的网络收取现金保费；第三是被动销售，即零售商依靠非定制的现销手段向客户兜售以降低中介成本等。

五、小额保险运营经验总结

总结国际上小额保险的实践经验可以为解决中国市场存在的疑问提供有价值的启发。

（一）基本认识方面

在明确对小额保险的概念、性质以及地位等基础认识方面，各国尚未从本国法律法规的层面为小额保险单独制订管理规则，所以对这一系列的基本认知缺乏官方明确的解读。目前从实践中可以总结出来的普遍性的规律是向贫困人群——主要是农村人口提供低费率、低保障、保障单一风险，用于满足最基本的保险保障需求的这部分产品在实际研究中被归入小额保险的范畴。其保障的性质接近于一种社会救济，承担一定的社会保障功能。目前各国政府已经认识到只有对小额保险有一个明确的基本认识才能推动其发展并加以管控。国际上并没有被广泛接受的有关小额保险的定义，当前的定义也是根据各国的实际情况总结出来的普遍特征。所以中国若想确立小额保险的基本概念完全可以打破既有的条条框框，根据中国的实际情况对小额保险做出定义。首先需要对推动小额保险发展有一个明确的目的，希望达到怎样的目标；据此可以把握好小额保险的定位，从而再将符合这一定位的产品纳入小额保险概念范畴中来；最后从这些产品中总结出普遍存在的共性，为小额保险下定义。

（二）模式选择方面

从发展模式和制度设计的层面来看，部分国家是允许商业保险公司之外的其他机构经营小额保险产品的，但是却鲜有政府直接提供和经营小额保险。除去政府强制经营小额保险的情况外，商业保险公司主动涉足和开发这部分市场的现象并不普遍。只有在市场需求相当旺盛，具有较显著利润空间的情况下才会有较多的保险公司愿意进入这一市场。而那些本身即具有雄厚实力和丰富经验的保险公司是出于履行社会责任的目的经营小额保险产品。因为对这些保险公司而言，在提升知名度、树立公司形象、开发潜在客户、与监管机关培育良好关系等软实力的培养上要比单纯追求短期利润更重要。部分受到政府行政部门约束的民间机构可以提供小额保险服务，但是其经营业绩往往不够理想；而那些不在政府监督范围内的非正规机构经营的小额保险业务却更加红火。究其原因，可能一方面源于这些非正规机构推动小额保险的意愿问题；另一方面是由于束缚越少，运营越简单便捷。中国未来小额保险的发展模式究竟是采用多部门联合广泛推广还是只由保险监管部门运作的形式，还需要在实践中不断探索，以寻求答案。出于保护被保险人利益的目的，当前有些国家的保险监管部门倾向于将那部分不属于任何政府部门管辖的非正规机构所经营的小额保险产品纳入保险监管范畴之内。

（三）保障风险方面

对于经营综合风险还是细分市场，以及经营单一指定风险的选择上，目前国际上并没有明确的定论。从实践中可以总结出来的是以挖掘小额保险的市场需求为出发，通过正面宣传以激发农民购买欲望为手段，指引小额保险经营方向在实践中是有成功的先例的，如南非的丧葬保险和印度塔塔友邦的推广方式。从前文的数据上看，低收入人群最希望得到的是生命和健康等基本保障，而以这部分人所拥有的购买力水平是不会过多渴望财产和养老保障的。大量相似的需求可以为小额人身保险符合保险原理提供条件。从商业保险公司的角度来看，如果希望以保障单一指定风险的保险产品为市场开发目标的话，那么社区组织等机构所提供的小额保险服务可以作为参考。因为这些组织提供服务的目的就是为了有针对性地满足社区成员特定的保险需求。

（四）政府支持方面

各国政府出于社会救济的目的均希望保险可以为低收入贫困人群提供基本保障。例如印度政府就是通过强制手段要求所有保险公司向农民提供保险保障，同时也将免除小额保险机构部分的营业税。而为了降低经营小额保险机构的准入门槛，部分国家也放宽了审批条件，降低了最低资本等要求。

第五章　中国保险助推脱贫的制度演进与发展现状

本章先从中国农村贫困概况入手，简要介绍了中国农村乃至贫困地区农村的现状并分析了贫困原因，说明国家对扶贫的重视力度和政策实施后的显著效果。然后再介绍近年来国务院、原银行监督管理委员会及原保险监督管理委员会出台的与扶贫有关的保险政策。最后再介绍保险在现阶段扶贫中取得的成效及遇到的问题。

一、中国农村贫困概况

自《中国农村扶贫开发概要（2011—2020年）》实施以来，扶贫开发工作成绩显著，贫困人口大规模减少。本节首先对我国农村贫困标准进行简单介绍，然后再从贫困人口规模和分布、人均可支配收入、人均消费支出、居住条件和受教育水平等方面对农村贫困状况进行分析。最后，找出造成农村贫困的原因。

（一）中国农村贫困标准

1. 贫困与贫困标准的概念界定

（1）贫困的概念界定

贫困现象几乎已经是人类历史所共知的现象，几乎没有哪一个社会可以避免。因此，人类一直在对贫困进行研究。从英国的布什和朗特里的早期著作算起，到现在已经有不计其数的专家和学者从不同角度，对贫困做出定义。在早期，对贫困的研究一般仅限于物质层面。以国家统计局《中国城镇居民贫困问题研究》课题组和《中国农村贫困标准》课题组（1989）对贫困的理解为代表，贫困主要是指一个人或一个家庭的生活水平达不到一种社会可接受的最低标准。他们缺乏生活资料，缺少劳动力再生产的物质条件，或者因收入低而仅能维持相当低的生活水平，生活处于很艰难的境地。

贫困是与人类社会相伴随的一种社会现象，其概念也是不断变化的。随着社会物质、文化生活水平的不断提高，社会文明不断进步，目前贫困不仅仅是单一的收入低导致的贫困问题，而是一个多维贫困问题，其包括住房、财产、资源、能力、权利不足和抵抗风险能力低、脆弱、容易返贫等多维贫困因素，需要从多个方面不达标或综合加权指数不达标来衡量。联合国《2030年可持续发展议程》（2015）提出，除了要实现消除生活在国际极端贫困标准以下的贫困现象的目标外，还要实现包括社会保障制度大规模覆盖贫穷人口和弱势群体、平等享有资源和基本社会公共服务、减少风险等目标。联合国发展计划署等则使用“健康、教育和生活标准”三方面的10个指标加权计算多维贫困指数。

（2）贫困标准的概念界定

贫困是以贫困线为测量标准的。国际上常用的测量方法主要有四种：市场菜篮子法、恩格尔系数法、生活形态法和国际贫困标准法。我国一般使用贫困发生率和贫困线作为测量贫困的主要标准。贫困发生率是指贫困人数占总人口数的比例，该概念反映的是贫困发生的社会广度，用来衡量贫困在某区域内的密度。该测定法的缺陷在于：相同的贫困发生率之下可能会呈现出不同的贫困程度，如甲乙两个城市贫困发生率相等，但甲城市的贫困人群的收入比较接近贫困线，而乙城市贫困人群的收入则远远低于贫困线。在这样的情况下，虽然两城市拥有相同的贫困发生率，但是后者的贫困程度要远高于前者。

贫困标准也称为贫困线。我国农村贫困标准的定义是指在一定的时间、空间和社会发展阶段的条件下，维持人们的基本生活所必须消费的食物、非食物（包括服务）的基本费用。根据这一定义，采用世界银行推荐的方法并结合我国农村实际测算农村贫困标准，测算的基本逻辑和方法就是通过住户调查，测算满足基本生活必需的食物需求，通过建立食物需求模型，测算非食物需求线（包括最低非食物需求线和较高食物需求线），从而测算出贫困线，也就是食物需求与非食物需求之和。

2. 我国农村贫困标准的调整

（1）贫困标准的两种调整

贫困标准的调整包括两种情况：一是不同时期根据经济社会发展和生活水平的提高而采用更高的满足基本生活需求的贫困标准；二是保持生活水平不变的同一标准，用不同年度的物价水平进行调整，以保证其可比性。

第一种调整：

对应于第一种调整，我国自 1978 年以来共采用过三个不同的贫困标准，分别是“1978 年标准”“2008 年标准”和“2010 年标准”。“1978 年标准”指的是按 1978 年物价每人每年 100 元。这是一条低水平的生存标准，是保证每人每天 2 100 大卡热量的食物支出，食物支出比重约占 85%。基于测算时的农村实际情况，基本食物需求质量较差，如主食中粗粮比重较高，副食中肉蛋比重很低，且标准中的食物支出比重过高，因而只能勉强果腹。“2008 年标准”实际上是从 2000 年开始使用的，由于在 2008 年正式作为扶贫标准使用，因而又称为“2008 年标准”。按 2000 年物价每人每年 865 元，这是基本温饱标准，保证每人每天 2 100 大卡热量的食物支出，是在“1978 年标准”基础上适当扩展非食物部分，将食物支出比重降低到 60%，可基本保证实现“有吃、有穿，基本满足温饱。“2010 年标准”即现行农村贫困标准。按 2010 年物价每人每年 2 300 元，按 2014 年和 2015 年物价每人分别为每年 2 800 元和 2 855 元，这是结合“两不愁，三保障”测定的基本温饱标准。根据对全国居民家庭的直接调查结果测算，在义务教育、基本医疗和住房安全有保障（即三保障）的情况下，现行贫困标准包括的食物支出，可按农村住户农产品出售和购买综合平均价，每天消费 1 斤米面、1 斤蔬菜和 1 两肉或 1 个鸡蛋，获得每天 2 100 大卡热量和 60 克左右的蛋白质，以满足基本维持稳定温饱的需要，同时，现行贫困标准中还包括较高的非食物支出，2014 年实际食物支出比重为 53.5%。此外，在实际测算过程中，对高寒地区采用 1.1 倍贫困线。

第二种调整：

对于第二种调整，根据“农村贫困人口生活消费价格指数”对农村贫困标准进行年度调整，以保证可比性。由于农村贫困人口的生活消费支出中食物支出比重较高，因而在计算贫困人口生活消费价格指数时，对农村居民食品消费价格指数和农村居民消费价格指数进行了加权，按实际情况提高了食物支出权重。按相应年份的物价水平，现行贫困标准在 2010 年是每人每年 2 300 元，2011 年是 2 536 元，2012 年是 2 625 元，2013 年是 2 736 元，2014 年是 2 800 元，2015 年是 2 855 元。同一标准在不同年份，虽然数值不同，但都代表了同一种生活水平，年度间是可比的。

表 5–1　我国农村贫困标准

单位：元/人

年份	1978 年标准	2008 年标准	2010 年标准
1978	100		366
1980	130		403
1985	206		482
1990	300		807
1995	530		1 511
2000[①]	625	865	1 528
2005	683	944	1 742
2008		1 196	2 172
2010		1 274	2 300
2011			2 536
2012			2 625
2013			2 736
2014			2 800
2015			2 855
2016			3 000

资料来源：国家统计局历年农村贫困监测报告。

（2）按“2010 年标准”测算的贫困人口

按不同标准测算的贫困人口统计数据属于不同的序列，相互之间没有可比性。以新确定的农村扶贫标准即“2010 年标准”来看历年全国的贫困状况，在现行标准下的农村贫困人口自 2010 年以来减少 1.1 亿，2015 年贫困人口数为 5 575 万人，比 2014 年减少了 1 442 万人。

表 5–2　历年全国农村贫困状况

年份	贫困人口（万人）	贫困发生率（%）
1978	77 039	97.5
1980	76 542	96.2
1985	66 101	78.3
1990	65 849	73.5
1995	55 463	60.5

① 不同标准代表了不同的生活水平，是不可比的，是“不同”的标准。

续表

年份	贫困人口（万人）	贫困发生率（%）
2000	46 224	49.8
2005	28 662	30.2
2010	16 567	17.2
2011	12 238	12.7
2012	9 899	10.2
2013	8 249	8.5
2014	7 017	7.2
2015	5 575	5.7
2016	4 335	4.5

资料来源：国家统计局《2017 年中国农村贫困监测报告》。

总之，现行农村贫困标准基本符合我国国情和当前发展阶段，是科学合理的。一是测算方法科学规范，采用了国际上通用的基于食物、非食物需求测算的贫困标准测算方法；二是测算所用的基础数据准确可靠，是根据对全国农村居民家庭直接调查得到的；三是现行农村贫困标准是与“两不愁、三保障”相结合的基本上达到稳定温饱的标准，基本能满足与稳定温饱生活相适应的食物需求，“吃饱、适当吃好”，还能基本满足衣、住、用、行以及义务教育、基本医疗等非食物需求，从而基本上实现“不愁吃、不愁穿”的稳定温饱要求；四是符合农村居民对于小康的基本期待，使农村居民跨入小康的门槛，使贫困人口摆脱贫困，呈现一种能安稳度日、不愁吃穿的比较宽裕的生活状态；五是现行标准基本符合国际标准。

3. 我国农村贫困标准与国际贫困标准的比较

（1）世界银行发布的国际贫困标准

世界银行是国际社会研究贫困问题的主要机构，通常说的国际贫困标准一般就是指世界银行发布的贫困标准。目前，世界银行主要用每天 1.9 美元和每天 3.1 美元标准衡量发展中国家贫困状况。这两个标准都以 2011 年为价格基期。前者是国际极端贫困标准，是全球 15 个最穷国家的国家标准的平均值；后者是其他发展中国家贫困线的中位数。

国际贫困标准按价格基期不同，数值也有所不同。以国际极端贫困标准为例，世界银行在《1990 年世界发展报告》中采用了按 1985 年的价格计算的标准，为每人每天 1.01 美元，这就是全球熟知的“1 天 1 美元”标准。世界银行后来更新了价格基期年份，按 1993 年价格为 1.08 美元，按 2005 年价格为 1.25 美元，按 2011 年价格为 1.9 美元，年份不同，标准的数值不同，但其仍为“1 天 1 美元”标准。从 2008 年开始，世界银行发布“1 天 2 美元”标准，这是按照 2005 年价格计算的，如用 2011 年价格计算则为“1 天 3.1 美元”。为区别于极端贫困标准，有时也将此标准称为“一般贫困标准”。

（2）我国农村贫困标准与国际贫困标准的比较方法

以每天 1.9 美元的国际极端标准为例。世界银行（2015）按 1 美元=3.696 人民币的购买力平价指数换算，每天 1.9 美元贫困标准以人民币表示为 2011 年每年 2 564 元，对应了我国城乡平均物价水平。考虑到我国城乡有 30%左右的物价差异，农村贫困标准的人民币表示为

2 100 元。2011 年我国现行农村贫困标准是 2 536 元，按上述购买力平价指数计算相当于每天约 2.3 美元。因此，我国现行农村贫困标准是每天 1.9 美元标准的 1.21 倍，是每天 3.1 美元标准的 74.2%。若考虑“保障基本住房”，将农村居民自有住房折算租金也算进来，我国现有标准比 2.3 美元要高 20%。若将“三保障”内容全部考虑在内，则代表的标准还要高。

在使用国际贫困标准过程中要注意的是：一是国际贫困标准主要用于国际比较，反映我国扶贫成就、制定相关政策时应主要使用我国现行农村贫困标准及测算的相关指标和数据。二是采用国际标准进行国际比较时，要说明使用的是哪个标准、是哪年的数据以及数据来源。三是采用不同的标准，不仅要采用其标准值，还要采用根据该标准测算的贫困人口、贫困发生率等指标数据。标准值与其对应的指标及数据是完整统一的。

（二）我国农村贫困现状

我国的农村贫困是一个严重的社会问题，同时也是一个必须解决的经济问题。目前我国的农村贫困人口分布较广、数量较多，到现在仍有部分农村人口处于贫困线以下。为确保 2020 年在现行标准下农村贫困人口实现脱贫，贫困县全部摘帽，解决区域性整体贫困，国家出台了众多的扶贫政策。在扶贫工作开展的同时，我们也需要从多个方面对农村贫困状况进行分析。

1. 农村贫困人口的规模与分布

截止到 2016 年底，全国农村贫困人口达 4 335 万人，比上年减少了 1 240 万人，2010—2016 年，我国农村贫困人口累计减少了 12 232 万人；2016 年底农村贫困发生率为 4.5%，比上年降低了 1.2%，2010—2016 年我国农村贫困发生率累计下降了 12.7%，如图 5-1 所示。

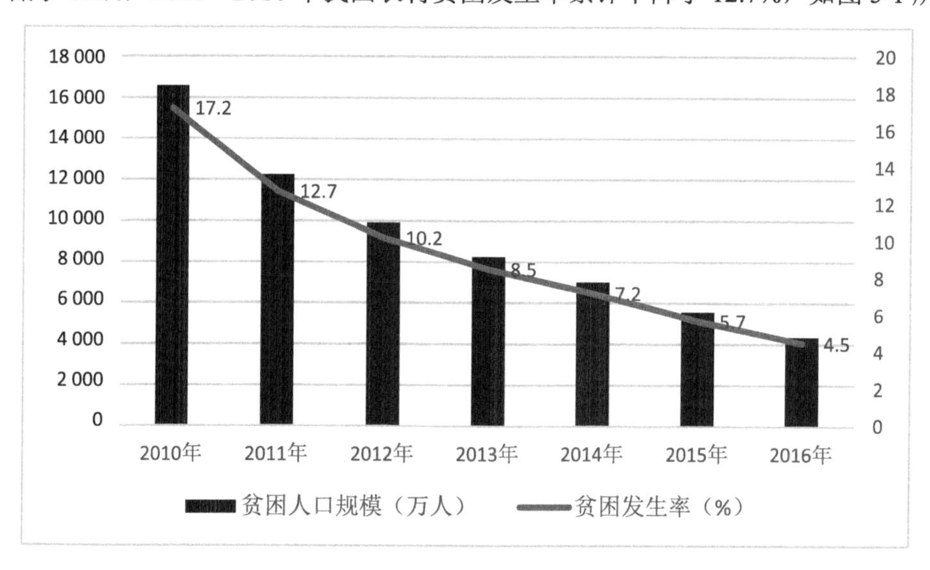

图 5-1　2010—2016 年全国农村贫困状况

资料来源：国家统计局《2017 年中国农村贫困监测报告》及国务院扶贫办官方网站。

随着国家各种扶贫政策的大力实施，7 年间贫困人口减少的规模还是值得我们自豪的，但与此同时也应该看到，我国农村贫困人口依然还有 3 885 万人，这一数量依然众多，规模依然较大。

截止到2016年底，贫困人口在300万以上的省份有4个：贵州378万、云南365万、广西337万、湖南335万；贫困人口为200万～300万的省份有6个：河南298万、湖北287万、四川277万、甘肃226万、安徽208万、河北202万；贫困人口为100万～200万的省份有4个：山西160万、陕西155万、新疆133万、江西118万；贫困发生率在10%以上的省份有5个：西藏17.15%，新疆11.59%，贵州10.92%，甘肃10.91%，青海10.85%；贫困发生率为5%～10%的省份有7个：云南9.89%，广西7.82%，湖北7.03%，宁夏7%，山西6.64%，湖南5.86%，陕西5.76%。

从区域分布来看，一半以上的农村贫困人口主要集中在我国发展较为落后的西部地区。根据扶贫办提供的数据资料显示，2016年西部地区农村贫困人口为2 251万，占全国农村贫困人口的52%；中部地区农村贫困人口为1 594万，占全国农村贫困人口的37%；东部地区农村贫困人口为490万，占全国农村贫困人口的11%。

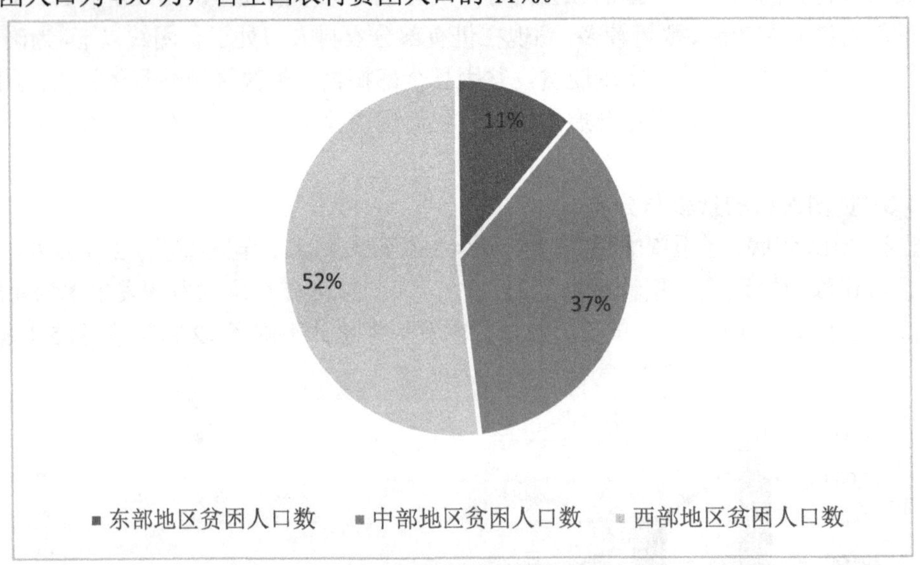

图5-2　2016年全国农村贫困人口分布

资料来源：国务院扶贫办官方网站。

2010—2016年，东、中、西部地区农村贫困人口全面减少。其中，西部地区农村贫困人口减少了6 178万人，近年来贫困发生率也在逐年下降。

表5-3　2010—2016年农村贫困人口按地区分布情况

年份＼地区	农村贫困人口规模（万人）			农村贫困发生率（%）		
	东部	中部	西部	东部	中部	西部
2010	2 587	5 551	8 429	7.4	17.2	29.2
2011	1 655	4 238	6 345	4.7	13.1	21.9
2012	1 367	3 446	5 086	3.9	10.6	17.5
2013	1 171	2 869	4 209	3.3	8.8	14.5
2014	956	2 461	3 600	2.7	7.5	12.4
2015	653	2 007	2 914	1.8	6.2	10.0
2016	490	1 594	2 251	1.4	4.9	7.8

资料来源：国家统计局《2016年中国农村贫困监测报告》及国务院扶贫办官方网站。

2. 农村贫困人口的类型及特征

（1）农村贫困人口的类型

第一种分类：贫困主要包括绝对贫困和相对贫困两个层面。绝对贫困是一个客观定义，是指在一定的社会生产方式和生活方式下，个人和家庭依靠劳动所得和其他合法收入不能维持其基本的生存需要，不能解决温饱，劳动力再生产难以维持，基本生存需要是绝对贫困问题的核心问题。而相对贫困则是一个主观定义，是与某种社会判断要求和社会确定标准相关联的。一方面是指随着时间变迁和不同社会生产方式、生活方式下贫困标准的变化而言的贫困；另一方面是指同一时期不同社会成员和地区之间的差异而言的贫困。随着经济和社会的发展，最低生活需求也会增加，贫困不再仅是单一收入低导致的贫困问题，而成为一个多维贫困问题，包括住房、财产、资源、能力、权利不足和抵抗风险能力低、脆弱、容易返贫等多维贫困因素，因此许多学者主张使用相对贫困的概念。但是对于一个地区和国家特别是发展中国家而言，绝对贫困的使用还是有现实意义的。在发展中国家，贫困有程度、大小之分，利用绝对贫困，有利于国家把有限的资金用于最需要的人口，对最贫困的人口的生活进行帮助，有利于维护社会的稳定。

第二种分类：可以按照贫困户自身是否具有脱贫能力进行划分，分为没有脱贫能力者和有脱贫能力者。没有脱贫能力者可能是家庭成员虽无病无残，但年老力衰，家庭缺乏劳动力，没有生计来源，也可能是因病因残而导致家庭主要劳动力丧失。对于无脱贫能力的家庭，政府就是第一责任主体，政府提供的帮扶和救济要能保证在贫困线以上，但又不能过高，以免引发次贫困者效仿。另一类就是有脱贫能力的贫困家庭。这些家庭目前虽然陷入了贫困的境地，但是其自身还拥有一定的自救能力。这类贫困户主要是因学致贫或因病致贫。政府对这部分人就应该侧重修复或激发他们自身的脱贫能力，并促使他们自己从贫困的状态中脱离出来。在脱贫的过程中，政府一方面要承担协同责任，另一方面则要通过制度建设和扶贫体系的完善，来协助这些家庭尽快脱贫。

（2）农村贫困人口的特征

①区域性

我国贫困人口分布存在着十分显著的区域性，区域贫困是指一个地区的贫困人口相对集中的现象，具体表现为：①贫困人口主要分布在集中连片的中西部地区（主要是西部地区）。东部农村的贫困程度最低，西部地区的贫困程度最高。②全国绝大多数省份的贫困人口集中在贫困地区，集中程度很高。表 5-4 显示了部分省区贫困人口的占比，其中云南 91.37%，甘肃 94.20%，贵州 89.19%，陕西 83.74%，湖南 61.32%。

表 5-4　2016 年底部分省份贫困人口情况

省份	贫困地区贫困人口（万人）	贫困人口（万人）	贫困地区贫困人口占比（%）
云南	332.77	365.13	91.37
甘肃	213.75	226.92	94.20
贵州	346.52	378.56	89.19
陕西	129.84	155.06	83.74
湖南	205.59	335.27	61.32

资料来源：国务院扶贫办官方网站。

②民族性

中国的贫困在很大程度上是少数民族的贫困。全国 55 个少数民族中，有 90%以上集中在贫困地区。在国家有关部门和社会各界的大力支持下，经过少数民族贫困地区广大干部群众的艰苦努力，少数民族贫困地区农村贫困人口大幅减少。根据 2016 年中国农村贫困监测报告，2015 年，少数民族八省份农村贫困人口为 1 813 万人，比 2011 年减少 3 227 万人，农村贫困发生率为 12.1%，比 2010 年下降了 22.4%。但是少数民族地区的扶贫形势仍不乐观，2015 年少数民族八省份农村贫困人口占全国农村贫困人口的 32.5%。

③老弱病残人口多

这些特殊人群由于生理条件等因素影响，基本生活难以保障，并且仅靠个人摆脱贫困的能力有限，致使家庭及个人陷入贫困，急需社会保障制度的资助。根据 2015 年国务院扶贫办调查显示，全国贫困人口中 60 岁以上的人口占 19.6%，全国贫困人口中无劳动能力的人口占 34.1%，丧失劳动能力的人口占 6.6%。

④返贫现象严重

我国的贫困标准线只是一个较低的生存贫困标准。在低标准的脱贫指标约束下，一些农村脱贫人员一旦遭遇天灾人祸或社会经济环境的波动，又会很快地回归贫困人口队伍之中。2003 年曾出现绝对贫困人口首次反弹的现象，全国有 1 460 万绝对贫困人口脱贫，但同时又有 1 540 万农村人口返贫，导致当年农村贫困人口新增 80 万。据国家统计局资料显示，我国现存的农村贫困人口中，连续两年贫困的只占 1/3，有近 2/3 的农村贫困人口属于返贫，处在一种徘徊在贫困边缘的状态。

⑤长期性和复杂性

我国的贫困问题与自然条件、人口素质、社会生产力的发展水平、国民经济所处的阶段以及国家财税政策、价格政策甚至产业政策等因素密切相关，从而造成了中国贫困问题的复杂性；同时贫困人口基数大、分布广，加上国力有限、社会经济结构的复杂化和劳动就业、收入分配、资金投向等政策的不规范，以及物价的非常规波动、社会保障制度不健全等，贫困问题很难在短时期内获得解决。而且就中国目前的现实及趋势而言，随着收入差距的拉大，贫富分化的加剧，中国贫困问题解决的难度将会进一步加大。

3. 我国农村贫困现状

下面从人均收入状况、人均消费支出状况、居住条件及受教育水平方面分别进行介绍。

（1）人均收入状况

衡量农村人口生活水平最直接的指标莫过于农村居民人均可支配收入，它反映的是全国或一个地区农村居民的平均收入水平。农村居民人均可支配收入等于工资性收入、经营净收入、财产净收入、转移净收入之和。2016 年全国农村居民人均可支配收入为 12 363 元，比上年名义增长 8.2%，实际增长 6.2%。其中人均工资性收入、经营净收入、财产净收入、转移净收入分别为 5 022 元、4 741 元、272 元和 2 328 元，与上年相比分别增长 9.2%、5.3%、8.2%和 12.7%。如表 5-5 所示，2014—2016 年人均可支配收入增加了 1 874 元，从各项构成来看，人均可支配收入主要来自工资性收入和经营净收入两项。

表 5–5 2014—2016 年全国农村常住居民人均可支配收入及构成

指标	收入水平（元/人）			构成（%）		
	2014 年	2015 年	2016 年	2014 年	2015 年	2016 年
人均可支配收入	10 489	11 422	12 363	100.0	100.0	100.0
工资性收入	4 152	4 600	5 022	39.6	40.3	40.6
经营净收入	4 237	4 504	4 741	40.4	39.4	38.3
财产净收入	222	252	272	2.1	2.2	2.2
转移净收入	1 877	2 066	2 328	17.9	18.1	18.8

资料来源：国家统计局《2017 年中国农村贫困监测报告》。

农民人均收入的增长得益于：第一，农民工人数的增加，尤其是本地务工人员增多，同时农民工工资水平保持增长（工资收入占总收入的 40%以上）；第二，2016 年粮食丰收，农民出售粮食数量增加，同时蔬菜等农产品价格上涨，使得种植业净收入增长；第三，生猪价格同比大幅上升，使得人均牧业净收入增速由上年的减少 3.7%转为增长 10.3%；第四，国家大力推进精准扶贫，各地根据国家的政策规定，纷纷提高低保及农村合作医疗的保障水平。此外，农村居民的基本养老金也有所提高。农村人均收入的增长，为完成脱贫攻坚任务奠定了坚实的经济基础。

（2）人均消费支出状况

2016 年全国农村居民人均消费支出为 10 130 元，名义增长 9.8%，实际增长 7.8%，2014—2016 年全国农村人均消费支出及构成情况如表 5-6 所示。例如，2016 年农村居民人均食品烟酒支出 3 266 元，比上年增长 7.2%；衣着支出 575 元，增长 4.5%；居住支出 2 147 元，增长 11.5%；生活用品及服务支出 596 元，增长 9.2%；交通通信支出 1 360 元，增长 16.9%；教育文化娱乐支出 1 070 元，增长 10.4%；医疗保健支出 929 元，增长 9.8%；其他用品及服务支出 186 元，增长 6.9%。

表 5–6 2014—2016 年全国农村人均消费支出及构成

指标	水平（元/人）			构成（%）		
	2014 年	2015 年	2016 年	2014 年	2015 年	2016 年
人均消费支出	8 383	9223	10 130	100.0	100.0	100.0
食品烟酒	2 814	3048	3 266	33.6	33.0	32.2
衣着	510	550	575	6.1	6.0	5.7
居住	1 763	1 926	2 174	21.0	20.9	21.5
生活用品及服务	507	546	596	6.0	5.9	5.9
交通通信	1 013	1 163	1 360	12.1	12.6	13.4
教育文化娱乐	860	969	1 070	10.3	10.5	10.6
医疗保健	754	846	929	9.0	9.2	9.2
其他用品和服务	163	174	186	1.9	1.9	1.8

资料来源：国家统计局《2017 年中国农村贫困监测报告》。

（3）居住条件

从住房面积来看，2016年农村居民人均居住住房面积为45.8平方米。从居住结构来看，混凝土和砖混材料结构住房的农户占 64.4%，比上年上升 4.4%；从住宅外道路条件看，2016年农村地区住宅外为水泥、柏油、沙石或石板等硬质路面的农户比重为 85.4%，比上年增长了 4.9%；从卫生设备看，2016 年农村地区有水冲式卫生厕所的农户比重为 30.5%，比上年增长了 4.2%，无洗澡设施的农户比重为 35.3%，比上年下降了 6%；从能源使用情况看，2015年农村地区炊事用主要能源为柴草的农户比重为39.4%，比上年下降了 4.4%。如果按地区居住情况来看，东部地区农村居民居住情况整体要好于中、西部地区。

（4）受教育水平

自 2001 年我国“撤点并校”教育改革推行以来，我国农村义务教育的普及以及我国在农村义务教育的保障支持政策的实施使得我国农村基础教育迈上了新台阶。根据 2017 年的中国农村贫困监测报告，未上过学的农村人口占比 5.2%，小学文化程度的人口占比 29.9%，初中文化程度的人口占比 51.2%，高中文化程度的人口占比 10.4%，大专及以上文化程度的人口占比 3.3%。

（三）贫困地区农村贫困现状概述

中华人民共和国成立以来，中国政府始终把努力消除贫困作为国家发展的重要目标和任务。2015 年 6 月，习近平总书记为推进扶贫工作，提出了“六个精准”思想。随着《中共中央国务院关于打赢脱贫攻坚战的决定》和《十三五期间脱贫攻坚规划》的实施，贫困地区的贫困状况有了初步的改善，但是效果还不十分显著。下面就详细介绍一下贫困地区的农村贫困现状。

1. 贫困人口规模和分布

贫困地区是指国务院扶贫开发领导小组确定的国家扶贫开发工作重点县和集中连片特殊困难地区县。目前为止，全国共有 592 个国家级贫困县，中部 217 个，西部 375 个。其中少数民族八省区有 232 个。

按照现行国家农村贫困标准每人每年 2 300 元（2010 年不变价）测算，2016 年贫困地区农村贫困人口为 2 654 万人，比上年减少 836 万人，3 年累计下降 2 416 万人；贫困发生率为 10.1%，比全国农村贫困率高 5.6%（全国农村贫困率为 4.5%）。

表 5-7 2013—2016 年贫困地区与全国农村贫困状况对比

地区	农村贫困人口（万人）				贫困发生率（%）			
	2013 年	2014 年	2015 年	2016 年	2013 年	2014 年	2015 年	2016 年
贫困地区	5 070	4 317	3 490	2 654	19.3	16.6	13.3	10.1
全国农村	8 249	7 017	5 575	4 335	8.5	7.2	5.7	4.5

资料来源：国家统计局《2017 年中国农村贫困监测报告》。

从贫困人口的分布来看，发达地区和部分中部地区贫困人口呈零星状分布，大量贫困人口主要集中在欠发达地区，特别是西南地区、西北地区。2016 年贫困地区农村贫困人口在 300 万以上的省份有 2 个，包括云南 352 万、贵州 346 万；贫困人口为 200 万～300 万的省份有

3 个，包括甘肃 235 万、河南 221 万、湖南 205 万；贫困人口为 100 万～200 万的省份有 7 个，包括安徽 155 万、四川 150 万、河北 147 万、陕西 140 万、湖北 117 万、江西 103 万、广西 100 万。

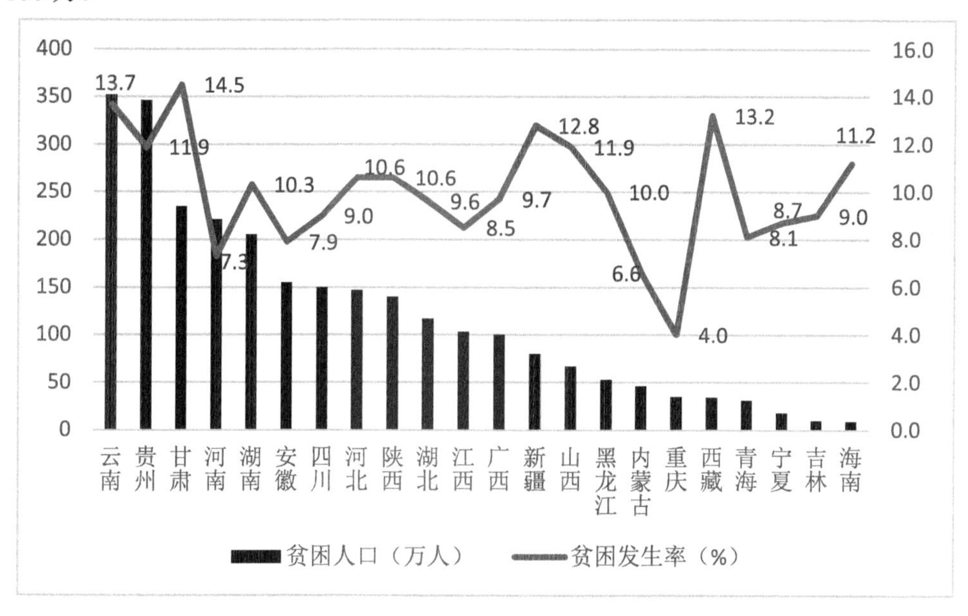

图 5-3　贫困地区贫困人口分布及贫困发生率

资料来源：国家统计局《2017 年中国农村贫困监测报告》。

2. 居民收入状况

2016 年，贫困地区农村居民人均可支配收入为 8 452 元，比上年增加 799 元，名义增长 10.4%，实际增长 8.4%，实际增速比全国农村居民平均水平高 2.2%。贫困地区农村居民人均可支配收入达到全国农村居民人均水平的 69%。

表 5-8　2013—2016 贫困地区农村居民收入增长情况

年份	人均可支配收入	名义增速（%))	实际增速（%）
2013	6 079	16.6	13.4
2014	6 852	12.7	10.7
2015	7 653	11.7	10.3
2016	8 452	10.4	8.4

资料来源：国家统计局《2017 年中国农村贫困监测报告》。

从构成人均可支配收入的各项收入来看，2016 年工资性收入、经营净收入、财产净收入、转移净收入分别为 2 880 元、3 433 元、107 元和 2 021 元，占可支配收入的比重分别为 34.1%、40.6%、1.3%和 23.9%。由表 5-9 中 2005 年、2010 年及 2016 年的数据可知，10 余年间贫困地区居民的人均可支配收入增长了 16.7 倍，各项收入与全国农村水平之间的差距在逐渐缩短。

表 5-9 贫困地区收入来源与全国农村收入来源比较

单位：元

指标	2005 年		2010 年		2016 年	
	贫困地区	全国农村	贫困地区	全国农村	贫困地区	全国农村
人均可支配收入	740	3 255	2 003	5 919	8 452	12 363
工资性收入	200	1 175	681	2 431	2 880	5 022
经营净收入	490	1 845	1 100	2 833	3 433	4 741
财产净收入	12	88	34	202	107	272
转移净收入	39	147	188	453	2 021	2 328

注：2013 年以前国家统计局的口径是人均纯收入，2013—2016 年新口径为人均可支配收入。

资料来源：国家统计局历年农村贫困监测报告。

3. 人均消费状况

2016 年，贫困地区农村居民人均消费支出 7 331 元，占全国农村居民人均消费支出水平的 72.4%。2013—2016 年，贫困地区农村居民人均消费四年累计增长 57.1%，年均实际增长 14.3%。

表 5-10 2013—2016 年贫困地区农村居民消费增长情况

年份	农村居民人均生活消费支出（元）	名义增速（%）	实际增速（%）
2013	4 665	14.9	11.8
2014	5 185	11.2	9.2
2015	5 746	10.8	9.4
2016	7 331	10.1	8.1

资料来源：国家统计局《2017 年中国农村贫困监测报告》。

从构成贫困地区农村居民消费支出的各项支出来看，2016 年人均食品支出、衣着支出、居住支出、生活用品及服务支出、交通通信支出、教育文化娱乐支出、医疗保健支出、其他商品和服务支出分别为 2 567 元、423 元、1543 元、448 元、803 元、790 元、638 元和 118 元，占贫困地区农村居民消费支出的比例分别为 35.0%、5.8%、21.1%、6.1%、11.0%、10.8%、8.7%和 1.6%，各项分别占全国农村平均水平的 78.6%、73.4%、71.9%、75.3%、59.0%、73.6%、68.6%和 63.5%。从贫困地区各项消费构成来看，贫困地区消费支出与全国消费支出差别不多，也主要是用于吃住及交通通信、教育文化娱乐方面。

表 5-11 2016 年贫困地区与全国人均消费支出的比较及构成情况

指标	贫困地区人均消费支出（元）	全国农村人均消费支出（元）	贫困地区消费水平占全国（%）	贫困地区农村居民消费构成（%）	全国农村居民消费构成（%）
人均消费支出	7 331	10 130	72.4	100.0	100.0
食品烟酒	2 567	3 266	78.6	35.0	32.2

续表

指标	贫困地区人均消费支出（元）	全国农村人均消费支出（元）	贫困地区消费水平占全国（%）	贫困地区农村居民消费构成（%）	全国农村居民消费构成（%）
衣着	423	575	73.4	5.8	5.7
居住	1 543	2 147	71.9	21.1	21.2
生活用品及服务	448	596	75.3	6.2	5.9
交通通信	803	1 360	59.0	11.0	13.4
教育文化娱乐	790	1 070	73.8	10.8	10.6
医疗保健	638	929	68.6	8.7	9.2
其他用品和服务	118	186	63.5	1.6	1.8

资料来源：国家统计局《2017 年中国农村贫困监测报告》。

4. 居住条件

随着国家扶贫政策的实施，贫困地区住房条件也在不断改善。根据 2017 年中国农村贫困监测报告，2016 年贫困地区农村居民住房建筑面积约为 137.3 平方米，比上年增加了 5.9 平方米；居住在钢筋混凝土或砖混材料结构住房的农户比重为 57.1%，比上年增加了 4.6%，居住在竹草土坯房的农户比重为 4.5%，比上年下降了 1.2 %。住宅外道路为水泥或柏油路面的农户比重为 56.9%，为沙石或石板等硬质路面的比重为 20.2%。

5. 受教育水平

扶贫攻坚决定提出“进一步完善以‘两不愁、三保障’为核心的农村贫困监测指标体系”，义务教育就属于其中的一项保障内容。在这些政策的支持下，我国贫困地区的受教育程度虽有一点改善，但是受经济条件和落后封建思想的影响，效果并不显著。在 2016 年贫困地区常住劳动力中，不识字或识字不多人口所占比重为 8.0%，小学文化程度人口占 34.4%，初中文化程度人口占 46.2%，高中及以上文化程度人口占 11.5%。与 2015 年相比，小学及以下文化程度人口所占比重减少了 0.6%，初中文化程度人口增加了 0.5%，高中及以上文化程度人口减少了 0.2%。

（四）我国农村贫困的成因分析

根据国务院扶贫办的调查显示，目前在全国现有的 5 000 多万贫困农民中，因病致贫的占比为 42%；因灾致贫的占比为 20%；因学致贫的占比为 10%；因劳动能力弱致贫的占比为 8%；其他原因致贫的占比为 20%。

1. 因病致贫

根据国务院扶贫办公布的致贫原因，因病致贫占据五大致贫原因首位。虽然我国正在全力建设小康社会，广大人民群众逐渐地富裕起来，但一旦家庭遭遇重大疾病的侵袭，很容易因病致贫，因病返贫。老百姓耳熟能详的俗语“辛辛苦苦几十年，一病回到解放前”“有什么别有病”“病来如山倒”，无不从侧面反映了大病、重病对一个家庭造成的后果的严重程度。有的地方甚至出现了“刻章救妻”等让人无奈而惋惜的事例。

因病致贫的原因主要有两种：一是因病丧失劳动力，可能是因为年迈再加上患病而丧失劳动力，也可能是本身很年轻，却因为身患重病（如恶性肿瘤等）而无法进行劳动，使得家庭无收入来源；二是自付医疗费用过高，可能是医疗费用支出超过家庭收入难以支付，也可能是报销比例过低。此外，家人为了方便照顾家庭中的患病者，只能选择就近、有大量空闲时间的工作，这更会导致收入大幅下降，如此恶性循环，致使整个家庭收入大幅度下降，从而长期处于贫困。

2. 因灾致贫

20 世纪 90 年代以来，我国进入了新的灾害多发期。地震、洪涝、干旱、台风等自然灾害更是频繁发生。1990—2015 年的 26 年间，中国平均每年因各类自然灾害造成约 3 亿人次受灾，直接经济损失达 2 000 多亿元。而这些气候条件恶劣的地区恰恰是我国贫困人口集中分布的地区，因灾致贫、因灾返贫的现象比较严重。在 2015 年扶贫办公布的五大致贫原因中，因灾致贫的人口多达 1 400 万人。

因灾致贫的原因主要有两个方面：一方面，我国贫困人口集中生活在农村，以农业收入为主要的生活来源，大部分地区靠天吃饭，农产品收成的好坏极易受到天气、生态环境等自然因素的制约。特别是对于欠发达地区的农民来说，一场突如其来的灾害更会将其推向更加贫困的境地。另一方面，中国的贫困地区与生态环境脆弱地带高度相关，74%的生态敏感地带人口生活在贫困县内，约占贫困县总人口的 81%，贫困人口分布与生态环境脆弱区地理空间分布呈高度一致性。

从地理分布上来讲，中国生态脆弱区主要分布在北方干旱半干旱区、南方丘陵区、西南山地区、青藏高原区及东部沿海水陆交接地区，这些地区既是生态破坏最典型和最强烈的区域，也是贫困问题最集中的地区。同时，贫困地区还是全球气候变化的高度敏感区，未来这些地区还将面临气候变化带来的种种挑战，如青藏高原在全球气候变化中处于特殊地位，50 多年来青藏高原地区的气温显著上升，直接影响青海、西藏等区域强对流过程明显增多，雪灾、冰雹等气象灾害明显增加，贫困人口返贫率升高。

3. 因学致贫

“知识改变命运”是一个真理性命题，而在我国广大农村地区，教育不仅没有改变家庭贫困的命运，反而使得家庭的生活水平日益下降。因此，在我国贫困地区，学习文化知识开始遭到人们的质疑。因学致贫是指个人由于接受教育导致其家庭经济状况变得更差的现象，即一个家庭中如果有孩子接受教育，因教育投资较高或者教育领域的投资回报不佳，致使家庭变得贫困或者加深贫困程度。这里所说的“因学致贫”一是指教育消费过程中的贫困，也就是从接受教育开始到教育结束的这个时间段内的贫困；二是此处的贫困是一种相对意义上的贫困而非绝对意义上的贫困，是指与原来的家庭生活状况相比，家庭经济条件相对较差的一种状态；三是“因学致贫”的分析对象（或主体）是以家庭为单位的，而不是个人，也就是说分析的是受教育者的家庭而不是仅仅是受教育者本人。

总的来说，因学致贫是一个具有多维度、多层面的复杂性、系统性问题。一般来说，它与农村的自然环境、经济条件、政策环境及社会环境息息相关。因学致贫可以从两个方面来分析：从家庭自身因素来看，由于家庭经济基础差且收入具有不稳定性，抗风险能力差，这些都说明了农民家庭脆弱性程度较高；从家庭外部因素来看，农民收入增长缓慢，但孩子的教育开支却急剧增加，从而导致因承担不起高昂的教育费用致使子女辍学的情况越来越多，尤其近几年高校收费猛增，高等教育费用的增长速度大大超过了我国同期农村经济增长水平和农村居民收入的增长速度，因此进一步加剧了农村家庭的经济负担，使之处于贫困的状态。此外，由于我国区域发展极度不均衡，教育支出拖累整个家庭的现象在某些省份只会更严重。

4. 因劳动能力弱致贫

因残因智或年老力衰无法再进行劳动的人口都属于劳动能力弱的范畴。相对于优势群体而言，残障人士、失独老人、留守儿童、妇女等弱势群体往往因竞争力不足、适应力不佳、缺乏某些生活能力或环境因素，而遭受不同程度的压抑、剥削或不平等的对待，以致缺乏创造财富的能力，造成生活的贫困。尤其是在广大的农村地区，家中有劳动能力者都外出打工，剩下的都是劳动能力相对较弱的人群。一个家庭中若没有其他年轻的劳动者创造财富，那这个家庭几乎就没有收入来源。2015 年国务院扶贫办的调查显示，我国贫困人口中因劳动能力弱致贫的人数占贫困人口总数的 8%。这部分群体能否实现脱贫，直接关系到我国能否打赢这场脱贫攻坚战。

5. 因其他原因致贫，如缺资金、缺技术等

农村地区由于地理位置偏僻、交通不便利，再加上政府对农村的各项资金投资不到位甚至投资资金短缺，严重阻碍了农村的发展。此外，农村因缺乏先进、快捷、信息量大的网络传媒方式，报刊等平面媒体也不普及和发达，仅有电视等相对传统的传播媒体，这就造成了媒体传播的方式和手段先天不足，信息不畅，农民严重缺乏科技信息，技术指导不到位，农民种植、养殖等后劲不足，这些都会导致农民的贫困。

从地区分布上看，国务院扶贫办的数据调查显示，西部主要是缺资金、缺技术，缺资金占所有致贫原因的 44.9%，缺技术占所有致贫原因的 28.9%；而中部和东部主要是因病致贫，东部因病致贫占 58.1%，中部因病致贫占 51.6%。

总之，只有找到这些导致我国农村贫困的原因，才能从源头上真正落实精准扶贫，真正实现精准脱贫。

二、中国保险助推脱贫的制度演进

2017 年是扎实推进脱贫攻坚战的重要一年，是精准扶贫、精准脱贫的深化之年。在这一过程中，要充分发挥农业保险在扶贫中的保障作用，发挥保险行业体制机制优势，实现社会帮扶和精准扶贫的有效对接。利用保险参与扶贫脱贫，有助于实现扶贫从“输血”到“造血”的转变，创新和拓展扶贫的方式、方法。下面主要通过介绍近年来中共中央国务院文件、国家部委相关文件、国务院直属事业单位文件中保险助推脱贫的内容来详细了解国家助推脱贫的制度演进。

（一）中共中央国务院关于保险助推脱贫的文件

1. 关于保险助推脱贫的中央一号文件

随着社会经济的发展，中央一号文件也随着国内外环境的变化而不断地调整。下面主要对 2007—2017 年中央一号文件中关于保险助推脱贫的内容进行梳理。

表 5-12　2007—2017 年中央一号文件颁布时间、名称、出台背景及内容梳理

2007 年中央一号文件	
颁布时间	2007 年 1 月 29 日
政策名称	《中共中央国务院关于积极发展现代农业 扎实推进社会主义新农村建设的若干意见》（以下简称《意见》）
政策出台的背景	一是为了确保中央提出的建设社会主义新农村的方向能够沿着正确的、健康的轨道向前推进；二是当前我国农业正处于由传统向现代转变的关键时期，必须以科学发展观统领农业农村工作，实现农业可持续发展；三是我国总体上已进入“以工促农，以城带乡”的发展阶段，加快建设现代农业，不仅必要而且可能；四是提出推进现代农业建设，也是为了保持党的农村政策的连续性和一贯性。
政策内容	建立农业风险防范机制。要加强自然灾害和重大动植物病虫害预测预报和预警应急体系建设，提高农业防灾减灾能力。积极发展农业保险，按照政府引导、政策支持、市场运作、农民自愿的原则，建立完善的农业保险体系。扩大农业政策性保险试点范围，各级财政对农户参加农业保险给予保费补贴，完善农业巨灾风险转移分摊机制，探索建立中央、地方财政支持的农业再保险体系。鼓励龙头企业、中介组织帮助农户参加农业保险。
2008 年中央一号文件	
颁布时间	2008 年 1 月 30 日
政策名称	《中共中央国务院关于切实加强农业基础建设 进一步促进农业发展农民增收的若干意见》（以下简称《意见》）
政策出台的背景	要推动科学发展，促进社会和谐，夺取全面建设小康社会新胜利，必须加强农业基础地位，走中国特色农业现代化道路，建立以工促农、以城带乡长效机制，形成城乡经济社会发展一体化新格局。
政策内容	完善政策性农业保险经营机制和发展模式。建立健全农业再保险体系，逐步形成农业巨灾风险转移分担机制。《意见》还提到，完善农村最低生活保障制度，在健全政策法规和运行机制基础上，将符合条件的农村贫困家庭全部纳入低保范围。中央和地方各级财政要逐步增加农村低保补助资金，提高保障标准和补助水平。落实农村五保供养政策，保障五保供养对象权益。探索建立农村养老保险制度，鼓励各地开展农村社会养老保险试点。
2009 年中央一号文件	
颁布时间	2009 年 2 月 2 日
政策名称	《关于 2009 年促进农业稳定发展 农民持续增收的若干意见》（以下简称《意见》）
政策出台的背景	国际金融危机持续蔓延、世界经济增长明显减速，对我国经济的负面影响日益加深，对农业农村发展的冲击不断显现。2009 年可能是 21 世纪以来我国经济发展最为困难的一年，也是巩固发展农业农村好形势极为艰巨的一年。扩大国内需求，最大潜力在农村；实现经济平稳较快发展，基础支撑在农业；保障和改善民生，重点难点在农民。
政策内容	加快发展政策性农业保险，扩大试点范围、增加险种，加大中央财政对中西部地区保费补贴力度，加快建立农业再保险体系和财政支持的巨灾风险分散机制，鼓励在农村发展互助合作保险和商业保险业务。探索建立农村信贷与农业保险相结合的银保互动机制。《意见》还提到，巩固发展新型农村合作医疗，坚持大病住院保障为主、兼顾门诊医疗保障，开展门诊统筹试点，有条件的地方可提高财政补助标准和水平。

续表

2010 年中央一号文件	
颁布时间	2010 年 1 月 31 日
政策名称	《关于加大统筹城乡发展力度 进一步夯实农业农村发展基础的若干意见》(以下简称《意见》)
政策出台的背景	面对复杂多变的发展环境，农业农村自身也出现了很多新的问题，要求我们用更宽广的视野，在统筹城乡的背景下，坚持以工促农、以城带乡的方针，扎实推进农村的改革和发展。
政策内容	积极扩大农业保险保费补贴的品种和区域覆盖范围，加大中央财政对中西部地区保费补贴力度。鼓励各地对特色农业、农房等保险进行保费补贴。发展农村小额保险。健全农业再保险体系，建立财政支持的巨灾风险分散机制。
2011 年中央一号文件	
颁布时间	2010 年 12 月 31 日
政策名称	中共中央国务院关于加快水利改革发展的决定
政策出台的背景	水是生命之源、生产之要、生态之基。兴水利、除水害，事关人类生存、经济发展、社会进步，历来是治国安邦的大事。促进经济长期平稳较快发展和社会和谐稳定，夺取全面建设小康社会新胜利，必须下决心加快水利发展，切实增强水利支撑保障能力，实现水资源可持续利用。近年来我国频繁发生的严重水旱灾害，造成重大生命财产损失，暴露出农田水利等基础设施十分薄弱，必须大力加强水利建设。
政策内容	水利是现代农业建设不可或缺的首要条件，是经济社会发展不可替代的基础支撑，是生态环境改善不可分割的保障系统，具有很强的公益性、基础性、战略性。中央一号文件要求应突出加强农田水利等薄弱环节建设、全面加快水利基础设施建设、建立水利投入稳定增长机制、实行最严格的水资源管理制度、不断创新水利发展体制机制、切实加强对水利工作的领导。
2012 年中央一号文件	
颁布时间	2012 年 2 月 1 日
政策名称	《关于加快推进农业科技创新 持续增强农产品供给保障能力的若干意见》(以下简称《意见》)
政策出台的背景	稳定发展农业生产，确保农产品有效供给，对推动全局工作、赢得战略主动至关重要。全党要始终保持清醒认识，绝不能因为连续多年增产增收而思想麻痹，绝不能因为农村面貌有所改善而投入减弱，绝不能因为农村发展持续向好而工作松懈，必须再接再厉、迎难而上、开拓进取，努力在高起点上实现新突破、再创新佳绩。
政策内容	要扩大农业保险险种和覆盖面，开展设施农业保费补贴试点，扩大森林保险保费补贴试点范围，扶持发展渔业互助保险，鼓励地方开展优势农产品生产保险。同时，要健全农业再保险体系，逐步建立中央财政支持下的农业大灾风险转移分散机制。
2013 年中央一号文件	
颁布时间	2013 年 2 月 1 日
政策名称	《中共中央国务院关于加快发展现代农业 进一步增强农村发展活力的若干意见》(以下简称《意见》)

续表

政策出台的背景	为全面贯彻落实党的十八大精神，坚定不移沿着中国特色社会主义道路前进，为全面建成小康社会而奋斗，必须固本强基，始终把解决好农业农村农民问题作为全党工作重中之重，把城乡发展一体化作为解决“三农”问题的根本途径；必须统筹协调，促进工业化、信息化、城镇化、农业现代化同步发展，着力强化现代农业基础支撑，深入推进社会主义新农村建设。
政策内容	健全政策性农业保险制度，完善农业保险保费补贴政策，加大对中西部地区、生产大县农业保险保费补贴力度，适当提高部分险种的保费补贴比例。开展农作物制种、渔业、农机、农房保险和重点国有林区森林保险保费补贴试点。推进建立财政支持的农业保险大灾风险分散机制。
2014年中央一号文件	
颁布时间	2014年1月19日
政策名称	《关于全面深化农村改革 加快推进农业现代化的若干意见》（以下简称《意见》）
政策出台的背景	我国经济社会发展正处在转型期，农村改革发展面临的环境更加复杂、困难挑战增多。工业化信息化城镇化快速发展对同步推进农业现代化的要求更为紧迫，保障粮食等重要农产品供给与资源环境承载能力的矛盾日益尖锐，因此我们要进一步解放思想，稳中求进，改革创新，坚决地破除体制机制弊端，坚持农业基础地位毫不动摇，加快推进农业现代化。
政策内容	提高中央、省级财政对主要粮食作物保险的保费补贴比例，逐步减少或取消产粮大县县级保费补贴，不断提高稻谷、小麦、玉米三大粮食品种保险的覆盖面和风险保障水平。鼓励保险机构开展特色优势农产品保险，有条件的地方提供保费补贴，中央财政通过以奖代补等方式予以支持。扩大畜产品及森林保险范围和覆盖区域。鼓励开展多种形式的互助合作保险。规范农业保险大灾风险准备金管理，加快建立财政支持的农业保险大灾风险分散机制。探索开办涉农金融领域的贷款保证保险和信用保险等业务。
2015年中央一号文件	
颁布时间	2015年2月1日
政策名称	《关于加大改革创新力度 加快农业现代化建设的若干意见》（以下简称《意见》）
政策出台的背景	如何在经济增速放缓背景下继续强化农业基础地位、促进农民持续增收，如何在“双重挤压”下创新农业支持保护政策、提高农业竞争力，如何在资源环境硬约束下保障农产品有效供给和质量安全、提升农业可持续发展能力，如何在城镇化深入发展背景下加快新农村建设步伐、实现城乡共同繁荣，破解这些难题，必须始终坚持把解决好“三农”问题作为全党工作的重中之重，靠改革添动力，以法治作保障，加快推进中国特色农业现代化。
政策内容	加大中央、省级财政对主要粮食作物保险的保费补贴力度。将主要粮食作物制种保险纳入中央财政保费补贴目录。中央对财政补贴险种的保险金额应覆盖直接物化成本。加快研究出台针对地方特色优势农产品保险的中央财政以奖代补政策。扩大森林保险范围。
2016年中央一号文件	
颁布时间	2016年1月27日
政策名称	《关于落实发展新理念 加快农业现代化 实现全面小康目标的若干意见》（以下简称《意见》）

续表

政策出台的背景	在经济发展新常态、资源环境约束趋紧的大背景下，如何促进农民收入稳定较快增长并确保如期实现全面小康，如何加快转变农业发展方式以确保粮食等重要农产品实现有效供给，如何提升我国农业竞争力，赢得参与国际市场竞争的主动权，已成为我国农业农村发展必须完成和破解的历史任务和现实难题。
政策内容	完善农业保险制度。把农业保险作为支持农业的重要手段，扩大农业保险覆盖面、增加保险品种、提高风险保障水平。积极开发适应新型农业经营主体需求的保险品种。探索开展重要农产品目标价格保险，以及收入保险、天气指数保险试点。支持地方发展特色优势农产品保险、渔业保险、设施农业保险。完善森林保险制度。探索建立农业补贴、涉农信贷、农产品期货和农业保险联动机制。积极探索农业保险保单质押贷款和农户信用保证保险。稳步扩大"保险+期货"试点。鼓励和支持保险资金开展支农融资业务创新试点。进一步完善农业保险大灾风险分散机制。
2017 年中央一号文件	
颁布时间	2017 年 2 月 5 日
政策名称	《中共中央、国务院关于深入推进农业供给侧结构性改革 加快培育农业农村发展新动能的若干意见》（以下简称《意见》）
政策出台的背景	习近平总书记强调推进农业供给侧结构性改革，提高农业综合效益和竞争力，是当前和今后一个时期我国农业政策改革和完善的主要方向。为此，中央决定把推进农业供给侧结构性改革作为 2017 年中央一号文件的主题。
政策内容	在"加快农村金融创新"中指出，持续推进农业保险扩面、增品、提标，开发满足新型农业经营主体需求的保险产品，采取以奖代补方式支持地方开展特色农产品保险。鼓励地方多渠道筹集资金，支持扩大农产品价格指数保险试点。探索建立农产品收入保险制度。稳步扩大"保险＋期货"试点。

资料来源：根据国务院新闻办公室网站整理。

从近 10 年来的中央一号文件中不难看出，党中央、国务院越来越重视三农问题，且逐步加大对三农的支持力度，尤其是在农业保险方面，逐步加大农业保险的覆盖面及扩大新的保险产品试点，真正让保险在助推脱贫中发挥越来越重要的作用。

2. 国务院关于保险助推脱贫的相关文件

下面主要对近年来国务院发布的有关保险助推脱贫的相关内容进行梳理。见表 5-13。

表 5–13　国务院文件颁布时间、名称、出台背景及内容梳理

颁布时间	2014 年 4 月 20 日
政策名称	《关于金融服务"三农"发展的若干意见》（国办发〔2014〕17 号 ）
政策出台的背景	近年来，我国农村金融取得长足发展，但从总体上看，农村金融仍是整个金融体系中最为薄弱的环节。为进一步提升农村金融服务的能力和水平，实现农村金融与"三农"的共赢发展，经国务院同意，现提出以下意见。
政策内容	在创新农村金融产品和服务方式中提到，创新农村抵（质）押担保方式。加强涉农信贷与涉农保险合作，将涉农保险投保情况作为授信要素，探索拓宽涉农保险保单质押范围。在拓展农业保险的广度和深度中提到，扩大农业保险覆盖面。重点发展关系国计民生和国家粮食

续表

	安全的农作物保险、主要畜产品保险、重要“菜篮子”品种保险和森林保险。推广农房、农机具、设施农业、渔业、制种保险等业务；创新农业保险产品。稳步开展主要粮食作物、生猪和蔬菜价格保险试点，鼓励各地区因地制宜开展特色优势农产品保险试点。创新研发天气指数、农村小额信贷保证保险等新型险种；完善保费补贴政策。提高中央、省级财政对主要粮食作物保险的保费补贴比例，逐步减少或取消产粮大县的县级保费补贴；加快建立财政支持的农业保险大灾风险分散机制，增强对重大自然灾害风险的抵御能力；加强农业保险基层服务体系建设，不断提高农业保险服务水平。
颁布时间	2014 年 8 月 10 日
政策名称	《关于加快发展现代保险服务业的若干意见》（国发〔2014〕29 号）
政策出台的背景	总体来说，我国保险业发展还处于初级阶段，为加快现代保险业的发展，提出如下意见。
政策内容	在大力发展“三农”保险，创新支农惠农方式中提到，积极发展农业保险。按照中央支持保大宗、保成本，地方支持保特色、保产量，有条件地保价格、保收入的原则，鼓励农民和各类新型农业经营主体自愿参保，扩大农业保险覆盖面，提高农业保险保障程度。开展农产品目标价格保险试点，探索天气指数保险等新兴产品和服务，丰富农业保险风险管理工具。落实农业保险大灾风险准备金制度。健全农业保险服务体系，鼓励开展多种形式的互助合作保险。健全保险经营机构与灾害预报部门、农业主管部门的合作机制；拓展“三农”保险广度和深度。各地根据自身实际，支持保险机构提供保障适度、保费低廉、保单通俗的“三农”保险产品。积极发展农村小额信贷保险、农房保险、农机保险、农业基础设施保险、森林保险，以及农民养老健康保险、农村小额人身保险等普惠保险业务。在完善现代保险服务业发展的支持政策中提到，完善对农业保险的财政补贴政策。加大农业保险支持力度，提高中央、省级财政对主要粮食作物的保费补贴，减少或取消产粮大县三大粮食作物保险县级财政保费补贴。建立财政支持的农业保险大灾风险分散机制。
颁布时间	2015 年 11 月 29 日
政策名称	《关于打赢脱贫攻坚战的决定》（中发〔2015〕34 号）
政策出台的背景	确保到 2020 年农村贫困人口实现脱贫，是全面建成小康社会最艰巨的任务。现就打赢脱贫攻坚战做出此决定。
政策内容	在第五部分强化政策保障，健全脱贫攻坚支撑体系，加大金融扶贫力度中提到，积极发展扶贫小额贷款保证保险，对贫困户保证保险保费予以补助。扩大农业保险覆盖面，通过中央财政以奖代补等政策支持贫困地区特色农产品保险发展。加强贫困地区金融服务基础设施建设，优化金融生态环境。支持贫困地区开展特色农产品价格保险，有条件的地方可给予一定保费补贴。
颁布时间	2016 年 10 月 17 日
政策名称	《关于印发全国农业现代化规划（2016—2020 年）的通知》（国发〔2016〕58 号）
政策出台的背景	为贯彻落实《中华人民共和国国民经济和社会发展第十三个五年规划纲要》的部署，大力推进农业现代化，特编制本规划。

续表

政策内容	鼓励金融机构开发符合贫困地区特色产业发展特点的金融产品和服务方式，鼓励保险机构在贫困地区开展农产品价格保险、特色产品保险和扶贫小额贷款保证保险，地方给予保费补贴支持。此外，还提到加大保险保障力度。逐步提高产粮大县主要粮食作物保险覆盖面，扩大畜牧业保险品种范围和实施区域，探索建立水产养殖保险制度，支持发展特色农产品保险、设施农业保险。研究出台针对地方特色优势农产品保险的中央财政以奖代补政策，将主要粮食作物制种保险纳入中央财政保费补贴目录。创新开发新型经营主体“基本险+附加险”的保险产品，探索开展收入保险、农机保险、天气指数保险，加大农业对外合作保险力度。建立农业补贴、涉农信贷、农产品期货和农业保险联动机制，扩大“保险+期货”试点，研究完善农业保险大灾风险分散机制。同时，还提出健全农产品市场调控政策，继续执行并完善稻谷、小麦最低收购价政策。积极稳妥推进玉米收储制度改革，综合考虑农民合理收益、财政承受能力、产业链协调发展等因素，建立玉米生产者补贴制度。调整完善棉花、大豆目标价格政策。继续推进生猪等目标价格保险试点。
颁布时间	2016 年 11 月 23 日
政策名称	《关于印发“十三五”脱贫攻坚规划的通知》（国发〔2016〕64 号）
政策出台的背景	“十三五”时期是全面建成小康社会、实现第一个百年奋斗目标的决胜阶段，也是打赢脱贫攻坚战的决胜阶段。根据《中国农村扶贫开发纲要（2011—2020 年）》《中共中央国务院关于打赢脱贫攻坚战的决定》和《中华人民共和国国民经济和社会发展第十三个五年规划纲要》制定此规划。
政策内容	建立健全融资风险分担和补偿机制，支持有条件的地方设立扶贫贷款风险补偿基金。鼓励有条件的地方设立扶贫开发产业投资基金，支持贫困地区符合条件的企业通过主板、创业板、全国中小企业股份转让系统、区域股权交易市场等进行股本融资。推动开展特色扶贫农业保险、小额人身保险等多种保险业务。
颁布时间	2016 年 11 月 24 日
政策名称	《关于完善支持政策 促进农民持续增收的若干意见》（国办发〔2016〕87 号）
政策出台的背景	随着经济发展进入新常态，农业发展进入新阶段，支撑农民增收的传统动力逐渐减弱，农民收入增长放缓，迫切需要发展新渠道、挖掘新潜力、培育新动能。为进一步完善支持政策，促进农民持续增收，经国务院同意，现提出此意见。
政策内容	在创新农业保险产品和服务中提到，把农业保险作为支持农业发展和农民增收的重要手段，建立健全农业保险保障体系，从覆盖直接物化成本到逐步实现覆盖完全成本。健全农业保险基层服务体系，形成适度竞争的市场格局。进一步发展关系国计民生和国家粮食安全的农作物保险、主要畜产品保险、重要“菜篮子”品种保险和森林保险，推广农房、农机具、设施农业、渔业、制种保险等业务。稳步开展主要粮食作物、生猪和蔬菜价格保险试点，探索天气指数保险和“基本险+附加险”等模式。探索发展适合农业农村特点的农业互助保险组织。鼓励各地区因地制宜开展特色优势农产品保险试点。加快建立农业保险大灾风险分散机制，增强对重大自然灾害风险的抵御能力。
颁布时间	2017 年 5 月 31 日
政策名称	《关于加快构建政策体系 培育新型农业经营主体的意见》
政策出台的背景	为推进农业供给侧结构性改革、引领农业适度规模经营发展、带动农民就业增收、增强农业农村发展新动能，出台此文件。

续表

政策内容	在粮食主产省开展适度规模经营农户大灾保险试点，调整部分财政救灾资金予以支持，提高保险覆盖面和理赔标准；落实农业保险保额覆盖直接物化成本，创新“基本险+附加险”产品，实现主要粮食作物保障水平涵盖地租成本和劳动力成本；研究出台对地方特色优势农产品保险的中央财政以奖代补政策；稳步开展农民互助合作保险试点等。
颁布时间	2017 年 9 月 1 日
政策名称	《关于加快推进农业供给侧结构性改革 大力发展粮食产业经济的意见》
政策出台的背景	为推进农业供给侧结构性改革，大力发展粮食产业经济，促进农业提质增效、农民就业增收和经济社会发展，出台此文件。
政策内容	引导粮食企业合理利用农产品期货市场管理价格风险。在做好风险防范的前提下，积极开展企业厂房抵押和存单、订单、应收账款质押等融资业务，创新“信贷+保险”、产业链金融等多种服务模式。鼓励和支持保险机构为粮食企业开展对外贸易和“走出去”提供保险服务。

资料来源：根据中共中央国务院网站整理。

通过对政策内容进行梳理不难看出，保险对扶贫的效应越来越明显。国家重视扶贫工作，就会越来越重视对保险的各种支持力度。

（二）国家部委关于保险助推脱贫的相关文件

1. 财政部关于保险助推脱贫的相关文件（见表 5-14）

表 5-14　财政部文件颁布时间、名称、出台背景及内容梳理

颁布时间	2007 年 4 月 15 日
政策名称	关于印发《中央财政农业保险保费补贴试点管理办法》的通知（财金〔2007〕25 号）
政策出台的背景	根据《中共中央、国务院关于积极发展现代农业 扎实推进社会主义新农村建设的若干意见》（中发〔2007〕1 号）和《国务院关于保险业改革发展的若干意见》（国发〔2006〕23 号）的精神，从 2007 年开始，选择部分地区开展中央财政农业保险保费补贴试点工作。
政策内容	中央确定的补贴险种的保险标的为种植面积广、关系国计民生、对农业和农村经济社会发展有重要意义的农作物，包括玉米、水稻、大豆、小麦和棉花；为降低农户保险成本，中央确定的补贴险种的保险责任为无法抗拒的自然灾害，包括暴雨、洪水（政府行蓄洪除外）、内涝、风灾、雹灾、旱灾和冰冻；中央确定的补贴险种以“低保障、广覆盖”为原则确定保障水平。保障金额原则上为农作物生长期内所发生的直接物化成本；对于中央确定的补贴险种，在试点省份省级财政部门承担 25%的保费后，财政部再承担 25%的保费。其余部分由农户承担，或者由农户与龙头企业，省、市、县级财政部门共同承担，具体比例由试点省份自主确定。
颁布时间	2012 年 1 月 20 日
政策名称	《关于进一步加大支持力度 做好农业保险保费补贴工作的通知》（财金〔2012〕2 号）
政策出台的背景	为更好地贯彻落实党中央、国务院有关精神，进一步发挥农业保险强农惠农作用，财政部将继续加大支持力度，完善农业保险保费补贴政策。

续表

政策内容	增加保费补贴品种、扩大保费补贴区域、支持提高保障水平。关于补贴比例：一是糖料作物保险。按照现行的中央财政种植业保险保费补贴政策执行。在省级财政至少补贴 25%的基础上，中央财政对东部地区补贴 35%、对中西部地区补贴 40%。中央财政对新疆生产建设兵团、中央直属垦区等补贴比例为 65%。二是养殖业保险。其中，东部地区的能繁母猪和奶牛保险，在地方财政至少补贴 30%的基础上，中央财政补贴 40%；育肥猪保险，在地方财政至少补贴 10%的基础上，中央财政补贴 10%。其他中央财政补贴险种按照现行政策执行。
颁布时间	2013 年 7 月 31 日
政策名称	《关于 2013 年度中央财政农业保险保费补贴有关事项的通知》（财金〔2013〕73 号）
政策出台的背景	为认真贯彻落实党中央、国务院有关精神，做好农业保险保费补贴工作，支持农业保险和“三农”发展，制定本通知。
政策内容	（1）关于补贴区域，在 2012 年的基础上，2013 年自主开展、自愿申请并按规定新纳入中央财政农业保险保费补贴范围的地区包括：一是养殖业保险，中央财政奶牛保险保费补贴区域增加海南、大连，育肥猪保险保费补贴区域增加福建、河南、广东、广西、新疆、大连、新疆生产建设兵团、中央直属垦区；二是森林保险，中央财政森林保险保费补贴区域增加山西、内蒙古、吉林、甘肃、青海、大连、宁波、青岛、大兴安岭林业集团公司。（2）关于补贴比例，一是种植业保险，在省级财政至少补贴 25%的基础上，中央财政对中西部地区的补贴比例为 40%，对东部地区的补贴比例为 35%，对新疆生产建设兵团、中央直属垦区、中储粮北方公司、中国农业发展集团有限公司的补贴比例为 65%；二是养殖业保险，对于能繁母猪、奶牛、育肥猪保险，在地方财政至少补贴 30%的基础上，中央财政对中西部地区的补贴比例为 50%，对东部地区的补贴比例为 40%，对中央单位的补贴比例为 80%；三是森林保险，其中公益林保险，在地方财政至少补贴 40%的基础上，中央财政补贴比例为 50%，对大兴安岭林业集团公司的补贴比例为 90%，对于商品林保险，在省级财政至少补贴 25%的基础上，中央财政补贴比例为 30%，对大兴安岭林业集团公司的补贴比例为 55%；四是藏区品种保险，在省级财政至少补贴 25%的基础上，中央财政补贴比例为 40%，对中国农业发展集团有限公司的补贴比例为 65%。
颁布时间	2015 年 7 月 9 日
政策名称	《关于支持多种形式适度规模经营 促进转变农业发展方式的意见》（财农〔2015〕98 号）
政策出台的背景	大力发展多种形式农业、适度规模经营，是保障国家粮食和农产品安全、增强农产品竞争力的有效抓手，是强化农业基础地位、加快农业现代化建设的必由之路，是促进农民持续增收、保持农村和谐稳定的重要途径。为进一步做好财政支持适度规模经营工作，促进转变农业发展方式，现提出此意见。
政策内容	加大对现代农业保险的支持力度，重点支持关系国计民生和粮食安全的大宗农产品，研究将三大粮食作物制种保险纳入中央财政保费补贴目录，积极开展农产品价格保险试点，进一步完善农业保险大灾风险分散机制，有效提高对适度规模经营的风险保障水平。
颁布时间	2017 年 1 月 26 日
政策名称	《中央财政农业保险保险费补贴管理办法》（财金〔2016〕123 号）

续表

政策出台的背景	为促进农业保险持续健康发展，完善农村金融服务体系，国家支持在全国范围内建立农业保险制度。同时，为加强中央财政农业保险保险费补贴资金管理，更好服务“三农”，根据《预算法》《农业保险条例》《金融企业财务规则》等规定，制定本法。
政策内容	（1）补贴政策：种植业、养殖业、森林、藏区品种、天然橡胶。同时，对各标的明确中央及省级财政的补贴比例。（2）保险方案：对补贴险种保险条款与费率、保险责任、保险金额等内容做了进一步明确和完善。补贴险种的保险责任应涵盖当地主要的自然灾害、重大病虫害和意外事故等；有条件的地方可稳步探索以价格、产量、气象的变动等作为保险责任，由此产生的保险费可由地方财政部门给予一定比例补贴。补贴险种的保险金额，以保障农户及农业生产组织灾后恢复生产为主要目标，主要包括：种植业保险、养殖业保险和森林保险。要求经办机构拟订条款和费率，不得设置绝对免赔，科学合理设置相对免赔。同时，经办机构连续3年获得超额利润的，原则上应当适当降低保险费率等。经办机构可以通过“无赔款优待”等方式，对本保险期限内无赔款的投保农户，在下一保险期限内给予一定保险费减免优惠。
颁布时间	2017年5月17日
政策名称	《粮食主产省农业大灾保险试点工作方案》（财金〔2017〕43号）
政策出台的背景	当前农业保险的保障程度不能满足农户的多样化需求。对于小农户而言，保障程度偏低，遭受灾害后，保险赔款“不解渴”。而对于家庭农场、专业合作社等新型农业经营主体而言，一旦遭受大灾，将面临重大损失，现有保障水平远不能满足其风险保障需求。因此，需考虑创新专属农业大灾保险产品。
政策内容	（1）明确提出在13个粮食主产省选择200个产粮大县，面向适度规模经营农户开展农业大灾保险试点；（2）试点期限暂定2017年和2018年，试点保险标的首先选择关系国计民生和粮食安全的水稻、小麦、玉米三大粮食作物。

资料来源：根据财政部官网整理。

2. 农业部关于保险助推脱贫的相关文件（见表5-15）

表5-15　农业部文件颁布时间、名称、出台背景及内容梳理

颁布时间	2014年8月1日
政策名称	《关于推动金融支持和服务现代农业发展的通知》（农财发〔2014〕93号）
政策出台的背景	为切实推动贯彻落实金融服务“三农”发展的各项要求，完善强农惠农富农政策体系，全面提升金融支农能力和水平，现就推动金融支持和服务现代农业发展工作制定此通知。
政策内容	创设金融支农奖补政策。积极参与落实农业保险保费补贴政策，推动落实好农村金融机构定向费用补贴政策和县域金融机构涉农贷款增量奖励政策。积极争取各级财政支持，通过信贷担保和贴息、业务奖励、风险补偿、费用补贴、投资基金等财政政策，促进金融支农。推动建立农业信贷担保资金，支持对农业融资性担保业务给予资金补充、担保费用补助和业务奖励。争取建立常态化的农业信贷贴息政策，对鼓励发展的重点农业产业项目给予适当的利息补助。争取财政出资组建或参股农业投资基金，扩大农业股权投资规模。研究设立农业信贷风险补偿基金，探索农业信贷保证保险补助。

续表

颁布时间	2015 年 2 月 5 日
政策名称	《关于扎实做好 2015 年农业农村经济工作的意见》（农发〔2015〕1 号）
政策出台的背景	为深入贯彻中央经济工作会议、中央农村工作会议和《中共中央国务院关于加大改革创新力度 加快农业现代化建设的若干意见》（中发〔2015〕1 号）精神，扎实做好 2015 年农业农村经济工作，根据全国农业工作会议部署，现提出此意见。
政策内容	鼓励利用财政资金撬动金融保险支农；推动完善农业保险保费补贴政策，提高保障水平和补贴标准，扩大农业保险覆盖面。逐步建立满足新型农业经营主体需求的多层次、高保障的保险产品。
颁布时间	2015 年 2 月 17 日
政策名称	《关于进一步调整优化农业结构的指导意见》（农发〔2015〕2 号）
政策出台的背景	为全面贯彻落实中央经济工作会议、中央农村工作会议和中央一号文件精神，深入贯彻习近平总书记关于“三农”工作重要论述，加快转变农业发展方式，努力在优化农业结构上开辟新途径，推动农业发展挖潜力、提质量、增效益，开创中国特色农业发展新局面，现就进一步调整优化农业结构提出此意见。
政策内容	扩大农业政策性保险覆盖面、提高保费补贴标准，积极发展商业性、互助性农业保险，探索将区域主要特色农产品纳入保险保费补贴范围，提升风险保障水平。
颁布时间	2017 年 3 月 23 日
政策名称	《2017 年重点强农惠农政策》
政策出台的背景	为落实中央农村工作会议、中央一号文件精神，紧紧围绕农业供给侧结构性改革，2017 年中央财政继续加大支农投入，强化项目统筹整合。
政策内容	在关于“农业保险保费补贴”中指出，纳入中央财政保险保费补贴范围的品种为玉米、水稻、小麦、棉花、马铃薯、油料作物、糖料作物、能繁母猪、奶牛、育肥猪、森林、青稞、牦牛、藏系羊和天然橡胶，按照农业保险“自主自愿”等原则，农民缴纳保费比例由各省自主确定，一般不超过 20%，其余部分由各级财政按比例承担。
颁布时间	2017 年 10 月 25 日
政策名称	《关于促进农业产业化联合体发展的指导意见》（农经发〔2017〕9 号）
政策出台的背景	为贯彻落实《中共中央办公厅国务院办公厅关于加快构建政策体系 培育新型农业经营主体的意见》，促进农业产业化联合体发展。
政策内容	鼓励探索“订单+保险+期货”模式，支持符合条件的龙头企业上市、新三板挂牌和融资、发债融资。鼓励具备条件的龙头企业发起组织农业互助保险，降低农业产业化联合体成员风险。

资料来源：根据中华人民共和国农业部网站整理。

（三）国务院直属事业单位关于保险助推脱贫的相关文件

1. 原银行监督管理委员会关于保险助推脱贫的相关文件（见表 5-16）

表 5-16　原银监会文件颁布时间、名称、出台背景及内容梳理

颁布时间	2008 年 8 月 13 日
政策名称	《关于汶川地震灾后重建金融支持和服务措施的意见》（银发〔2008〕225 号）
政策出台的背景	为落实《国务院关于支持汶川地震灾后恢复重建政策措施的意见》（国发〔2008〕21 号），进一步发挥金融职能作用，全方位做好汶川地震灾后重建的金融支持与服务工作，现提出此意见。
政策内容	在“积极引导保险机构参与灾后重建”中提到，积极鼓励和引导保险机构优先认购灾区优质企业发行的债券和股票。引导和协调保险资金优先投资灾区的交通、能源、环保、水务、市政等关系国计民生的重大项目，支持灾区基础设施重建工作。发挥保险产品的功能作用。加大保险产品创新力度，积极支持为灾后重建提供工程、财产、货物运输、农业以及建设人员意外健康等各类保险，并给予费率优惠。针对受灾群众尤其是孤儿、残疾人、鳏寡老人等弱势群体，开发专门的年金保险、残疾收入保险、养老保险等产品。
颁布时间	2016 年 3 月 16 日
政策名称	《关于金融助推脱贫攻坚的实施意见》（银发〔2016〕84 号）
政策出台的背景	为深入贯彻中央经济工作会议、中央农村工作会议和《中共中央国务院关于加大改革创新力度 加快农业现代化建设的若干意见》（中发〔2015〕1 号）精神，扎实做好 2015 年农业农村经济工作，根据全国农业工作会议部署，现提出此意见。
政策内容	创新发展精准扶贫保险产品和服务，扩大贫困地区农业保险覆盖范围。鼓励保险机构建立健全乡村两级保险服务体系。扩大农业保险密度和深度，通过财政以奖代补等方式支持贫困地区发展特色农产品保险。支持贫困地区开展特色农产品价格保险，有条件的地方可给予一定保费补贴。改进和推广小额贷款保证保险，为贫困户融资提供增信支持。鼓励保险机构建立健全针对贫困农户的保险保障体系，全面推进贫困地区人身和财产安全保险业务，缓解贫困群众因病致贫、因灾返贫问题。

资料来源：根据原银行监督管理委员会官网整理。

2. 原保险监督管理委员会关于保险助推脱贫的相关文件（见表 5-17）

表 5-17　原保监会文件颁布时间、名称、出台背景及内容梳理

颁布时间	2008 年 4 月 7 日
政策名称	《关于做好 2008 年农业保险工作 保障农业和粮食生产稳定发展的指导意见》（原保监发〔2008〕22 号）
政策出台的背景	为做好 2008 年农业保险工作，促进农业保险发展，扩大农业保险覆盖面，充分发挥农业保险在农业抗灾减灾以及灾后恢复生产生活秩序中的作用，调动和保护农民种粮积极性，促进农业和粮食生产发展，印发此意见。

续表

政策内容	（1）努力扩大承保覆盖面，为更多农户提供农业保险风险保障。（2）认真研究保险责任范围，提供涵盖农业和粮食生产需要的风险保障。各保险公司要深入研究农民需求，开发适合农业和粮食生产的保险产品，使保险责任范围涵盖农业和粮食生产的全过程。（3）认真研究可承保农产品品种，为多元化农村经济提供保险服务。（4）认真抓好重点区域、重点险种的承保，确保农业保险工作取得实效。
颁布时间	2011 年 8 月 18 日
政策名称	《中国保险业发展“十二五”规划纲要》（原保监发〔2011〕47 号）
政策出台的背景	根据《中华人民共和国国民经济和社会发展第十二个五年规划纲要》和《国务院关于保险业改革发展的若干意见》（国发〔2006〕23 号）编制，主要为明确我国保险业“十二五”期间（2011－2015 年）的发展方向、重点任务和政策措施，制定此规划纲要。
政策内容	不断完善制度措施，加大政策支持力度，大力发展农业保险，扩大种植业、养殖业、畜牧业和林业等农业保险保障范围和覆盖区域，认真落实国家农业保险保费补贴政策。积极开办水利工程等农业基础设施保险业务，增强农业生产抗风险能力。探索具有地方特色的涉农保险试点，积极发展农村小额信贷保险。创新农业保险经营组织形式，推动农村相互保险试点。积极开展农房保险、农机保险等保险业务，大力推动农村小额人身保险发展，开展农民养老保险、健康保险，为农民生产生活提供风险保障。
颁布时间	2015 年 2 月 17 日
政策名称	《关于做好保险业助推脱贫攻坚工作的意见》（原保监发〔2016〕44 号）
政策出台的背景	为全面贯彻落实中央经济工作会议、中央农村工作会议和中央一号文件精神，深入贯彻习近平总书记关于“三农”工作重要论述，加快转变农业发展方式，努力在优化农业结构上开辟新途径，推动农业发展挖潜力、提质量、增效益，开创中国特色农业发展新局面，现就进一步调整优化农业结构提出此意见。
政策内容	（1）保险机构要认真研究致贫原因和脱贫需求，积极开发扶贫农业保险产品，满足贫困农户多样化、多层次的保险需求。要加大投入，不断扩大贫困地区农业保险覆盖面，提高农业保险保障水平。要立足贫困地区资源优势和产业特色，因地制宜开展特色优势农产品保险，积极开发推广目标价格保险、天气指数保险、设施农业保险。要面向能带动贫困人口发展生产的新型农业经营主体，开发多档次、高保障农业保险产品和组合型农业保险产品，探索开展覆盖农业产业链的保险业务，协助新型农业经营主体获得信贷支持。切实做好贫困地区农业保险服务，灾后赔付要从快从简、应赔快赔。对已确定的灾害，可在查勘定损结束前按预估损失的一定比例预付部分赔款，帮助贫困农户尽早恢复生产。中国农业保险再保险共同体要加大对贫困地区农业保险业务的再保险支持力度，支持直保公司扩大保险覆盖面和提高保障水平。积极开展农村治安保险和自然灾害公众责任保险试点。（2）探索推广“保险+银行+政府”的多方信贷风险分担补偿机制。支持有条件的地方设立政府风险补偿基金，对扶贫信贷保证保险给予保费补贴和风险补偿。鼓励通过农业保险保单质押、土地承包经营权抵押贷款保证保险、农房财产权抵押贷款保证保险等方式，拓宽保险增信路径，引导信贷资源投入。
颁布时间	2016 年 12 月 19 日
政策名称	《关于加快贫困地区保险市场体系建设 提升保险业保障服务能力的指导意见》（原保监发〔2016〕105 号）

续表

政策出台的背景	为深入贯彻落实党中央国务院关于脱贫攻坚的战略部署，提升保险业精准扶贫能力，印发此文件。
政策内容	（1）支持在贫困地区设立专业性保险公司，紧密结合当地经济社会发展需要，聚焦大病保险、农业保险、责任保险、信用保证保险等民生领域，精准对接脱贫攻坚多元化的保险需求。（2）支持在贫困地区开展相互保险试点，鼓励贫困地区设立农村保险互助社等成本低廉的涉农保险组织，实行“专人对接、专业帮扶、专项鼓励”的支持政策，因地制宜地为贫困人口提供便捷实惠的普惠保险服务。（3）贫困地区保险公司开展与扶贫密切相关的保险业务，并得到政府政策支持的，可在基础类业务以外，适当增加农业保险、信用保证保险等扩展类业务，增强保险机构对接精准扶贫的服务能力。
颁布时间	2017年5月4日
政策名称	《关于保险业支持实体经济发展的指导意见》（原保监发〔2017〕42号）
政策出台的背景	为全面贯彻落实党中央、国务院关于金融支持实体经济的决策部署，充分发挥保险风险管理与保障功能，拓宽保险资金支持实体经济渠道，提升保险业服务实体经济的质量和效率，为服务国家战略、助推脱贫攻坚和民生改善增添力量，印发此指导意见。
政策内容	（1）完善农业风险管理机制，推动中国特色农业现代化。持续推进农业保险扩面、提标、增品，开发满足新型农业经营主体需求的保险产品，采取以奖代补方式支持地方开展特色农产品保险。（2）开展农产品价格指数保险试点，探索建立农产品收入保险制度，稳步扩大“保险＋期货”试点，利用保险业务协同优势，运用农产品期货、期权等工具对冲有关风险。（3）推进支农支小试点，探索支农支小融资模式创新，通过保险资产管理产品直接对接农户、农业合作社、小微企业和个体经营者的融资需求，丰富农业风险管理工具。（4）完善农业保险大灾风险分散机制和农业再保险体系，持续助力现代农业发展。

资料来源：根据原保险监督管理委员会官网整理。

总结：通过对近年来国务院、财政部、农业部（现称农业农村部）、原银行监督管理委员会及原保险监督管理委员会关于保险助推脱贫的文件内容进行梳理，不难发现，国家在加大对保险各种支持的力度外，越来越看重保险对助推脱贫带来的效应。同时，我们坚信在国家强有力政策的大力支持下，会有越来越多的贫困县或贫困村“摘帽”。

三、中国保险助推脱贫的发展现状

要准确了解保险扶贫的作用，既需要对中国保险扶贫发展的历史有所了解，也需要对其现状有所了解。随着精确扶贫口号的提出，保险在中国扶贫体系中的重要性逐步提高，取得了不少令世界瞩目的成就。本节的主要内容就是对现在的中国保险扶贫体系的现状进行一个概括性的说明与总结。本节共包括五个小节，分别对保险在现阶段扶贫中的作用与体现、保险扶贫面临的要求、现阶段保险扶贫取得的成就、保险扶贫创新案例以及现阶段保险扶贫的问题进行描述，使读者能够对国内保险扶贫情况有大致的了解。

（一）保险在现阶段的作用与体现

随着中国扶贫开发事业的不断推进，传统的粗放扶贫效果越发低下，中国扶贫事业急需新的思路引导。在新时代的号召下，保险在助推脱贫中有了更多的作用和更大的发展空间。2013 年 11 月，习近平总书记到湖南湘西考察时首次做出了“精准扶贫”的指示。2014 年 1 月，中共中央办公厅详细制订了精准扶贫工作模式的顶层设计，推动了“精准扶贫”思想的落实。保险由于自身的分担风险与精准有效等独特的体制机制，可以直接面对最广大的贫困人口和社会弱势群体，与精准扶贫具有天然的内在联系，对于精准扶贫开发有重大的意义。2015 年 11 月印发的《中共中央国务院关于打赢脱贫攻坚战的决定》中，国务院针对保险业参与扶贫开发提出了重要要求，做出了重要部署，明确了保险业参与扶贫开发的主攻方向。为了贯彻落实这些重要要求和部署，保险业应创新保险扶贫体制机制，守住扶贫开发来之不易的成果，推动贫困地区经济发展和贫困群众脱贫致富。

随着精准扶贫开发事业的进行，保险扶贫成为近年来保险政策里的最大热门之一。保监会调研组会同国务院扶贫办为此前往多个省份开展调研，并于 2016 年 6 月联合发布了《关于做好保险业助推脱贫攻坚工作的意见》（以下简称《意见》）。

根据《意见》，现阶段保险扶贫需要坚持的四项原则包括：①定向原则。定向发挥保险经济补偿功能，定向发挥保险信用增信功能，定向发挥保险资金融通功能；②精准原则。确保对象精准、措施精准、服务精准、成效精准；③特惠原则。在普惠政策基础上，突出对建档立卡贫困户的特惠政策和特惠措施，增强贫困人口抗风险能力，构筑贫困地区产业发展风险防范屏障；④创新原则。拓展贫困农户保费来源渠道，针对需求创新保险产品与服务，创新保险资金支农融资方式。

根据《意见》和保监会的相关文件、讲话，保险在扶贫中主要有如下两个作用：第一，精准对接。当前，贫困地区的保险需求不断增长并且日益多元化，脱贫攻坚重点人群成为保险业参与扶贫开发的核心服务对象。贯彻落实精准扶贫、精准脱贫基本要求，需要保险业精准对接贫困群众的保险需求，为实现到 2020 年打赢脱贫攻坚战这一目标提供有力支撑。第二，兜底保障。保险业具有经济补偿、信用增信、资金融通等功能，充分运用保险机制的精准性与普惠性，可以为广大贫困群众提供兜底保障，相当于为扶贫开发设置了安全阀和稳定器。

（二）保险扶贫面临的要求

1. 精准对接要求

根据《意见》，保险扶贫如今面临五大保险需求：农业保险服务需求、健康保险服务需求、民生保险服务需求、产业脱贫保险服务需求和教育脱贫保险服务需求，如表 5-18 所示。

表 5–18　保险扶贫精准对接要求

保险需求	精准对接的具体要求
农业保险服务需求	根据致贫原因和脱贫需求，满足贫困农户多样化、多层次保险需求； 立足贫困地区特色，开展特色优势农产品保险； 面向新型农业经营主体，开发多档次、高保障保险产品； 赔付从快从简，应赔快赔； 再保险加大对直保公司支持力度。

续表

保险需求	精准对接的具体要求
健康保险服务需求	改进大病保险服务水平，提高保障程度，缓解“因病致贫、因病返贫”； 加强保险、救助和慈善等衔接，提高贫困人群医疗费用报销比例； 鼓励面向贫困人口的商业健康保险产品。
民生保险服务需求	扶贫小额人身保险；农房保险；农村治安保险；自然灾害公众责任保险； 扶贫人员保险保障；农村外出务工人员异地理赔；巨灾保险。
产业脱贫保险服务需求	积极发展扶贫小额信贷保证保险，为贫困户融资增信； 推广“保险+银行+政府”的多方信贷风险分担补偿机制； 鼓励拓宽保险增信途径； 结合农业新业态，开发保险产品； 创新保险资金运用方式，开展“农业保险+扶贫小额信贷保证保险+保险资金支农融资”业务试点。
教育脱贫保险服务需求	开展针对贫困家庭大中学生的助学贷款保证保险； 推动保险参与转移就业扶贫； 对接特困地区职业技工学校，开展保险职业教育、销售培训和定向招聘。

资料来源：原保险监督管理委员会 2016 年 6 月发布的《关于做好保险业助推脱贫攻坚工作的意见》。

由于扶贫任务的艰巨性与问题的多样性，以上五个保险服务需求中的每个小点都需要根据实际情况，具体问题具体分析，开发合适的保险产品与服务以解决问题。可见，精准是新一轮脱贫攻坚战的核心要求，也是保险扶贫解决以上需求的必然要求。

2. 保险机构发挥主体作用要求

根据《意见》，保险机构要充分发挥助推脱贫攻坚主体作用，完成以下四个要求：第一，完善多层次保险服务组织体系，强化主体责任，将资源向贫困地区和贫困人群倾斜，加大贫困地区分支机构网点建设；第二，对贫困地区分支机构实行差异化考核，科学考核贫困地区绩效；第三，加大贫困地区保险技术支持及人才培养，大力推动贫困地区员工属地化，鼓励优秀员工到贫困地区工作；第四，鼓励保险资金向贫困地区基础设施和民生工程倾斜，发挥保险资金长期投资的优势，积极参与贫困地区建设，支持新型农业经营主体融资需求，参与各级政府建立的扶贫产业基金。

（三）现阶段保险扶贫成效

现阶段的扶贫保险产品按保险服务需求可以划分为农业保险、民生保险、健康保险、产业保险和教育保险及政策五大类，每一类又可以按照不同的针对方向细分成多个小类，如表 5-19 所示。

表 5–19　扶贫保险分类

保险需求	保险细分
农业保险	价格保险
	天气指数保险
	组合型农业保险
	多档次、高保障农业保险产品
	其他

续表

保险需求	保险细分
民生保险	扶贫小额人身保险
	农房保险
	巨灾保险
	其他
健康保险	大病保险
	商业健康保险
	其他
教育保险及政策	助学贷款保证保险等
产业保险	小额信贷保证保险等保险扶贫增信体系
	保险资金支农融资等保险扶贫投资体系
	其他

资料来源：原保险监督管理委员会《关于做好保险业助推脱贫攻坚工作的意见》，2016 年 6 月。

在这些保险服务中，农业保险是中央支农惠农强农的一项重要政策举措，这与现代农业发展、保障粮食安全和稳定农民收入息息相关，可以认为在保险助推扶贫中农业保险是重中之重。健康保险也在保险助推脱贫中有相当大的作用。据统计，全国建档立卡的贫困户中，因病致贫是贫困的第一大原因。民生保险对于把控贫困群体生产生活风险底线有着极好的作用。产业保险可以解决贫困地区产业发展面临的贷款难、贷款贵问题，有助于贫困地区的未来发展。教育保险及政策可以解决贫困地区的人才问题，既留住了人才，又能人尽其用。

由于各类保险需求细分过多，考虑到保险覆盖情况、保费收入、对贫困人口影响等因素，我们这里仅对农业保险、大病保险、民生保险、保险扶贫增信体系和投资体系进行描述。

1. 农业保险

从 1982 年中国人保试办畜禽保险，到 2004 年政府开始重视三农问题，再到现在的精准扶贫，我国的农业保险从无到有，逐步发展。尤其从 2004 年开始，政府对三农问题更加重视，2007 年财政部启动农业保险保费补贴试点和精准扶贫进一步加强了对农业保险的关注，中国的农业保险获得了快速的发展，覆盖面积、覆盖产品、保费收入和保险赔付显著提高，服务水平显著提升，在促进现代农业发展、保障粮食安全和稳定农民收入的作用上日益显著，在完善农村社会支持保护体系和助推脱贫等方面发挥了积极的作用。尤其是 2017 年，以“扩责任、提保障、简理赔”为核心的农业保险产品改革持续推进，不断优化农业保险发展环境，持续推进农业保险供给侧结构性改革，助力国家农业现代化和乡村振兴战略。此外，2017 年《政府工作报告》还提出“发展多种形式适度规模经营，是中国特色农业现代化的必由之路，离不开农业保险有力保障”，要“以持续稳健的农业保险助力现代农业发展”，这是党中央国务院对农业保险做出的最新定位。2017 年，共有 16 个中央国务院文件、7 个部委联合发文提及农业保险，共有 7 个涉农的部际联席会议将原保监会纳入成员单位。下文将具体介绍农业保险的现阶段成效。

根据国家统计局发布的数据，2007—2017 年，农业保险保费收入从 52.1 亿元增加到 477.72 亿元，上涨了 9 倍多，年均增速 24.8%，如图 5-4 所示。农作物承保面积从 3 033 万公顷增长到 13 973 万公顷，如图 5-5 所示。农业保险保障程度从 1 720 亿元增长到 27 888 亿元，增长了 16.2 倍，年均增速近 32%，如图 5-6 所示。2017 年，农业保险累计提供风险保障是保费收入的 58 倍。农业保险开办区域已覆盖全国所有省份，承保农作物品种达到 211 个，基本覆盖农林牧渔各个领域。其中地方特色保险品种达到 196 种。农业保险制度建设不断完善，保险覆盖面不断扩大，在提高农业抗灾减灾能力、促进农民增收、维护国家粮食安全等方面发挥了重要作用，在支持农业供给侧结构性改革和服务农业现代化等方面扮演了重要角色。我国农业保险业务规模已仅次于美国，居全球第二，亚洲第一；其中，养殖业保险和森林保险业务规模居全球第一。

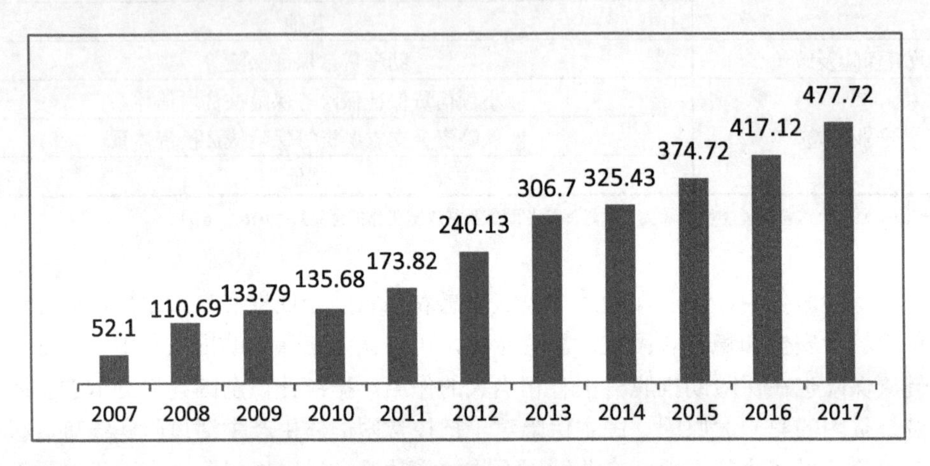

图 5–4　农业保险保费收入（单位：亿元）

资料来源：国家统计局网站。

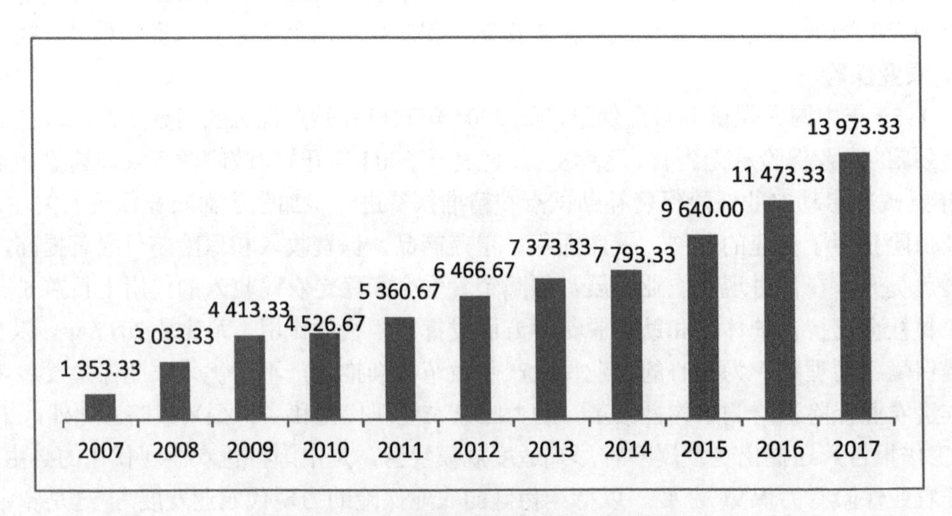

图 5–5　农作物承保面积（单位：万公顷）

资料来源：国家统计局网站。

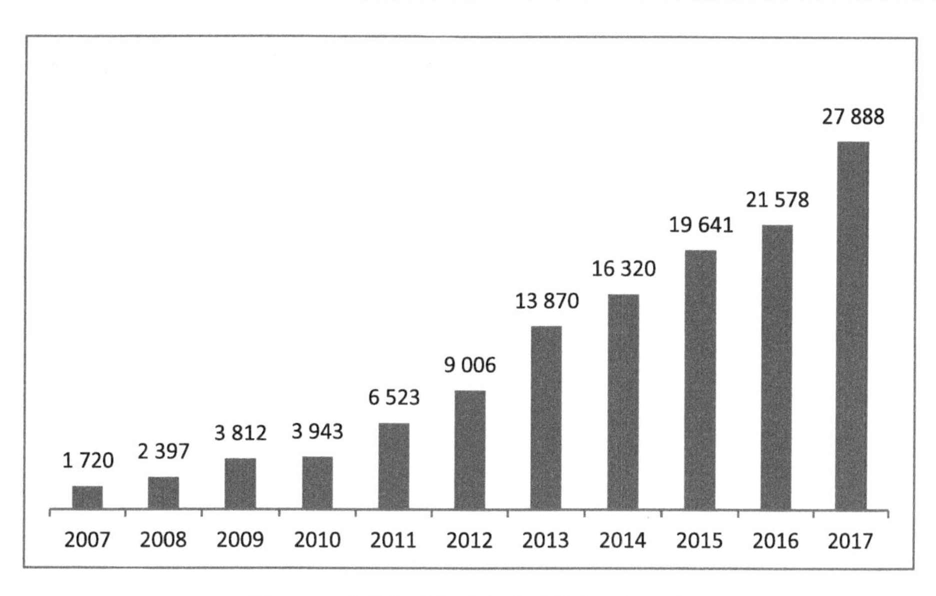

图 5-6　农业保险保障程度（单位：亿元）

资料来源：国家统计局网站。

农业保险赔款支付从 32.8 亿元增加至 366.1 亿元，上涨了 11.1 倍，年均增速 27.3%，如图 5-7 所示。其中受益农户 5 388.3 万户次，同比增长 18%。农业保险简单赔付率达 77%，其中，福建等三个省简单赔付率超过 100%，内蒙古最高，达 141%。

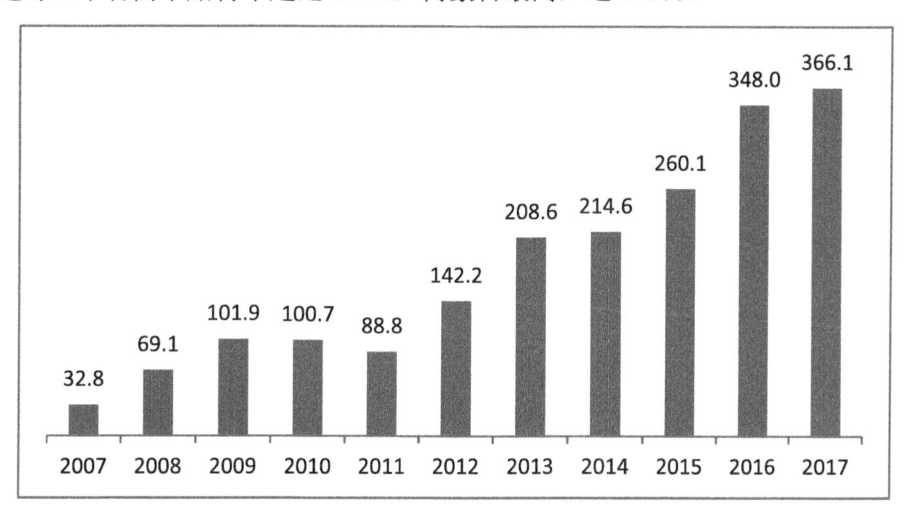

图 5-7　农业保险赔款支付情况

资料来源：国家统计局网站。

从农业保险的保障作用上来说，农业保险助推脱贫攻坚，精确弥补受灾群众利益的优势不断体现。在 2016 年的南方特大洪涝灾害中，农业保险共支付了 70 亿元。农业保险维稳和助推的作用得到了充分的发挥，这在稳定农业生产、保障农民收入、防止“因灾致贫、因灾返贫”等方面起到了积极的作用。由于农业保险在扶贫中发挥着越来越重要的作用，国家对农业保险保费补贴逐步增多，补贴品种也由最初的5个种植业品种扩大至种植业、养殖业、林业三大类15个品种，基本覆盖了主要的大宗农产品。农业保险保费补贴从2008年的78.44亿元增长到2016年的317.86亿元，全国各地各级财政农业保险保费补贴比例平均达到75%～80%，农户负担比例为20%～25%，如表5-20所示。

表5-20　我国农业保险及农业保险保费补贴情况

单位：亿元

年份	财产保险原保费总收入（1）	农业保险原保费总收入（2）	各级政府农业保险保费补贴（3）	保险保费补贴占农业保险保费的比重（3）/（2）
2008	2 446.2	110.69	78.44	70.86%
2009	2 992.9	133.79	99.7	74.52%
2010	4 026.9	135.68	101.5	74.81%
2011	4 779.1	173.82	131.3	75.54%
2012	5 529.9	240.13	182.72	76.09%
2013	6 481.1	306.7	234.95	76.61%
2014	7 544.4	325.43	250.7	77.04%
2015	7 995.0	374.72	287.83	76.81%
2016	9 266.17	417.12	317.86	76.20%

资料来源：根据原保监会网站等资料整理。

从提高农业保险的服务角度，原保监会、财政部、农业部（现为农业农村部）进行了以“扩责任、提保额、降费率、简理赔”为核心的农业保险产品改革，取得了很好的效果。主要农作物保险保障水平已基本覆盖直接物化成本。部分地区还开展了补充保额型、价格型、收入型以及“保险+期货”“互联网+农业保险”“农业保险+险资直投”等创新，通过多种方式不断提高农业保险保障水平，提高农户的认同感和满意度。据统计，2017年经营农险业务的财险公司超过30家，占全国财险公司的比例超过1/3，相比2013年统计的23家，上升了25%以上，竞争格局进一步提高。

2. 大病保险

近年来，大病保险在我国健康扶贫中发挥了不可替代的独特作用，体现出了强烈的历史使命感和责任担当精神，使得中央决策层就未来的健康扶贫寄厚望于大病保险。在党的十九大会议上，“完善统一的城乡居民基本医疗保险制度和大病保险制度”被载入具有里程碑意义的十九大报告，并将大病保险制度与城乡居民基本医疗保险制度置于同等重要的位置，这在我国历史上尚属首次。大病保险制度在我国经济社会生活中的地位和重要性可见一斑。

从理论上来说，城乡居民大病保险是我国特有的一项制度安排，具有以下基本特点：第一，资金来源是城镇居民医保和新农合基金结余或筹资。第二，保障范围是在基本医疗保障的基础上，对大病患者产生的高额医疗费用给予进一步保障。第三，承办方式是采取向商业保险机构购买大病保险的方式。第四，覆盖面惠及十多亿农村和城镇居民。这些特点决定了大病保险制度的性质仍然属于基本医疗保障范畴，是一个准公共产品。大病保险的发展，不论是对于我国医疗保障体系的改革与完善，还是对于社会公共管理中政府职能的转变，都具有重要的理论和实践意义。从实际情况来看，据统计，全国建档立卡贫困户中，因病致贫的比例高于40%，是第一大贫困原因，由此还引发了一些破坏社会道德底线的极端案例。因此，健康类保险，尤其是大病保险，对保险的助推脱贫工作极为重要。大病保险的现阶段成效如下。

从基础的覆盖面积等基础数据来看，据国务院新闻办发布的《中国健康事业的发展与人权进步》白皮书统计，2016年大病保险覆盖城乡居民超过10亿人，各省大病保险政策规定的支付比例达到50%以上，受益人员的实际报销比例提高10～15个百分点。截至2016年底，全国31个省（区、市）16家保险公司承办的大病保险业务，承办大病保险605个项目，覆盖9.2亿人，占比87.6%。目前经办大病保险业务的主要为几家大型上市保险公司，其中80%～90%的份额都掌握在中国人保和中国人寿两家公司手中。截至2016年，中国人寿开展了250多个大病保险项目，覆盖4亿城乡居民，累计为800多万人次支付赔款220多亿元；平安养老保险在全国开展了35个大病保险项目，服务参保人数近1亿，累计赔付人次近16万，累计支付大病保险赔款逾4.3亿元；太平洋保险公司承办47个大病保险项目，服务5 841.48万人，累计赔付210.3余万人次。.

从大病保险的保障作用来看，2016年大病保险患者实际报销比例在基本医保的基础上提升了13.85%，其中该年全国最高赔付达到111.6万元，助力脱贫攻坚成效显著。同时，由于各地不断落实精准健康扶贫对贫困人口倾斜的大病保险政策，使得部分省份和地区的贫困人口大病医疗费用报销比例高达90%以上，实现了贫困人口医疗费用的“微支付”，甚至“零支付”，大大减少了贫困人口的支付压力，在一定程度上改善了贫困人口的经济状况，有效防止了因病致贫和因病返贫的问题。

从大病保险的服务提高上，根据原保监会在2016年10月19日的城乡居民大病保险创新发展有关情况发布会上披露，保监会通过完善制度，加强监管，指导保险业积极参与各地大病保险政策制定、方案设计和业务承办，不断提升服务水平，成效明显。一是大幅提高保障水平。大病保险患者实际报销比例在基本医保的基础上提升了13.85%，个案最高赔付达111.6万元，有效缓解了“因病致贫、因病返贫”问题。二是减少医疗费用支出。在开展大病保险的同时，保险公司加强对医疗服务行为的管控，2015年保险公司对承办的大病保险项目进行审核，发现问题案件43.67万件，拒付不当医疗费用22.67亿元，在一定程度上缓解了医疗费用快速上涨的趋势。三是改善群众大病就医体验。通过加强系统建设和与基本医保系统进行对接，2016年，保险业承办的大病保险项目中有414个项目实现了“一站式结算”，80个项目实现异地结算，大病患者享受到快速便捷的结算服务。2015年，30.88万大病患者转外就医，异地结算金额达2.52亿元。一些地方的大病患者还享受到了远程诊疗、家庭医生等额外增值服务。四是助力医保制度整合完善。在大病保险的成功示范下，各地陆续出现了“基本医保+大病保险”“基本医保+大病保险+社会救助”等做法。青海、安徽等省试点将基本医保交由保险公司经办。在辽宁盘锦等地，经办工作涵盖了基本医保、大病保险及低保和优抚对象救助、工伤补充保险等，实现了与人社、卫生、民政等现有保障体系的无缝对接，发挥了保障的协同效应。

3. 民生保险，保险扶贫增信体系和投资体系

民生保险与贫困群体的生产生活风险息息相关。目前，意外伤害风险是城乡社会保障体系的突出问题，因意外致贫、返贫导致的社会问题并不少见。保险业针对建档立卡贫困人口，开发各类保障适度、保费低廉的小额人身保险，满足了贫困人口对主要劳动力意外伤害、疾病和医疗等风险保障的需求。每人每年缴纳 15～25 元，出现意外事故可以获赔 2 万～3 万元。

农村小额人身保险是保障农民人身安全、解决农民后顾之忧、实现减贫脱贫的最好保障工具。目前，我国开展的农村小额人身保险有 20 多种，主要是农村小额健康保险、农村小额意外保险和农村小额人寿保险等，保险产品线日益丰富。从险种构成来看，小额意外伤害险和定期寿险是主要险种。我国农村小额人身保险产品以“保本微利”为原则，保险费较低，一般在 50 元左右，保险条款简单易懂、保险责任明确、保障范围广、除外责任少。在投保对象方面，只要出生满 28 天至 70 周岁身体健康的当地常住人员即可投保。2016 年，小额人身保险的参保农村居民和农民工人数达到 9 000 万人，总保额超过 1.4 万亿元，总赔付额达到了 13 亿元。

相比城镇居民，我国农村居民的住房条件仍较差，缺少统一的安全标准，风险较大，而靠政府财政救济的灾后农房重建往往造成各级政府财政压力，也会产生效率和公平问题，从而降低农民自救的积极性。目前，农房保险是商业机制保障农村居民财产安全的良好手段。自 2006 年福建龙岩农房保险试点开展以来，在保监会和民政部的推动下，农房保险已经覆盖全国绝大多数省市和地区。该保险基本涵盖了火灾、台风、暴雨、洪水、泥石流等绝大部分自然灾害和意外事故导致的房屋倒塌或损毁。2007—2013 年，累计承保户数达到了 3.15 亿户，累计承担风险责任 3.3 万亿元。各地区根据当地经济和财政情况采取适合的模式，按照保费出资方式和风险承担方式，主要包括财政补贴全辖统保（如福建、广西），财政补贴农户自愿参保（如浙江、广东），联办共保（如西藏）等方式。2015 年西藏“4·25”地震发生后，保险公司共向 4.03 万户受灾农牧民支付农房保险赔款 2.43 亿元，成为西藏地区历史上最大的一笔保险赔款。

贫困人口收入的增长离不开投入的增加，而融资约束却是制约我国农村发展的重要问题。保险解决融资约束问题主要包括信用增信体系和投资体系两个方面。在信用增信方面，保险业通过小额贷款保证保险、借款人意外伤害保险、保单质押等方式为贫困户增信，推动信贷资源向贫困地区投放。截至 2016 年，全国已经有 25 个省市、73 个地市开展了小额贷款保证保险试点。例如，四川省制定多层级风险补偿办法，出现违约后，保险、银行和补偿基金按 7:1.5:1.5 分摊风险，保险公司年度累计赔付限额为保费总额的 150%，超出部分由扶贫开发领导小组确定弥补方案，不良贷款率超过 10%时立即暂停该项业务办理。同时执行优惠费率，保险费率为 2%，县级财政补贴保费 50%。同时，县级财政资金全额补贴购买借款人身意外伤害保险。四川省小额扶贫贷款保证保险以乐山市沐川县作为试点。截至 2016 年，已为 327 户农户承担保险金额 2 526 万元，使贫困户及时获得贷款并投入生产项目。又如浙江景宁县运用扶贫专项基金，为低收入农户统一购买小额贷款保证保险并全额贴费贴息，银行机构凭保单发放免息免担保贷款。在投资体系方面，直接投资将保险资金运用与农业保险、小额信贷保证保险相衔接，实现保险资金运用风险闭环，支农融资有利于引导保险资金支持“三农”和“双创”，有利于降低融资成本，有利于为保险客户提供延伸金融服务。2016 年 6 月，人保集团与河北省阜平县人民政府举行“政融保”金融扶贫项目签约仪式，开创了“政府政策支持+保险资金融资+保险风险保障”的金融扶贫新模式，即通过保险产品为农户、涉农企业或合作社生产经营提供全方位的风险保障，通过支农融资为“三农”经济发展提供资金支持，通过县、乡、村“三农”金融服务体系，为农户和农业企业提供方便快捷的金融服务，使农民群众生产经营有保险、创业有贷款、服务有网络、脱贫致富有保障。此外，保监会也大力支持人保用自有资金设立50亿元的资产管理产品，在部分贫困县开展“农业保险+扶贫小额信贷保证保险+保险资金支农融资”试点，协助贫困人口更便利地获得免担保、免抵押、优惠利率的小额资金，打造农村金融保险服务全链条，截至2016年，该试点已在河北、陕西等地启动。

（四）部分创新保险扶贫模式

1. 阜平模式

为了落实习近平总书记“实施精准扶贫，增强内生动力”的重要批示精神，2014年河北省阜平县开展了金融扶贫示范县的创建工作。经过实践探索，河北省阜平县走出了一条“金融扶贫、保险先行”的新路子，称为“金融扶贫阜平模式”。阜平模式实施了农业保险全覆盖，构建了金融扶贫服务体系，加强了贷款贴息扶持，完善了诚信体系建设，同时通过保险机制的杠杆效应放大了扶贫资金的使用效果，兼顾普惠扶贫和精准扶贫，探索出了金融保险扶贫的新路径。阜平模式大大增加了农户的风险保障，提高了农业产业化程度，显著减少了贫困人口数量，具有很好的参考和学习价值。

2. 湖南“扶贫特惠保”模式

湖南省是全国贫困覆盖面比较广、贫困程度比较严重的省份之一。2015年，湖南省尚有贫困人口679万人，贫困人口数在全国排名第5位，占全国近1/10。2016年2月，湖南省扶贫办和湖南保监局联合制定了《湖南省“扶贫特惠保”工作实施方案》，为贫困家庭提供综合保障保险、借款人意外保险、精准扶贫特色农业保险，通过创新保险机制、丰富保险产品，为建档立卡贫困户量身打造“扶贫特惠保” 产品，提高贫困人口抵御风险能力，为全省如期实现“两个确保”目标、与全国同步进入全面小康社会提供保险服务保障。该模式全面开展“扶贫特惠保一揽子保险”，包括意外伤害、自然灾害、大病、借贷人意外、特色农业等多种风险，同时实现政企联动，多方合作，财政支持，重点倾斜，共同助推脱贫攻坚。在服务上，其优化了理赔流程、提高了效率，实现“面对面”接触和“零距离”服务。在宣传上，其广泛发动宣传，营造了良好的氛围。该模式既促进了地方特色农业发展，又防止了贫困群体因病致贫、返贫。

3. 贵州黔东南民俗农房保险

在贵州省黔东南苗族侗族自治州16个县市中，有14个是贫困县（凯里、镇远除外），贫困县占比高达87.5%，贫困人口较多。由于地理环境、少数民族的传统生活习惯等原因，黔东南州农村大村寨多，大多连片居住，房屋鳞次栉比，85%以上的村寨房屋为木质结构，耐火等级低，火灾易发多发，而且是一家失火、全寨遭殃。因此黔东南地区开展农村房屋保险工作具有一定民族区域特色。2010年，太平洋财险黔东南中心支公司在黔东南州黎平县试点开展农村房屋保险，目前已覆盖黎平、从江、榕江、丹寨、剑河、台江、天柱7个县域。截至2017年，已为180万农户家庭撑起保障伞，累计赔付7 833万元，受益群众超过10万人。近期，公司向黔东南州约70.2万户建档立卡贫困户，赠送了为期1年的“黔惠保”自然灾害救助责任保险（贵州）和“黔惠保”见义勇为救助责任保险（贵州）。该保险考虑了当地民俗特色与贫困状况，精确对接当地的需求，为保险扶贫做出了良好的示范。

（五）保险助推扶贫中存在的问题

1. 扶贫的效率与可持续性问题

保险扶贫虽然取得了一定的成效，但其运行总体绩效和可持续性仍存在问题。首先，扶贫项目开展和扶贫对象之间脱节，开展扶贫工作的时候大多注重社会效益，忽视了项目的经济效益，并没有令扶贫对象从项目中获得应得的利益。其次，农险公司经营效益不高，普遍存在亏损，这使其难以维持。最后，虽然部分新型扶贫模式已经有所考虑，但大多数地区的农业保险扶贫、农业信贷扶贫和农业产业扶贫等依旧缺乏联动和协调机制，导致扶贫整体绩效不高。

2. 宣传问题与贫困人口意识问题

政府对扶贫政策的宣传不足，导致公众对于扶贫政策了解较少，甚至部分公民无法分清政府扶贫和民政救助之间的区别。从而使得民众关于保险的知识匮乏，对保险缺乏认同感，也使得民众难以通过保险转移风险或者增加信用。同时，由于公众薄弱的思想意识、计划经济的思维惯性和小农经济的封闭意识，贫困人群往往存在着“等、靠、要”的情况。在当前的扶持仍然以救济和救助为主的大环境下，贫困人口往往选择降低生活标准和依靠政府救助，扶贫保险的吸引力和作用大幅下降。

3. 农业保险的补贴与费率不精准问题

我国农业保险补贴与费率缺乏差异化的制定和优惠，无论各县市经济基础如何，往往采用统一或者一刀切的固定比例分担原则，缺乏对贫困县地方财政现实情况的考虑。单一的定价与补贴导致经营农业保险的公司缺乏积极性，也使得农业保险供给缺乏竞争性，极大阻碍了农业保险供需协调发展。目前，由于农业保险补贴率低、补贴项目单一、地方政府财政承担能力有限等原因，农业保险对农户、保险公司和地方政府等都无法产生足够的激励，使其参与农业保险积极性无法提升。

4. 人才流失问题

由于贫困地区往往自然环境较差，物质待遇偏低，管理机制落后，人才流失和人才匮乏的情况相当严重，保险扶贫的工作效果难以显现。以甘肃省为例，外面的人才请不来，自己的人才留不住，导致无论是在政府还是在企业，把握政策水平高、整合资源能力强、推进发展思路宽的人才都相对缺乏。地方政府墨守成规、慵政懒政，保险企业只看重自家保费收入和利润，缺乏深耕保险市场、保护行业形象和协同发展共同把“蛋糕”做大的理念。同时，缺乏高层协调联动，把握政策能力不足，难以把握住保险业面临的新的政策机遇期，也难以同步响应地方政府的扶贫政策变化和扶贫项目发展，可能错失参与地方经济社会管理、推进保险业向广度深度发展的良机。

5. 法律问题

虽然《农业保险条例》对农业保险范围进行了界定，但定性规定过于笼统模糊。模糊的政策性的定位和商业经营的模式，使得农险机构首要考虑经营效率和经济效益，然而政策性的定位却要求农险机构对农村金融公平、农民保险权利保护和农村脱贫致富进行考虑。这给农险机构带来更多的经营压力，也使其经营目标难以统一，这也导致了保险机构在实际工作中的应付行为。同时，法律层次的缺失与模糊又使政府的权力不能合理合规地体现，致使农业保险扶贫缺乏基本规范保障。表现在地方上，法律的缺失就使得政策支持、促进与保护的力度不够，保险扶贫的创新空间受到限制，无法做到因地制宜，无法对小范围的地方特色优势产业、特殊化的市场需求进行保险覆盖，导致了市场潜在需求向有效需求的转化困难。

第六章　中国保险助推脱贫案例分析

本章主要介绍我国保险助推脱贫案例并进行分析。近年来，保险业积极投身扶贫开发各项事业，总体呈现以下特点：一是服务和支持领域更加广泛全面。积极发展农村保险事业，鼓励保险机构在贫困地区建立基层服务网点。大力发展农业保险，支持贫困地区发展特色支柱产业，防止农民“因灾致贫、因灾返贫”。支持推广扶贫小额信贷保险，鼓励贷款户购买，分散贷款风险。开展各类小额人身保险，支持贫困地区完善社会保障制度。主动承担定点扶贫任务。二是服务和支持方式更加灵活多样。既开展直接面向扶贫对象的各类精准扶贫项目，又开展面向包括扶贫对象在内的广大低收入人群的各类一般扶贫项目。从资金来源看，包括政府使用财政资金购买保险服务、集体使用扶贫互助资金参加保险、纯商业保险等。三是服务和支持效果更加明显。一方面，通过保险行业资源的直接投入，起到了“输血”的功能；另一方面，充分发挥保险风险保障功能，解决贫困对象后顾之忧，增强了扶贫对象创业致富的自我“造血”能力。

一、保险助推脱贫案例

2016 年 7 月 15 日，保监会和国务院扶贫办联合召开保险业助推脱贫攻坚工作电视电话会议，进一步贯彻落实中央扶贫开发工作会议精神，鼓励行业积极探索和创新保险扶贫的有效方式，体现了保险业助推打赢脱贫攻坚战的责任担当。保险业以满足贫困地区日益增长的多元化保险需求为出发点，以脱贫攻坚重点人群和重点任务为核心，精准对接建档立卡贫困人口的保险需求，精准创设完善保险扶贫政策，精准完善支持措施，创新保险扶贫体制机制，全方位助推脱贫攻坚。近年来，保险业在助推脱贫攻坚过程中涌现出了大量具有代表性的案例。在此，本书根据保监会《保险业助推脱贫攻坚系列简报》编辑整理了以下 10 组案例，从农业生产、支农产业、大病医疗、意外伤害、征信、教育等多个维度，阐释保险业在助推脱贫攻坚中的重要作用。

（一）案例一：河北省阜平县“保险+征信+产业”助推脱贫攻坚

阜平县是国家级贫困县和燕山-太行山连片特殊困难地区县，贫困范围广，发展基础弱，脱贫难度大。2014 年以来，河北省保险业积极支持阜平县金融扶贫示范县创建工作，通过“政企联办”协同推进三农保险、“金融扶贫、保险先行”兜住富民产业风险、扶贫贷款“风险共担”解决融资难、融资贵，探索出一条保险助力脱贫攻坚的新路子，并在全省进行推广。

1. 主要做法

（1）“政企联办”协同推进三农保险。2014 年 8 月，中国人民财产保险公司保定分公司与阜平县人民政府签订战略合作协议，按照 5:5 的比例进行农业保险联办共保试点。保费收入由县财政和保险公司按照比例入账；发生保险责任赔付、经营开支，双方按照比例分摊。双方均设立农业保险专用账户，专用账户受上级和同级财政、审计及保险监管部门的监督检查。县财政一次性注资 3 000 万元设立保险基金，每年保险赔款小于保费收入而产生的结余自动留存在基金池；发生的保险赔款大于保费收入，则由基金池补足缺口，确保联办试点能够持续发展。同时，阜平县成立三级金融服务平台（县金融服务中心、乡镇金融工作部、村金融工作室），保险公司借助金融服务平台，更加准确地掌握农户的保险需求，更加有效地跟进对农户的保险服务，实现保险与农户、服务与需求、资金与产业的有效对接，提高扶贫精准度。

（2）“金融扶贫、保险先行”兜住富民产业风险。通过有效机制组织贫困户，走农业产业化的路子，提高扶贫地区的整体发展能力，是打赢脱贫攻坚战的关键所在。阜平县利用当地特色资源培育壮大富民产业，通过农业保险全覆盖，为贫困户产业脱贫提供风险保障。一是实现富民产业品种全覆盖。2015 年，阜平县在玉米、棉花、奶牛、育肥猪等 14 个中央财政补贴险种之外，根据地方富民产业特色，开发大枣、核桃、肉牛、肉羊、种羊、肉鸡 6 个特色险种。2016 年，地方特色险种进一步增加品种，基本覆盖了全县富民产业的主要种养产品，保费由农户和企业自缴 40%，政府补贴 60%。二是实现富民产业风险全覆盖。每个地方特色险种都包括灾害险、产品质量责任保险和成本价格损失保险，为农民兜住生产经营中的自然、责任和价格风险，解决了农户发展富民产业的后顾之忧。

（3）扶贫贷款“风险共担”解决融资难、融资贵。阜平县利用保险的增信融资功能，实现扶贫贷款“风险共担”，并发挥保险资金的优势，促进扶贫资金投放增加。一是保单质押贷款。农户利用农业保险保单的融资功能，向当地合作银行申请获取一定额度的质押贷款，用于扩大再生产。2015 年，586 户农户以这种方式获得贷款 4 083 万元，有效解决了扩大生产所需资金问题。二是担保贴息贷款。借款人必须参加农业保险，利用农险增信，再向县政府成立的惠农担保公司申请发放贷款，贷款损失由惠农担保公司全部代偿，按时偿还贷款本息后，由财政部门给予 50%的贴息。截至 2016 年 6 月，全县建档立卡贫困户中申请贷款 2 172 户，获得贷款 1.51 亿元，有效解决了脱贫致富中资金不足的问题。三是推动“险资入冀”。2016 年 6 月，中保投资有限责任公司在阜平县首期投入 5 000 万元进行支农融资；中国人民保险集团与阜平县政府开展“政融保”金融扶贫业务试点，安排 1 亿元专项额度，委托县农业银行为参保的贫困户和扶贫企业提供免担保、免抵押、利率低、期限活的扶贫贷款，额度达 10 万～1 000 万元，缓解了精准扶贫开发的资金压力。

2. 取得成效

经过近两年的实践和探索，该模式在当地落地生根，取得了良好的支农惠农效果，也为保险助推脱贫攻坚的模式探索提供了有益的经验。

（1）农户风险保障大幅增加。2015 年，阜平县政府投入 391 万元的农业保险保费补贴资金，撬动 1 090.63 万元的保险资金，使全县农户获得 11.43 亿元的保险保障。农业保险共承保 451 笔，覆盖 176 个村共 4.27 万户，承担风险金额 11.43 亿元，为 2.01 万户（次）农户支付保险赔款 1 483 万元。其中，6 个富民产业地方特色险种共承保农户 4 461 户（次），提供风险保障 7 734.97 万元，为 3 667 户（次）农户支付保险赔款 683.28 万元，有效提升了农户尤其是贫困户抵御各类风险的能力。

（2）促进富民产业快速发展。在农业保险全覆盖提供风险保障、融资支持跟进后，阜平县大枣、核桃、肉牛、肉羊等富民产业快速发展，食用菌产业从无到有，初具规模。与2012年相比，2015年，大枣、核桃种植规模分别增加1 666.67公顷和3 580公顷，肉牛、肉羊饲养量分别增加3 600头和14.5万只；11个乡镇的1 400余户农户投资食用菌产业，建成标准大棚2 000多栋，出菇约3 700万棒，有效带动了贫困户走上脱贫致富之路。

（3）脱贫攻坚效果初步显现。伴随着保险风险保障和富民产业快速发展，阜平县贫困农民增收明显，贫困人口大幅减少。2015年，阜平县“两种两养”（大枣、核桃、肉牛、肉羊）共计增收6 700万元以上，贫困人口从2012年的10.8万人减少为7.05万人。其中，牛、羊、鸡等养殖户户均增收都在3万元以上，王林口镇马驹石村建档立卡贫困户赵桂强等4户，于2015年2月每户贷款5万元经营肉鸡养殖，12月就将贷款本息一次性还清，每户还获利4万元以上，当年就实现了脱贫出列。

（二）案例二：河北省饶阳县“九位一体”推进保险助推扶贫

饶阳县是传统的农业大县，耕地面积达38 666.7公顷，蔬菜种植面积达28 000公顷，其中设施蔬菜占地21 333.3公顷，面积居全省第一。近年来，该县大力推进“农业转型”战略，家庭农场发展达860家，投资亿元以上农业产业化龙头企业达到20余家，年产各类果蔬240万吨，年产值43亿元。随着农业现代化的不断发展，农业经营主体贷款难、融资贵的问题日益突出。针对这一问题，该县以被列为农村土地承包经营权抵押贷款试点县为契机，在推行“一权一棚”抵押贷款的基础上，整合金融、保险、扶贫、农业、土地等相关领域资源要素，创造性地构建了“九位一体”金融保险综合服务模式，通过模式创新推动扶贫产业发展。

“九位一体”指“政府风险补偿资金+合作商业银行+合作保险公司+供销社+扶贫办+投资担保公司+农投公司+农业龙头企业+农户”九位一体金融支农扶贫模式。其中：一是县政府整合涉农扶贫资金2 600万元，为农业经营主体贷款提供担保，为金融机构实行风险补偿。二是商业银行在贷款风险补偿资金规模基础上放大10倍，投放贷款到三农投资建设领域，支持农业产业发展。三是保险公司为农业经营主体办理涉农保险及贷款保证保险，稳定农业生产，降低金融机构贷款风险，提高金融机构放贷意愿；四是供销社为农业经营主体提供产权交易流转、抵押登记、合同鉴证、反担保等服务。五是扶贫办依据相关金融扶贫政策为贷款的贫困户及涉农经营主体提供涉农保险补贴及贴息政策。六是县供销社作为县财政出资持股人引进社会资本联合出资组建混合所有制企业“饶阳县农村建设投资有限公司”，积极争取国家政策性资金扶持，开展涉农投资项目建设。七是龙头企业与农户建立合作信用体系的利益联结机制，把分散的小农户有效、有机地组织到主导产业和农业园区建设当中，使金融、龙头企业、农户更加紧密地联系在一起，从而推进现代农业全面发展。

政策支持。一是建立一个体系。当地成立了以县长任组长的县服务“三农”金融工作领导小组，乡镇成立服务“三农”金融办公室，各行政村成立金融工作站，指导全县金融支农扶贫工作。二是搭建一个平台。当地成立了县服务“三农”金融服务中心。县政府各相关涉农部门及金融机构入驻“三农”金融服务中心，对农业经营主体提供一站式金融贷款及保险服务。三是明确一套流程。制订明确“政银保”农业扶贫贷款保险办理流程。四是加强一套管理。就是加强农业扶贫贷款后的管理，杜绝发生系统性风险。五是制订一套机制。即建立风险共担机制为核心的农业扶贫贷款风险控制机制。

公司积极配合地方政府推进“九位一体”金融保险服务创新，目前已经进入蔬菜大棚保险签单阶段。

（三）案例三：中国保险业产业扶贫投资基金模式

为了凸显保险行业作为现代经济的重要产业和风险管理的基本手段，发挥保险资金长期投资的独特优势，带动其他扶贫金融产品和服务创新以及社会资本流向贫困地区，2016 年 8 月，保监会批准设立“中国保险业产业扶贫投资基金”（以下简称“扶贫投资基金”），由中保投资有限责任公司发起并担任基金管理人，主要面向贫困地区、革命老区、边疆地区和少数民族地区。

1. 基金性质

该基金按照政策引导、市场化运作、风险可控等原则进行管理，发挥保险资金长期投资的独特优势，投向贫困地区资源开发、产业园区建设、新型城镇化建设，并带动其他社会资金流入，促进贫困地区经济发展和贫困人口脱贫。扶贫投资基金本着自愿原则面向保险行业广泛募集，总规模约 100 亿元，第一期规模 10 亿元。

通过“农业保险+信用保证保险+保险资金投融资”的模式，打通保险资产端和负债端，发挥保险资金长期投资的独特优势，建立健全保险扶贫全链条。同时搭建多样化保险资金支农平台，使农民在获取生产资本的同时享受更多便利。

2. 典型项目介绍

在河北省保监局的大力支持下，中保投在河北阜平完成了第一笔扶贫投资。资金专项用于食用菌产业大棚建设，分两次实缴到位，大棚建好以后通过租赁、入股、务工等形式精准对接农户，满足不同层次和能力农户的经营需求。

本项目投资坚持“两个原则”，其一是凸显扶贫支农目标原则；其二是精准投放强化“造血”功能原则。与此相对应，本项目投资有“两个亮点”，其一是以点带面发挥资金杠杆效应；其二是突出保险业扶贫投资和保险协同推进的“投保联动”模式。

据初步测算，借助金融杠杆，该专项资金可以帮助阜平建设约 1 500 个大棚，覆盖带动至少约 1 500 户农民，通过直接参与生产和入股分红等形式，户均增收有望达到 2 万元。

（四）案例四：浙江省景宁县“扶贫小贷险”精准助推低收入农户持续增收

丽水市景宁县是浙江省重点欠发达县之一，全县总人口 17 万余人，其中低收入农户 16 362 户，共计 7 740 人，占全县总人口的 28%；人均纯收入 4 600 元以下的农户占全县总人口的 6%。2011 年以来，浙江保险业在丽水市景宁县探索发展扶贫小额贷款保证保险（以下简称扶贫小贷险），充分发挥保险行业体制机制优势，履行扶贫开发社会责任，在帮助低收入农户获得金融信贷支持、提高生产经营能力、找到脱贫致富路径等方面取得了明显成效。2011 年，景宁县获得了浙江省 3 年 6 亿元特扶资金，其中 1 300 万元可直接补助低收入农户。如果采取直接补助方式，人均补助不足 300 元，将很难产生持续性脱贫效应。景宁县探索发展扶贫小贷险，创新形成了政府统一购买“贷款保险”并贴息，银行凭保单向低收入农户发放贷款的新机制。

1. 主要做法

（1）政策引导，转变扶贫资金发放方式。2011 年，景宁县政府、中国人民财产保险公司景宁支公司与景宁信用合作联社、邮政储蓄银行分别签订“政银保”三方合作协议，合作期

3 年，安排 1 000 万元特扶资金，通过全额贴费贴息帮助低收入农户取得银行贷款，其中，扶贫小贷险费率 2%，银行利息为同期贷款基准利率，单户贷款额度一般在 5 万元以内，风险由银行与保险机构按 3:7 比例分担，县财政承担保险赔付超过保费 2 倍以上的部分。3 年期间，全县扶贫小贷险实现保费收入 113.4 万元，带动银行贷款 5 670.1 万元，惠及农村绝对贫困人口 2 144 户（人）次。

（2）机制改进，提升扶贫对象帮扶质量。2014 年，景宁县进一步创新了“政银保”合作机制。一是增加了金融主体。保险机构由一家扩充至中国人民财产保险公司、中国太平洋财产保险公司、中国人寿财产保险公司三家当地支公司，银行机构由两家增加到三家。二是优化了服务内容。年保险费率从 2%降至 1.5%，允许保险金融机构采用其他适当方式来降低风险。三是扩大了帮扶范围。把低收入农户大学生子女创业、农家乐、电子商务等项目列入支持对象。四是调整了贷款用途。允许低收入农户进行各种形式参股，尝试建立在家低收入农户与外出创业农民“双向参股”等扶贫开发新模式。

（3）信用评价，保障扶贫项目精准落地。为防范违约风险，景宁县将扶贫小贷险业务与“集中授信整村批发”结合起来，把农户授信与所在村信用评级和扶贫政策联系起来，守住了风险审查关和信用评价关。对有贷款意愿的农户，首先由村委会与镇政府核实相关信息，由县农办（扶贫办）提出贷款申请，再由保险机构进行信用评价，核保通过后签发保单，最后由银行发放贷款，使得保险成为“政府帮扶、银行放贷”的前置条件之一，发挥了扶贫小贷险“重信、增信、促信”的作用，基本上制止了无故拖欠偿还贷款行为的发生。据统计，仅在农户信用评价工作初期，就有 849 户农户主动偿还“可疑及损失类”贷款 1 098.8 万元。

2. 取得成效

通过近 6 年的扶贫小贷险精准助推脱贫攻坚，景宁县逐步扭转了低收入农户没有发展资金而创业无门、缺乏金融支持而增收无望，扶农政策得不到有效整合而孤掌难鸣的现状。截至 2016 年 5 月底，全县扶贫小贷险保费收入 495.8 万元，推动银行贷款 3.1 亿元，受益农户达 6 932 户（人）次，取得了广泛的经济社会效益。具体成效如下：

（1）增强了农户创收能力。景宁县改变扶贫资金一次性发放方式，通过补贴保费迅速扩大了财政资金规模，实现了农村扶贫由“输血”向“造血”的机制性转变。低收入农户珍惜来之不易的发展机会，能够根据自身实际用好贷款。以景宁县旱塔村为例，该村农户主要以茶叶种植、蔬菜种植为主，通过扶贫小贷险取得贷款发展农业，实现了户均增收 2 万余元。目前，在全县范围内，基本消除了原人均 2 500 元的低收入人群。

（2）激活了农村金融市场。目前，每年通过 1 000 万元的财政补贴，全县带动了近 1.5 亿元的银行资金，财政资金杠杆放大了 15 倍，基本破解了农村“最不想贷款”和“最难贷到款”的金融问题。一方面，缓解了金融机构“不想进入或不能进入”农村的顾虑，促进了涉农金融产品与服务的供给；另一方面，帮助低收入农户掌握了基本的金融常识，部分低收入农户由此迈向了广阔的市场发展空间。

（3）发展了保险助推脱贫攻坚事业。通过参与扶贫开发项目，景宁保险业不仅加强了与政府的良好合作关系，而且找到了全新的业务增长点，提升了经营管理能力。在与广大低收入农户的交往过程中，满足了农户的保险需求，既解决了群众的燃眉之急，又培养了农户风险防范意识，提高了运用保险发展经济的意识和能力。

（五）案例五：宁夏“脱贫保”助推保险扶贫全覆盖

为全面落实党中央国务院《关于打赢脱贫攻坚战的决定》，发挥保险体制机制优势，探索创新保险扶贫的有效方式，宁夏保监局认真贯彻落实中央领导同志批示精神，紧密围绕“精准扶贫、精准脱贫”要求，会同宁夏回族自治区扶贫办制定《宁夏精准扶贫“脱贫保”工作实施方案（试行）》，并于2016年4月25日正式运行，在全国率先实行“扶贫＋保险”全覆盖。

1. 主要做法

（1）“脱贫保”聚焦于发挥保险风险管理和经济补偿功能，以宁夏回族自治区2015年确定的15万户建档立卡贫困户、58万贫困人口为对象，通过制订“一揽子”保险计划，提供“一站式菜单化”保险服务，大幅度降低保险费率，提高保险保障额度，拓宽保险责任范围，加大财政补贴保费力度，力求解决建档立卡贫困人口因自然灾害风险、农产品市场风险、意外风险、大病风险致贫、返贫问题，为全区提前两年实现“两个确保”目标、与全国同步进入全面小康社会提供风险保障。

（2）从险种上看，“脱贫保”主要包括四类保险：一是“脱贫保”特色优势农产品保险。为建档立卡贫困农户开展的特色优势种植、养殖产业因价格下跌或自然灾害导致收入低于预期收益时的损失进行补偿，确保农户基本生产性收入。二是“脱贫保”大病补充医疗保险。为建档立卡贫困人口因住院发生的医疗费用，在基本医保、大病保险基础上，按照一定比例给予再次报销，累计最高赔付限额8万元/人，保费为45元/人。三是“脱贫保”借款人意外伤害保险。为贷款的建档立卡贫困农户因意外伤害导致身故、伤残而丧失还款能力提供保障，为贫困农户低成本贷款提供信用增信。四是“脱贫保”家庭意外伤害保险。为建档立卡贫困户所有家庭成员因意外伤害导致的身故、伤残（含烧烫伤）、意外伤害住院医疗等提供保障。保额最高为9万元/户。

（3）“脱贫保”还鼓励保险机构围绕贫困地区特色产业和地方政府产业扶贫方向，积极探索开办价格保险、收入保险等创新型产品，丰富保险服务扶贫开发的切入点和着力点，为贫困地区和贫困群众增产增收保驾护航。例如，宁夏盐池县政府已出台文件，对建档立卡贫困户投保上述创新性保险时，由县财政和扶贫专项资金补贴全部保费。“脱贫保”系列保险产品均采取政府补贴和贫困户个人自筹相结合的形式购买，原则上政府补助承担保费的80%，贫困户个人承担保费的20%。部分地区还运用扶贫资金对贫困户进一步给予保费补贴，引导激励农户积极参保。

2. 取得成效

“脱贫保”包含的四类产品，突出了对建档立卡贫困户的特惠政策、特惠措施与便捷服务。其主要成效如下：

（1）保费更低廉。“脱贫保”系列产品的保险费率较现行通用费率有较大幅度的下调，突出体现对建档立卡贫困农户的优惠。例如，基础母牛养殖保险费率从6%下调到3.5%，降幅达41.67%；小额意外伤害保险费率从2.5‰下调到0.88‰，降幅达65%；附加农村小额意外费用补偿医疗保险费率从2.5%下调到0.22%，降幅达92%；大病补充医疗保险费率从7.2‰下调到0.56‰，降幅达93%；借款人意外伤害保险费率从2.5‰～3‰下调到1.8‰，降幅达28%～40%。

（2）保障范围更广。例如，“脱贫保”家庭意外伤害保险的承保对象取消了以往产品中65岁以上不保的限制，意外医疗费用保险对象放宽到在乡级卫生院产生的医疗费用，对所有年龄段的贫困农户实行全覆盖、全兜底。

（3）保障更充足。基础母牛养殖保险保额由传统的2 500元提高到7 000元，涨幅达180%。意外伤害保险金额从6万元/户增加为9万元/户，涨幅达33.33%。

宁夏“脱贫保”试点将政府扶持和市场运作相结合，突出对建档立卡贫困人群的保障重点和精准措施，通过政府和市场的合力，兜住贫困农户因病因灾致贫返贫的底线。

（六）案例六：四川保险业“惠农保”助推凉山彝区脱贫

四川省地处西南腹地，共有秦巴山区、乌蒙山区、大小凉山彝区、高原藏区“四大片区”，88个贫困县、11 501个建档立卡贫困村、168万贫困户、497万贫困人口，是全国扶贫任务最艰巨的省份之一。四川保险业不断探索保险扶贫模式，针对不同贫困地区的特点创新保险服务，并积极改善贫困地区金融生态，充分发挥保险机制在精准扶贫中的功能作用。主要做法及成效如下。

1. 因地施策，助推民族地区精准扶贫工作

一是“惠农保”助力彝区精准扶贫。凉山彝族自治州是全国最大的彝族聚居区，贫困人口多、贫困程度深。保险公司量身定制“惠农保”“一张保单三份保障”（一张保单将自然灾害、农房损失、意外伤害三种责任纳入保障范围），突出“一低两高”（保费价格较低，保障范围和保险额度较高），投保年龄限额从65岁放宽到80岁。在保费分担上，建立州财政、县财政、农户共担的“三方共担”机制，其中，西昌市将全市低保、五保户纳入财政全额承担范围。在工作推进上，形成了政府牵头、基层动员、公司服务、媒体宣传的“四方合力”格局。截至2016年4月，“惠农保”共为463个乡镇18.9万套农村住房和652万人次提供风险保障4 235亿元，共支付赔款1 615万元。二是牦牛保险为藏区精准扶贫保驾护航。牦牛是藏区人民生活不可或缺的组成部分，并成为当地脱贫致富的“新能量”，但由于自然灾害频发，牦牛死亡率较高，牧民返贫现象严重。四川保监局积极推动保险公司开办牦牛保险，并在省颁布保险责任的基础上进行补充，将狼灾纳入保险责任范围。为了做好承保理赔工作，邀请各寺庙活佛、高僧大德联合下发倡议书，号召广大牧民诚实守信，通过完善村规民约，对牧户进行引导约束。在做好承保理赔的同时，积极做好牦牛抗寒工作，捐赠价值40万元的牦牛防寒背心，增强牦牛抵御寒冻的能力。截至2016年4月，累计为112.3万头牦牛提供风险保障22.46亿元，支付赔款1.09亿元，受益农户5.5万户次。

2. 创新产品，完善贫困地区灾害风险转移机制

一是首创城乡居民住房地震保险，防止因灾致贫、返贫。目前，城乡居民住房地震保险已经在乐山、宜宾、绵阳等市正式启动，并重点突出普惠性质，由财政提供60%保费补贴，其中农村散居五保户、城乡低保对象、贫困残疾人等贫困人口保费由财政部门全额承担。截至2016年4月，共为43.88万户居民提供风险保障112.79亿元，其中为30.1万户贫困人员提供风险保障78.6亿元。二是大力推进大病保险全覆盖，防止因病致贫、返贫。2015年度共承保6851.56万人，向40万人次支付赔款13.25亿元，人均赔款3 300元。通过社保加大病保险，内江、阿坝、资阳、成都、德阳等地医疗费用报销比例报销超过80%，切实减轻广大贫困户医疗费用负担。三是完善农业保险品种，帮助农民抵御生产风险。目前，全省共开展特色农险41种，省级财政补贴最高达 35%，覆盖蔬菜、水果、烟草、制种、中药材等方面，累计提供风险保障235 亿元，为33万农户支付赔款7亿元。同时，积极创新价格指数保险。2015年，为89万头生猪提供市场风险保障13.35亿元，支付赔款1 685万元；为8000公顷蔬菜提供市场风险保障1.9亿元，支付赔款2 098万元。辣椒、皮球桃、葡萄、柠檬等价格指数保险已陆续承保，支付赔款144万元。四是创新扶贫小额人身保险，防止因意外事故致贫、返贫。2015年，全省小额人身保险共为1 909万人提供3 203亿元风险保障，赔付金额1.9亿元，化解了 11.68 万人因疾病、意外伤害造成的贫困压力。旺苍县针对互助社借款人开展农村小额扶贫意外伤害保险，财政给予互助社社员及其家人每人20元的专项补贴。目前，已覆盖全县35个乡镇352个村，4.1万贫困人口全部参保，支付赔付金额2 178万元。华蓥市将扶贫慰问与小额人身保险相结合，由财政全额为符合条件的贫困家庭购买小额人身保险作为慰问品发放，为华蓥市2 700多户贫困家庭提供了1.76亿元风险保障。

3. 造血扶贫，改善贫困地区金融生态

一是小额扶贫贷款保证保险为创业脱贫提供融资保障。2014年底，四川省下发《关于创新开展扶贫小额信贷的实施意见》，鼓励开展小额扶贫贷款保证保险，并在乐山等地进行试点。由县级财政补贴保证保险50%的保费，并全额补贴借款人购买人身意外伤害保险，为借款人提供意外风险保障。截至2016年4月，四川省已为500户贫困户提供了3 916万元的贷款风险保障和意外伤害风险保障，单笔支农贷款最高达5万元。二是积极推动险资入川扶贫。积极推动保险公司开展“险资直贷+收入保险”试点工作，由保险公司直接向农户进行小额融资，并提供收入保险保障，降低农户贷款资金成本。同时，积极推动保险资金为全省经济社会发展、民生保障提供支持。其中，用于四川省棚户区改造、保障房建设等民生扶贫项目的资金超过70亿元。

4. 加大保障，发挥行业示范效应

一是开展定点扶贫。例如，广安市邻水县是四川省20个百万人口大县之一，也是全省88个贫困县之一。四川保监局组织行业对口支援，为当地学校搬迁提供100万元帮扶资金，并将4户贫困户作为局对口“结亲”帮扶对象进行持续联系帮扶，初步形成“保障体系、建设资金、保险产品、干部挂职、对口结亲”五方面的帮扶举措。二是大力支持贫困地区保险业发展。鼓励保险公司在甘孜、阿坝、凉山等贫困地区设立保险机构。2015年，在以上地区新设保险机构16家。三是引导和支持各地协会、保险机构积极参与扶贫公益事业。2015年，四川省保监局结合“全国扶贫日”，指导省协会在业内开展募捐活动，设立扶贫爱心，共开展爱心公益事业200余次，共计金额300余万元。

（七）案例七：“公益+交易所+保险”的创新扶贫模式

上海保险交易所按照公益微利、长期普惠的原则，针对贫困地区及各类困难群众设计了一套从招标到中标、从承保到理赔的全流程监督机制，通过“公益+交易所+保险”的创新扶贫模式，让公益找到了保险，让保险精准对接公益。

在该模式中，保交所作为独立、公正的第三方，坚持结合当地的具体需求和“痛点”，精准对接脱贫攻坚的多元化保险需求，严格设置竞标标准，面向保险行业招标，通过公开竞争、专业评标、透明运作、全程可控，为帮扶对象选择保障程度最高、服务质量最好、成本相对较低的保险产品，利用保险服务提高群众的实用感、安定感、可靠感，积极履行企业的社会责任。

保交所目前已顺利完成四大扶贫项目，建立保险业评标专家库，配套发布保险招投标平台业务规则，保障保险公司能在公平、公正与公开的竞争环境下参与投标。“公益+交易所+保险”模式也逐步得到各方认可，从首个项目的1省、5地、9万人、65亿元保额，到目前四个项目的6省、17地、56万人、387亿元保额，有效提升了保险公司参与精准扶贫工作的深度。

例如，陕西咸阳“爱心中行”公益项目是由中国银行向咸阳市扶贫开发办公室捐款200万元，委托上海保交所为陕西省咸阳市旬邑、淳化、长武、永寿四县总计124 260名建档立卡的困难群众设计定制的保险方案。上海保交所综合考虑当地新农合保险政策，补齐保险保障缺口，设计了意外医疗门急诊、住院保险相关的招标需求，并向44家符合招标人要求的保险公司发出了投标邀请，最终中国人寿保险股份有限公司咸阳市分公司中标承保。

该项目涉及保费200万元，总保额约15亿元，为当地困难群众提供了10 000元/人的意外门急诊、住院医疗保险以及1 000元/人的意外身故、伤残保险，解决了困难群众新农合保险覆盖范围之外的保险需求。

二、保险助推脱贫情况的调研

为了深入了解保险在支农惠农中的具体情况，研究保险助推脱贫的模式与成效，有针对性地提出保险助推脱贫攻坚方面的有益建议，南开大学农业保险中心课题组先后奔赴河北省阜平县和安徽省金寨县进行了两次调研。

（一）河北省阜平县调研情况

2017年4月17日—19日，在中心主任江生忠教授的带领下，南开大学农业保险研究中心课题组一行七人前往河北省保定市阜平县，对阜平县保险助推脱贫模式的创新开展了调研。抵达阜平县当日，与县金融办主任、人保财险阜平支公司负责人进行座谈；次日，实地考察了保险助推扶贫示范性养殖场——阜平县福泉牧业有限公司。

阜平县大力发展农业保险、大病保险、民生保险，创新支农融资方式，在助推脱贫攻坚方面做了许多工作，取得了一定经验和成效。调研报告分为三点陈述：一是阜平县农业保险创新情况，包括政府与保险公司的“联办共保”模式，以及特色险种的开发和保费补贴模式的具体情况；二是阜平县特色的“政融保”金融扶贫模式，包括这种模式的具体内容和特点；三是阜平县在金融扶贫模式创新的过程中遇到的问题，包括农业保险中道德风险的防范、扶贫资金的使用途径等问题。

1. 阜平县保险助推脱贫攻坚的创新情况

人保财险在阜平县以大力发展农业保险为突破口，为贫困农户发展生产提供自然灾害事故和市场价格下跌双重保障，通过保险兜底，协助基层政府重塑信用体系，降低了农户到期无法偿还贷款的风险，稳定了金融机构的风险预期，建立了“政府+保险+银行+农户（企业）”的金融扶贫模式，有效解决了金融机构经营成本高、风险大和农户贷款难、贷款贵、抵御市场风险能力弱的问题。

（1）阜平县进行农业保险创新的原因和必要性

要想让贫困农户彻底脱贫，需要通过“产业扶贫”的办法提高贫困户“造血”能力而非仅仅给他们“输血”，而运用金融机制，引入金融机构为农户融资是实现“产业扶贫”的必要手段。然而在现实中，金融进农村却面临着重重困难，阜平县借鉴其他地区经验，见招拆招，探索出一条独具特色的“金融扶贫、保险先行”发展道路。

第一，农民融资风险大，中央政策性农业保险品种少。金融机构不愿贷款给农民，一是由于农民没有抵押物，二是农业生产周期长、投资大、波动大、效益低，为解决这一问题，可以为所有农业投保农业保险，从而保障农户收入、给农户增信并可将保单作为抵押。国家从 2008 年开始推广中央财政补贴型农业保险，品种慢慢扩大到 14 种。但就该县这一个小区域而言，大部分养殖种植的品种均在政策性险种保障范围之外，政策性保险不能兜住大部分农民的生产经营风险，因此其在政策性农业保险之外又开发出了十余个险种的成本损失保险。

第二，农业保险经营成本高，保险公司不愿投入农村市场。保险公司进入农村市场的过程有其自身的局限性，因为其作为企业是以盈利为目标，但是由于勘察理赔烦琐且人力成本高，又存在农民骗保、选择性投保等道德风险现象，商业保险公司往往不愿承保。阜平县借鉴了江苏镇江的政府与保险公司“联办共保”模式，由政府主导，按照市场运作方式，优势互补开展农业保险业务。

第三，特色险种费率高，贫困农户难以承受阜平县开发的特色险种，即成本损失险，其保险责任全面，因此费率较中央补贴的险种要高，保费对贫困农户来说难以承受。因此，综合考虑县财政承受能力和激发农民参保积极性两方面因素，县财政效仿中央财政补贴险种，承担特色险种保费的 60%，由农民承担 40%，除此之外，阜平县还意图探索“先配套县财政保费补贴，再由农户选择是否缴纳剩余保费”的新型补贴模式。

（2）阜平县农业保险创新的具体内容

可以将阜平县农业保险创新的内容归结为以下三部分：一是农业保险经营模式的创新，主要指“联办共保”模式；二是农业保险产品的创新，包括保险责任创新、险种创新、费率创新、服务创新等多个方面；三是补贴模式创新，包括提供补贴的主体、补贴比例、补贴方式三方面创新，下面予以详细介绍。

第一，“联办共保”模式创新。

在“联办共保”模式下，保险公司懂业务、基层政府懂管理，因此在农业保险上采取政府主导、市场运作的模式被认为具有优势互补效应。经营农业保险不以营利为目的，保本微利即可。

政府设立县乡村三级金融服务网络。政府在县一级设立金融服务中心，乡一级设立金融工作部和保险公司的勘察定损部或营业点密切配合，各村设立金融工作室来负责本村区域内保险的参保、勘察。设立县、乡、村三级服务网络一方面可以监督保险公司的定损理赔，另一方面可以降低保险公司从事农业保险的人力成本、减少信息不对称和农民骗保风险，解决保险公司不愿意扎到农村去这一问题。

保费与赔付在政府与公司间五五分成。阜平县农业保险的保费在政府与公司间五五分成，赔偿五五分担，保险公司在考核绩效时只考虑自己实际收取的 50%，赔款也只承担额度的一半。赔付时保险公司先垫付所有赔款，然后和县财政每月平账。

县金融办代为培训基层保险服务人员。保险公司给予县金融办一定资金，金融办利用县乡村三级服务网络，吸纳并培训基层金融保险服务人员，这些人员由乡长集中管理，工资待遇是政府劳务派遣标准加上保险公司的劳务费，合计能达到县平均工资标准。

政府职能部门与保险公司联合勘察定损。阜平县在勘察定损过程中，由金融办牵头，按照险种所属类别，由农业局、林业局、畜牧局出具勘察定损流程并盖章，把勘察定损理赔尽量控制在真实合理的范围内。

第二，农业保险产品的创新。

在保险责任创新方面，阜平县将其开发的特色险种命名为成本价格损失保险，保险责任包括自然灾害、疫病和由于市场价格剧烈波动而造成的养殖、种植成本损失（设有5%的免赔额），这就基本涵盖了农业生产中的所有风险，只要投保了该保险，农民在任何情况下都不会赔本。

在险种创新方面，除玉米、马铃薯、花生、奶牛、能繁母猪、育肥猪、林木、设施农业等中央财政补贴的险种外，阜平县还开发了十余种地方特色农业保险险种。其中，成本价格损失保险的承保标的包括大枣、核桃、肉牛、肉羊、食用菌、中药业、蜂业、肉驴、果品、杂粮和皮毛动物；保险责任为自然灾害和疫病的保险标的有肉鸡和种羊；而涉农保险有针对农户的平安综合保险，包括人身意外险和家庭财产险。

值得一提的是，阜平县是全国“大枣之乡”，大枣种植业在阜平县占有重要地位，但是近年来随着气候变暖，在枣树挂果期间总出现连阴雨天气，带来很大产量损失，保险赔付率极高。面对这种情况，人保财险计划开发大枣的气象指数保险，以规定时期降雨量为指数，以降低成本提高保障，同时激发农民生产积极性，鼓励他们用科学方法种植和管理枣树。

在费率创新方面，在设定费率的原则上，特色农业保险的费率设置得比较宽松，因为阜平县经营农业保险主要通过提高参保率、用大数法则保障老百姓利益，只要保本微利即可，不以营利为目的；在设定费率的方法上，阜平县计划将费率设计成开放式的，可以根据需要调整，即前一年如果盈利较多，第二年对于特定险种可以降低保费。

在服务创新方面，阜平县是贫困地区，老百姓比较贫穷，政府之前号召种植养殖的农产品往往都以赔钱告终，老百姓对政府的信任感较差，因此在开始号召购买农业保险时，老百姓还是半信半疑，推行阻力比较大。由于保险的赔付比较及时，且十三辆金融服务流动服务车上门服务，农户足不出村就可以享受到参保理赔服务，老百姓对此比较满意，意识到发生灾害可以获赔，也就有了从事农业生产的动力。

第三，保费补贴模式的创新。

阜平县金融办主任认为，在所有对农村和农民的财政补贴中，对保费的补贴是最有效的，也是最符合鼓励人们勤劳致富这一理念的。因为农户越勤劳，种植养殖的规模越大，能得到的补贴越多，未来可能获赔的金额就越大。因此，农业保险保费补贴作用很大，一是能够激发人们参与保险的积极性，促进农业生产者资本金的积累，有利于其扩大生产规模，可以推动农业的转型升级；二是可以规避农民因为生产经营活动亏本而以次充好，有利于农业转型升级和国家食品安全。阜平县对于农业保险保费补贴的主要做法如下。

在保费补贴出资主体和补贴比例方面，对于中央财政提供保费补贴的险种，农户自缴保费的20%，中央、省级、县级财政共补贴80%。而对于阜平县特色险种来说，原本只由县财政出资补贴，县财政补贴保费的60%，农户自行承担40%；但随着阜平县保险扶贫的不断深入，河北省财政厅对这一模式非常认可，为了减少县里对特色农业保险保费补贴的财政压力，省财政厅提出采取“以奖代补”的方式，在河北省内，对国家级贫困县补贴县财政出资部分的50%，对省级贫困县补贴县财政出资部分的40%。对于阜平县来说，保费的最终负担形式为省、县、农户分别承担40%、30%、30%。特别需要提出的是，阜平县对散户和合作社农户设置的投保费率是一致的，阜平县金融办主任认为，真正的金融扶贫应该强调“普惠”和“产业”。

在保费补贴方式的创新方面，一直以来，对于有财政补贴的险种来说，补贴到位必须以农户缴纳自担部分的保费为前提，采取这种方式的原因之一在于防止基层政府和保险公司套取财政补贴。为此，阜平县计划采取一个新的模式：首先，县里计划给所有符合投保条件的农户都投保农业保险，为达成这一目标，无论农民是否缴纳自担的40%保费，财政都把60%的保费补贴配套到位，这是基础保险保障；其次，如果农户缴纳了40%的保费，就可以用基础保险保单换取全额保险保单；最后，只有基础保险保障的农民在保险事故发生后只能获赔保额的60%，而拥有全额保险保单的农户可以获得全额赔偿。

这种补贴方式的创新意义在于：①提高参保率，实现农业保险全覆盖，可以运用保险大数法则的原理分散风险；②所有投保农户在遭灾受损后都能获得保险赔偿，这样可以提高农户的保险意识；③两种保单在发生理赔时的赔偿额有显著差距，这种差距会刺激未缴费农户在下一年缴纳自担部分的保费。

（3）阜平县农业保险创新的现实效果

根据调研所获数据并结合其他相关资料，阜平县通过实施“农业保险全覆盖”，开发推广特色农业保险和成本价格损失保险，积极探索“保险+贷款”和保险资金支农融资的新型金融扶贫模式，为农户投资提供保险保障和信贷支持，保险助推脱贫攻坚取得了初步成效。2016年，阜平县实现财政收入3.61亿元，人均收入达到6 700元，7.93万贫困人口成功脱贫，贫困人口下降到2.88万，贫困发生率下降到了14.8%。

第一，农户的风险保障显著增加。2016年，阜平县共办理农业保险1 039笔，为188个村的5.48万户农户累计提供风险保障13.7亿元，为103个村1.8万户农户支付保险赔款1 980.84万元。其中，为发展八个富民产业生产的3.01万户（次）农户提供风险保障2.42亿元，累计为5 487户（次）农户支付保险赔款1 616.93万元。

第二，富民产业快速发展。2016年全县食用菌种植产业从无到有，发展到666.67公顷，建成3 500个大棚，直接参与农户6 260户，覆盖贫困户3 316户，实现年产值1.03亿元；新增中药材种植面积2 000公顷，总面积达到2 733.33公顷，总产值1.03亿元，效益达9 648万元，带动贫困户2 230户，共5 421人，户均增收2.09万元。初步形成了保险保企业，企业带农户的产业扶贫新模式。

第三，有效优化了政府扶贫资源配置。2016年，阜平县县级财政补贴农险保费资金共计1 400万元，撬动了2 794.46万元的保险资金，使全县农户获得了13.7亿元保险保障，资金的杠杆效应达到近百倍，显著放大了扶贫资金的使用效能，提高了扶贫资源配置的科学性和精准性。

2. 阜平县特色的“政融保”金融扶贫模式

为发挥保险助推金融扶贫的作用，除了加强农业保险创新、提高农业保险保障水平外，阜平县还配套制定了其他金融扶持政策，开创了阜平县特色的“政融保”模式。下文将对“政融保”的具体内容进行描述，再详细介绍“政融保”的几个显著特点，最后对该模式实施以来的成果与不足进行评述。

（1）“政融保”模式概述

所谓“政融保”模式，即政府政策支持、保险资金融资和保险风险保障的结合。从政府角度来看，其一方面设立县乡村三级金融服务网络配合保险公司开展业务并进行融资；另一方面还设立了惠农担保公司这一平台，为保险资金融资提供了第二重保障。惠农担保公司对融资的本金和利息提供全额担保，当农户遭灾受损并得到了保险公司赔付但仍不还款时，直接使用担保公司资金还款。从保险公司角度来看，其一方面为农户提供农业保险；另一方面，在农户完成投保的前提下，保险公司为农户提供融资。惠农担保公司的存在降低了农户违约风险，风险转由政府与保险公司共担，保险公司承担理论上的风险，政府承担实际风险。从农户的角度来看，在农户投保了农业保险之后，即可以用保单作为抵押从保险公司获得融资，融资可以获得担保公司担保，根据融资金额高低，担保费率有所不同。

（2）“政融保”模式的特点

无论是从政府设立了惠农担保平台，还是从县各级政府参与农业保险与农业贷款工作，都可以看出阜平县政府对农村金融扶贫高度重视并发挥了巨大作用。同时，阜平县金融扶贫在给予普惠式支持的基础上旨在扶持农业产业，正是践行了“普惠”+“产业”扶贫模式。阜平县“政融保”模式的特点主要有以下四个方面。

第一，政府发挥了重要作用。惠农担保公司由政府设立，担保费用较商业担保公司低。如果由商业担保公司担保，其需要从中抽成，而政府的担保公司对20万以下的贷款不收担保费，20万以上收0.8%的担保费，较商业性质的担保公司少很多，政府成立担保公司主要是为了推动金融扶贫的深入，是以扶持农民为目的的。同时，基层政府发挥重要作用。一方面，阜平县设立了县乡村三级金融服务网络，与保险公司合作，为农民在农业保险和融资上提供服务；另一方面，如果农民欠款不还，村干部有协助清收的义务，且村干部出面的清收效果非常突出。

第二，贷款融资真正做到“以农民为本”。“政融保”融资胜在速度快，农民对贷款的一个要求是方便快捷，农民提出申请，资金要迅速到账，否则极容易延误农时，比如农业银行的贷款利息虽然略低，但贷款发放周期需要7天，政融保未来争取达到2天可以放款，因此农民更倾向于选择政融保。目前由人保资本为阜平县农民提供融资，小额融资可以由人保财险阜平县支公司审批，只需在省市备案。阜平县金融办杜主任提出，希望以后放宽对小额融资的审查，但要提高对大额融资、企业融资的审查力度。同时，该模式对小额融资有政策倾斜。阜平县在政融保融资利率上对农民和企业家有所差别。对农户来说：如果贷款5万，对贫困户贴息80%，非贫困户贴息50%；如果贷款5万～10万，对贫困户贴息50%，非贫困户贴息其中5万元的50%；如果贷款超过10万则不贴息。对企业来说，融资超过30万，利率是5.75%，还要加上担保费，总计费率超过6%，但是企业还是愿意贷款，因为总费率比正常银行贷款要便宜很多。这符合产业发展规律、人性化考虑和县财政要求。随着产业发展，老百姓逐渐富裕起来，财政负担逐渐减小，财政更多地用于保费补贴而不是贴息。此外，保单可滚动质押。农户在投保农业保险后，可以用保单质押进行融资，且根据阜平县的实践，融资额在一定情况下甚至可以超出保单保额，这是为了尽可能为农民提供生产所需资金。在此情况下，若保单保额只有7万，但农户申请10万元贷款，保险公司经审查可能会同意融资，农户将10万元投入生产并再投保农业保险后，可以将新的保单再进行质押。

第三，贷款的回收充分考虑了扶持产业发展。一方面，阜平县设立了守信激励与失信约束机制，如果按时还款、信誉高，可以提高农户下次融资的额度，反之，若信誉差，则降低额度甚至不通过贷款请求。另一方面，农民收到融资资金后，归还本金的周期是很长的，因为“政融保”的目的在于支持农民发展产业，产业越发展、支持力度越大，政府越不急于催收本金。

（3）“政融保”模式的成效与不足

“政融保”模式是保险公司将资金直接投入农业生产经营、支农支小的有效尝试，上文提到了阜平县政府用 300 多万保费补贴与赔付撬动了近 5 亿元资金投入农业生产，能达到这样显著的效果，“政融保”模式以及政府对保险与融资的政策支持功不可没。

然而，这一模式仍然存在一些问题：如虽然不良贷款率只有零点几个百分点，但不可否认，仍然存在恶意拖欠贷款的现象，一是由于农民信用意识较差，二是个别村干部带头作用不好，三是政府在选择龙头企业时欠考虑。除此之外，通过对其他县乡的观察，发现行政力量有时会对贷款的发放与否起很大作用，这是今后工作中需要杜绝的问题。

3. 阜平县金融扶贫过程中遇到的问题

阜平县是金融扶贫示范县，是“保险+信贷+产业”模式的先行者，阜平县不断开拓创新，开发特色农业保险险种，实行县财政保费补贴，推动“政融保”模式发展，已经在金融扶贫道路上探索了数年，取得了可观成果，但也发现了不少问题，有些问题是个性的，更多问题是共性的，接下来着重提出阜平县金融扶贫过程中遇到的三个问题，一是扶贫资金能否用于保费补贴，二是对基层保险公司的考核标准是否合理，三是农业保险道德风险频发，建立无害化处理厂至关重要。

（1）扶贫资金是否可以用于保费补贴

通过在阜平县的调研发现，尽管县里补贴保费财政压力很大，但中央财政的扶贫资金并没有用于县里对农业保险的保费补贴，原因如下：①河北省扶贫办鼓励将扶贫资金用于保险，但更倾向于将资金用于农民的人身保险，认为扶贫资金与农业产业扶贫无关；②在涉农资金整合后的使用办法上，只说明要将扶贫资金用于农村基础设施和农民民生上，没有明确说明可以用于保费补贴，县里多次向省里申请动用扶贫资金，但未获批准。保险公司与县金融办认为，一是随着农业保险参保率提高、险种增加，县财政的补贴规模越来越大；二是上一年涉农资金闲置金额高达数亿元，保费补贴应当成为涉农资金投入的重要领域；三是保费补贴效果优于对农业的其他补贴方式，应该加大投入。因此，希望可以将扶贫资金用于农业保险保费补贴。

（2）对基层保险公司的考核标准是否合理

农业保险惠民利民，但是保险公司的一些规定可能会成为农业保险发展的阻碍。根据在阜平县的调研，保险公司对农业保险的考核指标是参保率和效益，所谓效益即利润，即和农民争利。阜平县金融办主任认为，考核标准应该有所改变，指标一设为参保率，考核工作量；指标二设为群众满意率，考核农业保险真正给农户带来了多少利益；指标三设为理赔过程中的投诉，建议只考虑以村委会、村干部为代表的组织投诉。

（3）骗保行为呼吁无害化处理厂的建立

在阜平县及全国很多地方，在农业保险理赔中存在农民利用信息的不对称，用相同的动物尸体重复要求理赔的骗保行为，如果任由这种情况发展，一是会形成破窗效应，引起农民争相效仿，增加保险公司理赔成本，削弱公司参与农业保险的积极性；二是容易让农户产生投机取巧的心理，难以培养保险意识，不利于农业保险健康发展，不利于保障水平的切实提高。这就要求建立无害化处理厂，从根本上消除骗保行为发生的可能。与此同时，大型养殖场也强烈呼吁建立无害化处理厂，以减少养殖户处理病死牲畜的成本，同时切断疫情传播的渠道。关于无害化处理厂，有政府运营、半政府运营和纯商业运营三种模式，阜平县计划在经过论证后做出决定。

（二）安徽省金寨县调研情况

2017 年 5 月 8 日—10 日，南开大学农业保险研究中心一行七人由中心主任江生忠教授领队，前往安徽省金寨县对该县保险助推“精准扶贫”状况进行调研。调研组首先与金寨县金融办主任、国元农险农业保险部负责人、国元农险六安分公司负责人开展座谈。座谈结束后，调研小组走访了大山深处的乡镇，到白塔畈镇郭店村和油坊店乡皖西白茶专业合作社走访产业扶贫情况，调研特色险种保险情况。

1. 金寨县保险助推精准扶贫情况

金寨县地处大别山腹地，位于皖鄂豫三省交界处，是安徽省面积最大、人口最多的山区县，总人口达 68 万，被誉为“将军县”，是著名的革命老区。一方面，金寨县坐拥山水风光，是旅游资源大县；另一方面，县内以山区为主，极大地限制了经济的发展，金寨县也成为 1986 年获批的全国第一批贫困县。2016 年底，全县共计还有 6.6 万个贫困户，71 个贫困村，2017 年计划脱贫 2.8 万人，全县计划于 2018 年底全部脱贫。

金融综合改革作为金寨县“5+1”项目[①]的重要组成部分，于 2012 年正式开展，“金融扶贫，保险先行”的口号也在该时期提出。2015 年，保监会将金寨县列为农村保险改革试点。目前，金寨县内有寿险和产险公司共计 13 家。

（1）县农业保险的发展与创新情况

第一，农业保险险种创新。从险种来看，中央财政补贴的险种有七个，分别是水稻、小麦、油菜、玉米、公益林、商品林和能繁母猪，2015 年和 2016 年，安徽省两次大幅提高了三大口粮作物保险的保险金额。[②]地方补贴的特色险种有两个，分别是茶叶特色保险和育肥猪特色保险，均由县财政给予 80%的保费补贴。从 2016 年开始，金寨县试点了生猪价格保险，针对当地特产黑毛猪还专门开发了黑毛猪价格指数保险，采用猪粮比作为衡量价格变动的指标；国元保险还计划推出生猪综合保险，全方位保障养殖风险与市场风险。

表 6-1　2017 年金寨县补贴性农业保险险种一览表　（单位：万元）

品种	保险金额	费率	单位保费	政府补贴						农户承担保费标准
				中央		省		县		
				比例	金额	比例	金额	比例	金额	
水稻	406	6%	24.36	45%	10.96	30%	7.31	5%	1.22	20%
小麦	367	4.5%	16.515	45%	7.43	30%	4.95	5%	0.83	20%

①所谓“5”，就是 5 个项目。第一个项目是重点扶持农业产业化龙头企业，第二个项目是规划建设金寨现代产业园区，第三个项目是加快农村金融改革发展，第四个项目是筹建金寨全国示范中等职业教育学校，第五个项目是关于大别山扶贫开发道路建设。所谓“1”，即金寨抽水蓄能电站项目建设。

② 信息来源为 2016 年 6 月 13 日的安徽日报。

续表

品种	保险金额	费率	单位保费	政府补贴						农户承担保费标准
				中央		省		县		
				比例	金额	比例	金额	比例	金额	
油菜	270	6%	16.2	40%	6.48	30%	4.86	10%	1.62	20%
玉米	282	6%	16.92	45%	7.614	30%	5.08	5%	0.85	20%
公益林	450	4%	1.5750	50%	0.79	40%	0.63	10%	0.16	0
商品林	1100	4.5%	2.2	30%	0.66	25%	0.55	25%	0.55	20%
能繁母猪	1000	6%	60	50%	30	25%	15	5%	3	20%
茶叶特色保险	1000	5%	50		0		0	80%	40	20%
育肥猪特色保险	600	5%	30		0		0	80%	24	20%

资料来源：中国银行保险监督管理委员会统计资料。

第二，政府参与的农业保险经营模式创新。政府在金寨县农业保险的推广和经营中发挥了重要作用，农村工作委员会在乡镇设立“三农服务站”，聘请农技中心工作人员兼职担任协保员，同时农委在每个村设立三农服务点，聘请村干部兼任协保员。保险公司将当地总保费的3.5%划拨给乡镇用作经费，这些经费的70%要向基层倾斜。不过，县金融办张主任也表示，农业保险未来的发展还是需要走上商业化轨道，政府可能会慢慢退出，给保险公司让路。

第三，以“菜单式服务”为代表的服务模式创新。“菜单式服务”是国元农业保险金寨支公司将农业保险从供给导向转变为需求导向的一种尝试。所谓“菜单式服务”，一是增加保险种类，在政策性险种之外，将茶叶、板栗、油茶、毛竹、桑蚕、公益林、育肥猪等12种涉农产品纳入保险范围，并编印资料以“菜单”形式对外宣传，县财政计划予以补贴；二是明确参保金额，编印农业保险各品种保费补贴标准表，向农民充分告知保费、赔付金额等信息；三是尊重农户意愿，即根据农户需求实地调研开发产品，农户再根据实际需要选择产品投保，不硬性摊派；四是注重理赔服务，简化流程，确保理赔时效。

（2）涉农保险助力扶贫的举措

第一，涉农保险相关政策向贫困户倾斜。金寨县的涉农保险不断探索助力“精准扶贫”的方法，目前不管是在保障范围、保单责任、保费补贴还是赔付标准上，贫困户都能享受到政策倾斜。从保障范围来看，县财政为60岁以上的贫困户出资购买人身意外险，针对贫困户还设立了“351 计划”[①]。而以国元保险为代表的保险公司则为贫困户提供了包括农业保险、补充医疗保险、住房保险在内的一揽子保险计划，国元公司称其为“脱贫综合保障计划”。从保险责任来看，住房保险除了承保传统的可保风险，针对贫困户的保单中还加保了地震等责

① “351 计划”，即由县财政补贴，贫困户在县级医院住院最多承担3 000元医疗费用，在市级医院住院最多承担5 000元医疗费用，而在省级医院住院最多承担10 000元费用。贫困人口就医发生费用后，按新农合（医保）基本医疗补偿、大病保险赔偿、城乡居民医疗救助先后顺序得到补偿或救助后，若自付费用仍超过1 000元以上的，将启动补充保险理赔，每个贫困人口年度最高理赔额为10万元。信息整理自金寨县政府信息公开网。

任。从赔付标准来看，在确定损失程度后，保险公司对贫困户的赔付在定损结果上上浮 20%，2016 年以前农房保险对贫困户的赔付有 2 万元保底，2016 后不再有保底赔付，但农房保险对贫困户的赔付同样是上浮 20%。从保费补贴上看，贫困户的保费得到减免，下一步计划用扶贫基金缴纳贫困户需要自担的 20%保费。

第二，涉农保险助力“金融扶贫”与“产业扶贫”。在助力“金融扶贫”上，金寨县通过投保贷款人人身意外险、保证保险、政府设立担保公司提供担保等方式为农村信贷增信。在小额扶贫贷款的增信上，政府给每个贫困户提供最高 1 万元的无息扶贫贷款，同时政府从扶贫基金中出资为贷款人购买人身意外险，每位贷款人每年保费为 8 元，而保险公司则针对这些贷款开展了小额贷款保证保险试点；在小额创业贷款的增信上，政府设立政策性担保公司，为工商企业提供担保。

在助力“产业扶贫”上，我们看到金寨县将光伏扶贫作为产业扶贫的重要方式，这是极具地方特色的。贫困户自缴 8 000 元，再由政府和企业各补贴 8 000 元购买光伏设备后，贫困户每年可稳定获得 3 000 元收入。对于缺乏启动资金的贫困户，县财政协调当地的金融机构为符合条件的贫困户提供 5 000 元的小额无息贷款，用于入股扶贫电站。同时，人保为贫困户提供光伏设备保险，以防灾害事故发生给光伏设备带来损害，从而影响农户收入。

2. 白塔畈镇郭店村与油坊店乡皖西白茶生产合作社调研实录

（1）白塔畈镇郭店村农业保险现状及扶贫方式

郭店村地处山区，是白塔畈镇最偏远的一个村，人口 3 005 人，面积 13.5 平方公里，截至 2016 年底，共有贫困人口 84 户共 197 人，2017 年预计脱贫 44 户共 116 人。郭店村是国元集团的定点扶贫村，集团公司在郭店村仅项目帮扶资金就投入了 350 万元，捐助修建了六七公里的道路和一些河道、水坝；同时，国元为村里几户贫困户提供了光伏发电设备，公司员工还在村里结对帮扶了数名学生。

第一，郭店村农业保险现状。目前，村里农户投保的险种有养殖业保险、水稻玉米等种植业保险、林业保险、家电保险及农房保险。其中，农房保险和公益林保险都是全县统一保单，由政府出资缴纳保费。农房保险采用的是一户一宅模式，即一家只能投保一处房屋，且必须是正在居住的房屋。但是郭店村的支柱产业——茶叶并没有获得承保，有以下几点原因：一是茶叶受到灾害影响的程度较其他作物相对轻一些；二是本村茶叶种植比较分散，茶质相对一般，保险公司难以承保；三是老百姓的保险意识差。

村支书十分认同保险的作用，并举了两个例子：一是农房保险有很大作用，农户在农房遭灾受损后能得到及时赔付，这也可以有效防范安全事故发生；另一个是玉米保险和毛竹保险也有很大作用，当地山区野猪肆虐，对玉米和竹笋破坏力巨大，而野猪又是国家保护动物，因此如果野猪造成的破坏能在一定程度上得到保险理赔，对保障农民收入及保护野生动物都具有重要作用。

第二，郭店村现行的扶贫方式。郭店村促进精准扶贫的方式主要有以下几种：异地搬迁、光伏入股、特色种养、健康扶贫、就业扶贫、大户带动、教育扶贫、低保扶持、兜底扶贫和金融扶贫。村支书认为光伏扶贫产生了最为直接的效果，而新农合配合补充医疗保险解决了贫困户看不起病、不敢看病的问题。下面主要介绍异地搬迁和金融贷款两项扶贫举措。

首先看异地搬迁。目前村里正在实施宅基地改革，希望消除“一户多宅”的情况，一方面，村里将老旧房屋占用的土地拿到省里的交易所上市交易，进行指标置换，在旧房拆除后按照一定标准给予农户补贴；另一方面，政府鼓励农户到城里购房、到中心村庄自建房，也给予一定补贴，贫困户得到的补贴金额更多。这样不仅消除了老房、危房带来的安全隐患，也提高了农户的居住条件。

再来看金融扶贫。银行向每位贫困户提供最高 1 万元的小额贷款，贷款由政府全额贴息。如果农户过去没有安装光伏设备，其中 5 000 元要直接入股镇里的光伏发电厂，连续 4 年每年给农户分红 3 000 元，最后返还 5 000 元，而剩余的 5 000 元必须用于发展产业，如发展养殖业。这是通过金融贷款推动光伏扶贫、促进贫困户发展产业的有效途径。

（2）油坊店乡茶叶合作社对接贫困户的扶贫模式

油坊店乡是金寨县茶叶的主产区，该地区以山地为主，很难发展规模化种植业，茶叶是因地制宜发展经济的很好选择。乡里共计 30 家左右的茶叶生产合作社，平均每家合作社年产值超过 1 000 万元。政府鼓励合作社吸纳贫困户社员，要求合作社给予贫困户一定的让利，同时，政府会在贷款、保费补贴等方面对合作社予以支持，如县级政府给予茶叶保险 80%的保费补贴，合作社只需要每亩缴纳 10 元保费，就可以获得 1 000 元保额。平均每个合作社吸纳了 20 位左右的贫困户。

合作社的经营模式及给予贫困户的优惠政策如下：首先，农户与茶叶合作社签订土地流转协议，以土地入股合作社，合作社会给农户提供茶苗、肥料及茶园管理培训与管理费用；其次，如果贫困户受雇于合作社从事茶叶的种植、管理与采摘，合作社会给他们开出高于一般劳动力的工资；再次，合作社在正常茶叶收购价基础上给予贫困户 10%的返利；最后，合作社还会对农户免费提供茶叶加工工艺的培训，一方面保证了茶叶的品质，另一方面也使农户掌握了一门手艺，从而可以获得长久的收益。

3. 金寨县农业保险发展过程中遇到的问题

在座谈与实地调研中，我们发现金寨县在发展农业保险的过程中存在以下几个方面问题：一是产品设计中存在的问题；二是金寨县的山地地形给农业保险发展带来阻碍；三是政府与保险公司配合过程中存在的问题；四是保单质押贷款难以开展的问题。

首先看产品设计中的问题，包括指标选择与制订费率方面的问题。在指标选择上，以生猪价格指数保险为例，其采用的指标是猪粮比，但一方面，玉米价格受到多种因素影响变动较大；另一方面，特别对小养殖者来说，玉米可能不是猪饲料的主要组成部分，这一比例可能缺乏实际意义。在制订费率上，一些新的险种，如计划推出的生猪综合保险，缺乏经验数据作为定价基础，使得制订费率较为困难。

其次，金寨县在发展农业保险的过程中受到地理环境的严重阻滞。因为金寨县位于大别山区，缺乏集中连片土地，这使得土地流转率不高，流转多集中在县城周边，因此制约了金寨县农业规模化与集约化进程，限制了农业产业发展，这也增加了农业保险的经营成本，阻碍了农业保险发展。针对这种情况，金寨县也思考出一些对策，如采用合作社模式，因地制宜地发展茶叶产业等方式。

再次，政府与保险公司配合过程中存在的问题，既有具体执行层面的问题，也有合作模式的问题。从执行层面来看，如在生猪保险中，畜牧部门工作不到位使得生猪识别变得非常困难，极大地影响了生猪保险承保与理赔。在合作模式上，以县金融办为代表的县政府认为农业保险最终要回归市场，政府要逐渐退出，但保险公司认为纯商业模式推动农业保险发展成本太高，而且政府缺位会带来诸多问题，如土地难以确权、人员与机构不足导致服务与销售困难等，双方的意见存在较大分歧。

最后，保单质押贷款难以推动的问题。保单质押贷款是以农业保险保单作为质押物来申请贷款，监管部门只允许人保一家保险公司开展融资，因此在当地占很大市场范围的国元保险不具有融资资质，在国元投保的农户无法获得保险公司融资，只能向商业银行贷款，但商业银行面对保单质押往往比较挑剔，限制较多，这使得开展保单质押贷款非常困难。

（三）河南省兰考县调研情况

2017 年 12 月 5 日—8 日，南开大学农业保险研究中心一行三人由中心主任江生忠教授领队，前往河南省兰考县对该县保险助推“精准扶贫”状况进行调研。中原农业保险股份有限公司立足河南本地实际，积极探索农业保险“精准扶贫”模式，“扩面、提标、增品”不断突破，坚持“保险姓保”“农险姓农”，发挥保险机制的精准优势，打造“脱贫路上零风险”模式。

1. 项目概况

兰考县是河南省 31 个国家级贫困县之一，贫困人口约占全县总人口的 1/10，脱贫攻坚难度大。2015 年底，中原农业保险公司（以下简称中原农险）积极主动与兰考县政府合作，在河南省财政厅等部门支持下，制订“脱贫路上零风险”一揽子保险扶贫方案，涉及生活风险和生产风险两大类，覆盖 2 万多户、7 万多贫困人口，风险保障近百亿元。该项目的实施拉开了农业保险“精准扶贫”的序幕。

一是开发一揽子扶贫保险产品全方位兜底风险。中原农险针对广大贫困农户、农业合作社和脱贫龙头企业等的各类风险，设计出包括农业保险、农民意外健康保险、农业基础设施保险、农房保险、农户小额贷款保证保险等 16 个险种在内的一揽子承保方案，兜底农业生产自然灾害、主要劳动力恶性疾病或意外伤害、农民及涉农企业缺乏抵押担保等主要风险和困难，为脱贫致富提供全方位风险解决方案。

二是对建档立卡贫困户率先实行优惠费率。为体现精准性和特惠性，在保监会支持下，兰考县扶贫保险产品在行业基准费率水平的基础上进一步降低，以减轻地方财政及广大贫困农户的保费压力。与商业性保险产品相比，兰考县扶贫保险产品整体费率降低约 30%。

2. 项目成效

兰考县保险扶贫项目实施一年内，共理赔 827 万元，帮助贫困户、新农业主体和带动脱贫企业以低成本融资 5 360 万元，带动 536 户贫困户共 2 000 多人走上产业脱贫的道路，有力地推动了兰考县率先“摘帽”。其中“团意险保费收入 831.98 万元，赔付金额 357 万元；企财险（鸭棚）保费收入 32 万元，赔付金额 77.71 万元；农房保险保费收入 46.55 万元，赔付金额 17.98 万元；农业贷款保证保险保费收入 108.91 万元，赔付金额 260 万元；种植业保险保费收入 81.48 万元，赔付金额 101.52 万元；温室大棚保险保费收入 7.55 万元，赔付金额 13.49 万元。该项目整体保费收入 1 108.47 万元，赔付金额 827.70 万元，简单赔付率为 74.67%。

3. 社会意义与项目复制

（1）社会意义

一是有效优化了政府扶贫资源配置。通过实施包含 16 个保险品种的一揽子保险扶贫项目，兰考县政府仅提供 1 000 万元的保费补贴，就使全县贫困群众获得 84 亿元保险保障，显著放大了财政资金使用效能。

二是有效提升了扶贫工作的精准性。团意险和农房保险获得广大贫困户的认可，其中涉及死亡人数为 33 人，受伤人数为 204 人，房屋倒塌 32 间，中原农险在查勘立案后及时进行赔付，避免了 33 户家庭因主要劳动力丧失造成的返贫、负担加重现象的发生，减轻了 204 户家庭因意外受伤造成的医疗费用压力，使房屋倒塌家庭能够安居乐业。

三是有效兼顾了扶贫与致富的双重目标。扶贫攻坚不但要强化兜底措施，防止致贫、返贫，更要创造致富机会，实现共同富裕。农业贷款保证保险累计贷款金额为 5 360 万元，间接带动 536 个贫困家庭约 2 000 多人稳定增收脱贫。

（2）项目复制与升级

一年来，中原农险通过在扶贫领域风险管理的探索，推进了精准扶贫提档升级，建立了帮助贫困群众从“止血”到“补血”再到“造血”的脱贫奔小康的长效机制，与 11 市 64 县签订了战略合作协议，其中贫困县 39 个，覆盖了全省 74%的贫困县，共为 82 万贫困人口提供了达 1 000 亿元的风险保障；累计帮助 3 216 个贫困户、新型农业经营主体及带动脱贫涉农企业以低息成本融资 7.73 亿元，带动 2 000 余户贫困户增收就业；有力地推动了兰考县率先“摘帽”，被兰考县委县政府评为“支持地方发展先进单位”。为服务兰考县“稳定脱贫奔小康”，中原农险于 2018 年 5 月份又与县政府签订了“小康路上有保障”全面战略合作协议，开启保险助力小康社会建设的探索步伐，“兰考模式”已经成为群众防止致贫、返贫的安全网、创业致富的助推器，成为各地脱贫攻坚的重要政策工具和重要经济手段。

（三）调研小结

1. 因地制宜进行保险创新

创新运用保险投资工具，能够提升保险扶贫“造血”作用。以往，保险资金大多匹配规模大、周期长的大型基础设施项目。“投贷保”模式用实践证明，摸清摸准贫困需求，因地制宜地运用资产证券化、债权、股权等保险资金投资工具，可以在保险资金和扶贫需求之间建成精准的资金投放通道，形成“大资金”对接小额融资需求的有效模式。

2. 发挥保险的杠杆作用

发挥“风险保障+保险资金”的协同优势，提升保险扶贫综合效应。在保险扶贫工作框架内，加强保险资金扶贫与农业保险等业务结合，实现投资和保险联动，能够提供完整的金融扶贫服务方案，最大限度体现保险业脱贫攻坚的工作效果。

三、案例与调研总结

总结实践经验，保险助推脱贫攻坚工作结合了行业实际与本地区扶贫工作实际，突出了精准扶贫的重点，取得了卓越的实效。下面从实施思路、基本特征、具体措施三个方面进行提炼总结。

（一）实施思路总结

1. 发挥保险保障功能

保险机制能放大贫困资金效用，为扶贫攻坚发挥“助推器”和“稳定器”作用。保险机制通过利用扶贫资金给予保费补贴，建立保险基金的方式，对出险个体进行“点对点”资金援助，确保资金惠及因灾因病最需要帮助的贫困人口，放大投入资金的使用效益。同时，通过风险分散方式，为贫困人口脱贫提供托底保障。例如，农业保险、价格指数保险为种养业提供灾害损失赔偿，大病保险大幅减轻贫困人口医疗负担，农房、意外保险等防止农户因灾返贫。

2. 发挥社会管理功能

保险扶贫需要主动作为并与政策支持互相促进，实现“部门协作，合作推进”。保险业应当主动参与地方扶贫工作，发挥精准扶贫的示范效应，如通过农业保险、大病保险发展中的主动作为，及时足额支付赔款，在解决农民增收、保障民生等方面取得积极成效。同时，以点带面，反过来提升各级政府的保险意识，促进政府出台措施支持保险业发展。

（二）基本特征总结

1. 针对性强

定向发挥保险经济补偿功能，努力扩大保险覆盖面和渗透度，通过保险市场化机制放大补贴资金使用效益，为贫困户提供普惠的基本风险保障。定向发挥保险信用增信功能，通过农业保险保单质押和扶贫小额信贷保证保险等方式，低成本盘活农户资产。定向发挥保险资金融通功能，加大对贫困地区的投放，增强造血功能，推动贫困地区农业转型升级。

2. 准确性强

把集中连片特困地区，老、少、边、穷地区，国家级和省级扶贫开发重点县，特别是建档立卡贫困村和贫困户作为保险支持重点，创设保险扶贫政策，搭建扶贫信息与保险业信息共享平台，开发针对性的扶贫保险产品，提供多层次的保险服务，确保对象精准、措施精准、服务精准、成效精准。

3. 创新性强

构建政府引导、政策支持、市场运作、协同推进的工作机制，综合运用财政补贴、扶贫资金、社会捐赠等多种方式，拓展贫困农户保费来源渠道，激发贫困农户保险意识与发展动力。针对贫困地区与贫困农户不同致贫原因和脱贫需求，加强保险产品与服务创新，分类开发、量身定制保险产品与服务。创新保险资金支农融资方式，积极参与贫困地区生产生活建设。

4. 保障性强

在普惠政策基础上，通过提高保障水平、降低保险费率、优化理赔条件和实施差异化监管等方式，突出对建档立卡贫困户的特惠政策和特惠措施，为建档立卡贫困人口提供优质便捷的保险服务，增强贫困人口抗风险能力，构筑贫困地区产业发展风险防范屏障。

（三）主要模式总结

1. 保险全方位助推脱贫的创新模式

保险业在普惠政策基础上，综合运用财政补贴、扶贫资金、社会捐赠等多种方式，针对贫困地区与贫困农户不同致贫原因和脱贫需求，与政府部门、合作金融机构、供销社、扶贫办、投资担保公司、农投公司、农业龙头企业等相关部门合作联动，为农村贫困户提供全方位、立体式的脱贫保障，加强保险产品与服务创新，分类开发、量身定制保险产品与服务。

2. 以保险保障作用为主的模式

保险机制能放大贫困资金效用，为扶贫攻坚发挥“助推器”和“稳定器”作用。保险机制通过利用扶贫资金给予保费补贴，建立保险基金的方式，对出险个体进行“点对点”资金援助，确保资金惠及因灾因病最需要帮助的贫困人口手中，放大投入资金的使用效益。在财产保险方面，农业保险能够在农业生产因为风险事故出现损失时及时补偿农户的生产资料和成本的损失，受灾农户可以利用农业保险提供的保险金重新投入生产生活，从而缓解和减轻灾害损失导致的不利影响。在人身保险方面，贫困农户投保的人寿保险、健康保险和大病保险则能在农户出现疾病和意外伤害时弥补其经济能力的不足。

3. 保险增信作用为主的模式

个人资本的短缺是贫困的另一重要内涵，由于缺乏资本投入农业生产和再生产，贫困农户的经济状况往往会陷入恶性循环。而保险正可以通过发挥其增信功能，为农户提高信用水平、获取银行贷款、解决家庭资本不足提供有效的帮助。此外，保险不仅可以为农户提供资金融通的保障，同时也间接提高了信贷机构的预期投资回报，这将使银行等信贷机构更愿意为农户提供更多高质量的信贷服务，使农民在获取生产资本的同时享受更多便利。

4. 保险投资扶贫为主的模式

通过“农业保险+信用保证保险+保险资金投融资”的模式，打通保险资产端和负债端，发挥保险资金长期投资的独特优势，建立健全保险扶贫全链条。同时搭建多样化保险资金支农平台，使农民在获取生产资本的同时享受更多便利。在扶贫项目的开发上，让有资金融通和管理能力的保险加入进来，对项目的开发、设计和审核进行专业性评估，节省公共资源，助推精准高效扶贫。

（四）具体做法总结

1. 做好保险扶贫定位

有的放矢，针对建档立卡贫困户，精准对接农业保险服务需求。针对建档立卡贫困户，认真研究致贫原因和脱贫需求，积极开发扶贫农业保险产品，满足贫困农户多样化、多层次的保险需求。立足贫困地区资源优势和产业特色，因地制宜开展特色优势农产品保险，积极开发推广目标价格保险、天气指数保险、设施农业保险。

2. 做好保险助推产业扶贫

因地制宜，结合地区扶贫产业特点，开发地方特色农险产品。从保险公司总公司层面建立特色农业保险产品库，丰富农业保险产品体系，总结各产品的保险方案特点，形成特色产品基础框架。从分公司层面，密切关注结合各地区特色产业需求，快速反应，迅速设计适应地方特色的农险产品。

3. 做好保险助推多元化扶贫

协同联动，针对扶贫产业新型经营主体，提供多元化的金融支农产品支持。面向能带动贫困人口发展生产的新型农业经营主体，开发多档次、高保障农业保险产品和组合型农业保险产品，探索开展覆盖农业产业链的保险业务，协助新型农业经营主体获得信贷支持。积极发展扶贫小额信贷保证保险，为贫困户融资提供增信支持，增强贫困人口获取信贷资金发展生产的能力。探索推广“保险+银行+政府”的多方信贷风险分担补偿机制。探索开展贫困农户土地流转收益保证保险，确保贫困农户土地流转收益。结合农村电商、乡村旅游、休闲农业等农业新业态，开发物流、仓储、农产品质量保证、互联网+等保险产品。

4. 做好保险助推教育扶贫

精准对接教育与就业脱贫保险服务需求。积极开展针对贫困家庭大中学生的助学贷款保证保险，解决经济困难家庭学生就学困难问题。推动保险参与转移就业扶贫，优先吸纳贫困人口作为农业保险协保员。要对接集中连片特困地区的职业院校和技工学校，面向贫困家庭子女开展保险职业教育、销售技能培训和定向招聘，实现靠技能脱贫。

第七章　农业保险助推反贫困模式的比较研究

本章重点关注农业保险不同形式的反贫困模式在反贫困工作中的作用。本章主要内容分为两部分：首先，建立一个农业保险反贫困的理论框架，该框架建立的主要思路在于，先是建立了一个既不包含农业风险，也不包含农业保险的“理想”状态下的基本模型，然后引入农业风险的冲击，而后将农业保险引入该模型，以分析农业保险的反贫困功能；其次，在农业保险的模型基础上，以特定的形式引入农业保险投资和农业保险补贴，运用数值模拟的方法在一个相对统一的框架内比较农业保险、农业保险投资以及农业保险补贴的反贫困效应的强弱；最后，结合数据的可获得性，运用2010—2015年的分省面板数据来检验不同农业保险模式的反贫困效应，采用中国保监会财险部农险处提供的农业保险保费、农业保险赔付以及农业保险补贴数据作为主要反映农险的解释变量，同时为与理论模型相一致，设计农民消费和反映多维贫困的人类发展指数（HDI）作为被解释变量，运用多种回归方法进行实证分析。

一、理论模型

（一）家庭

借鉴邵全权等（2017）关于风险冲击、保险保障与宏观经济波动的研究，设定本章包含风险和农业保险保障的基本模型，在此基础上进行扩展，完成分别包含农业保险投资与农业保险补贴的模型体系。借鉴邵全权等（2017）关于效用函数的设定，在效用函数中引入健康人力资本。考虑家庭“长生不老”的情况，家庭通过消费和健康人力资本产生CRRA（常相对风险回避函数）形式的正效用。因此家庭的效用函数如下式所示：

$$\max \mathrm{E}_0\{\sum_{t=0}^{\infty}\beta^t[\frac{C_t^{1-\gamma_1}}{1-\gamma_1}+\theta\frac{(\tau K_t)^{\eta(1-\gamma_2)}}{1-\gamma_2}]\}$$

其中β为贴现率，C_t为t期的消费，γ_1和γ_2为消费与健康的相对风险厌恶系数，θ度量健康的相对重要程度。假设政府公共卫生支出影响完全折旧的健康人力资本。设定当期的健康水平$H=(\tau K_t)^\eta$，η为健康弹性。在每个阶段，资本中的一部分用于卫生总支出，该比例为τ。家庭的预算约束为：$C_t+I_t\leqslant Y_t$。

（二）厂商

借鉴邵全权等（2017）的研究，劳动投入总量是单位健康人力资本与人口的乘积，该变量同时也代表全社会健康人力资本的总值。如果厂商生产函数的规模收益不变，生产函数为：

$$Y_t = AK_t^{\alpha}[(\tau K_t)^{\eta}]^{1-\alpha}$$

A 为全要素生产率。δ 为资本折旧率，厂商的资本积累方程为：

$K_{t+1} = I_t + (1-\delta-\tau)K_t$ 。

（三）基准模型设定

综合前文模型设定，在不引入灾害风险和农业保险的情况下，可以得到以下社会计划者问题来最大化家庭效用：

$$\max \mathrm{E}_0\{\sum_{t=0}^{\infty}\beta^t[\frac{C_t^{1-\gamma_1}}{1-\gamma_1}+\theta\frac{(\tau K_t)^{\eta(1-\gamma_2)}}{1-\gamma_2}]\}$$

$s.t.$

$$C_t + I_t \leqslant Y_t$$

$$Y_t = AK_t^{\alpha}[(\tau K_t)^{\eta}]^{1-\alpha}$$

$$K_{t+1} = I_t + (1-\delta-\tau)K_t$$

设定 $V(K_t)$ 为 t 期资本为 K_t 时，家庭终身效用的贴现值。则贝尔曼方程设定如下：

$$V(K_t)=\max\left\{\frac{C_t^{1-\gamma_1}}{1-\gamma_1}+\theta\frac{(\tau K_t)^{\eta(1-\gamma_2)}}{1-\gamma_2}+\beta\mathrm{E}\left[V(K_{t+1})\right]\right\}$$

$$C_t = AK_t^{\alpha}[(\tau K_t)^{\eta}]^{1-\alpha}+(1-\delta-\tau)K_t-K_{t+1}$$

（四）引入灾害风险

借鉴古里奥（Gourio，2012）和陈国进等（2014）的研究，本书认为农业风险对农业生产的全要素生产率与资本存量均会产生影响，分别体现在生产函数方面和资本积累方程方面。将行为人对 t 期产出的预期值界定为农业风险发生时与农业风险未发生时产出的加权平均，类似地修改生产函数，在农业风险存在环境下的生产函数与资本积累方程分别为：

$$Y_t = anlAK_t^{\alpha}[(\tau K_t)^{\eta}]^{1-\alpha}$$

$$K_{t+1} = anl[I_t + (1-\delta-\tau)K_t]$$

其中产出和资本式中的 anl 定义为农业风险乘子，$anl = 1 - pnldnl$ 。pnl 为农业风险发生的概率，dnl 为农业风险发生时对全要素生产率及资本积累的影响程度，即二者下降的比例。根据 Gourio（2012）的研究，风险导致资本存量与全要素生产率下降的比例是相同的。

在引入灾害风险的情况下，可以得到以下社会计划者问题来最大化家庭效用：

$$\max \mathrm{E}_0\{\sum_{t=0}^{\infty}\beta^t[\frac{C_t^{1-\gamma_1}}{1-\gamma_1}+\theta\frac{(\tau K_t)^{\eta(1-\gamma_2)}}{1-\gamma_2}]\}$$

$s.t.$

$$C_t + I_t \leqslant Y_t$$

$$Y_t = anlAK_t^{\alpha}[(\tau K_t)^{\eta}]^{1-\alpha}$$

$$K_{t+1} = anl[I_t + (1-\delta-\tau)K_t]$$

贝尔曼方程设定如下：

$$V\left(K_t\right)=\max\left\{\frac{C_t^{1-\gamma_1}}{1-\gamma_1}+\theta\frac{(\tau K_t)^{\eta(1-\gamma_2)}}{1-\gamma_2}+\beta\mathrm{E}\left[V\left(K_{t+1}\right)\right]\right\}$$

$$C_t=anlAK_t^{\alpha}[(\tau K_t)^{\eta}]^{1-\alpha}+(1-\delta-\tau)K_t-\frac{K_{t+1}}{anl}$$

（五）引入农业保险

基于引入农业风险的模型，包含农业保险保障的模型调整为：经济行为人对 t 期产出的预期值界定为农业风险发生时、未发生时以及在农业风险发生时获得保险人扣除免赔后的赔付加权平均，类似处理生产函数。前文类似处理，定义农业保险乘子为 $bnl=1-pnldnlmnl$ 。

在存在农业保险保障的情形下，消费者的预算约束中应该包括农业保险保费，假设使用精算公平保费 $prenl_t$ ，我们再次将当期的产出价值及当期剩余进入资本积累的资本价值之和作为农业保险的定价基础。因此，存在农业保险保障时的生产函数、预算约束与财产保费方程分别为：

$$Y_t=bnlAK_t^{\alpha}[(\tau K_t)^{\eta}]^{1-\alpha}$$

$$C_t+I_t+prenl_t\leqslant Y_t$$

$$prenl_t=pnldnlmnl[(1-\delta-\tau)K_t+AK_t^{\alpha}(\tau K_t)^{\eta(1-\alpha)}]$$

在引入灾害风险和农业保险的情况下，可以得到以下社会计划者问题来最大化家庭效用：

$$\max\mathrm{E}_0\{\sum_{t=0}^{\infty}\beta^t[\frac{C_t^{1-\gamma_1}}{1-\gamma_1}+\theta\frac{(\tau K_t)^{\eta(1-\gamma_2)}}{1-\gamma_2}]\}$$

$s.t.$

$$C_t+I_t+prenl_t\leqslant Y_t$$

$$Y_t=bnlAK_t^{\alpha}[(\tau K_t)^{\eta}]^{1-\alpha}$$

$$K_{t+1}=bnl[I_t+(1-\delta-\tau)K_t]$$

贝尔曼方程设定如下：

$$V\left(K_t\right)=\max\left\{\frac{C_t^{1-\gamma_1}}{1-\gamma_1}+\theta\frac{(\tau K_t)^{\eta(1-\gamma_2)}}{1-\gamma_2}+\beta\mathrm{E}\left[V\left(K_{t+1}\right)\right]\right\}$$

$$C_t=bnlAK_t^{\alpha}[(\tau K_t)^{\eta}]^{1-\alpha}-prenl_t+(1-\delta-\tau)K_t-\frac{K_{t+1}}{bnl}$$

需要指出，本书在基本模型、包含农业风险与农业保险的模型设定方面与邵全权等（2017）关于引入财产风险与财产保险的研究在部分假设和社会计划者最优化问题的形式上较为接近，但是本书研究的重点却与邵全权等（2017）的研究存在较大差异：邵全权等（2017）通过构建一个 DSGE（动态随机一般均衡）模型体系，引入风险概率冲击来研究风险冲击以及保险保障对产出、消费、投资、资本积累等宏观经济变量的影响，使用的主要方法是动态随机一般均衡研究方法，并通过脉冲响应函数和方差分解等工具度量风险与保险对宏观经济变量的影响。本书虽然在基本模型设定方面与其接近，但是研究重点是农业保险有关变量改变对农民终身效用的影响，如果说邵全权等（2017）的研究基于一般均衡，本书则更加接近局部均衡中的比较静态分析，采用的主要研究方法在于通过构造 Bellman（贝尔曼）方程，运用动态规划的方法进行数值模拟，以此来反映农险、农险投资以及农险补贴的变化对农民效用的影响，在研究问题、研究方法和主要关注点上与邵全权等（2017）的研究存在较大差异。而且，本部分构建的同时包含农业风险与农业保险的模型只是本书的研究起点，接下来我们将在此基础上分别引入农险补贴和农险投资因素，理论部分和数值模拟部分主要解决农险保障、农险补贴和农险投资程度的改变会对农民终身效用产生何种影响的问题，同时比较农险保障、农险补贴和农险投资这几种农业保险影响农民效用的不同模式会对农民终身效用产生影响的差异化强弱效用。

（六）引入农业保险补贴

基于引入灾害风险和农业保险的模型，我们现在引入财政对于农业保险保费的补贴，设定财政对于农业保险保费的补贴比例为b，则农业保险保费可以分为财政补贴的保费部分$bprenl_t$和自己承担的保费部分$(1-b)\,prenl_t$，由于二者共同组成总保费，所以预算约束仍然为：

$$C_t+I_t+bprenl_t+(1-b)\,prenl_t \leqslant Y_t$$

同时，考虑家庭将把节省下来的财政补贴的农业保险保费部分投入农业用于扩大再生产，可以进入资本积累过程，农业扩大再生产依然受到自然灾害的影响。因此调整后的资本积累方程如下：

$$K_{t+1}=bnl[I_t+(1-\delta-\tau)K_t+bprenl_t]$$

在引入财政对于农业保险保费的补贴后，可以得到以下社会计划者问题来最大化家庭效用：

$$\max \mathrm{E}_0\{\sum_{t=0}^{\infty}\beta^t[\frac{C_t^{1-\gamma_1}}{1-\gamma_1}+\theta\frac{(\tau K_t)^{\eta(1-\gamma_2)}}{1-\gamma_2}]\}$$

$s.t.$

$$C_t+I_t+prenl_t \leqslant Y_t$$

$$Y_t=bnlAK_t^{\alpha}[(\tau K_t)^{\eta}]^{1-\alpha}$$

$$K_{t+1}=bnl[I_t+(1-\delta-\tau)K_t+bprenl_t]$$

贝尔曼方程设定如下：

$$V(K_t)=\max\left\{\frac{C_t^{1-\gamma_1}}{1-\gamma_1}+\theta\frac{(\tau K_t)^{\eta(1-\gamma_2)}}{1-\gamma_2}+\beta E\left[V(K_{t+1})\right]\right\}$$

$$C_t=bnlAK_t^{\alpha}[(\tau K_t)^{\eta}]^{1-\alpha}-prenl_t+(1-\delta-\tau)K_t+bprenl_t-\frac{K_{t+1}}{bnl}$$

（七）引入农业保险投资

基于引入灾害风险和农业保险的模型，我们引入农险投资，设定农险投资收益率为n，考虑农险投资收益进入资本积累。由于农险投资收益不受自然灾害的影响，处于相对独立的状态，因此调整后的资本积累方程如下：

$$K_{t+1}=bnl[I_t+(1-\delta-\tau)K_t]+nprenl_t$$

在引入农险投资后，可以得到以下社会计划者问题来最大化家庭效用：

$$\max \mathrm{E}_0\{\sum_{t=0}^{\infty}\beta^t[\frac{C_t^{1-\gamma_1}}{1-\gamma_1}+\theta\frac{(\tau K_t)^{\eta(1-\gamma_2)}}{1-\gamma_2}]\}$$

$s.t.$

$C_t+I_t+prenl_t\leqslant Y_t$

$Y_t=bnlAK_t^{\alpha}[(\tau K_t)^{\eta}]^{1-\alpha}$

$K_{t+1}=bnl[I_t+(1-\delta-\tau)K_t]+nprenl_t$

贝尔曼方程设定如下：

$$V(K_t)=\max\left\{\frac{C_t^{1-\gamma_1}}{1-\gamma_1}+\theta\frac{(\tau K_t)^{\eta(1-\gamma_2)}}{1-\gamma_2}+\beta\mathrm{E}\left[V(K_{t+1})\right]\right\}$$

$$C_t=bnlAK_t^{\alpha}[(\tau K_t)^{\eta}]^{1-\alpha}-prenl_t+(1-\delta-\tau)K_t+\frac{nprenl_t}{bnl}-\frac{K_{t+1}}{bnl}$$

二、数值模拟

（一）参数校准

根据国内外流行文献，将生产函数的资本份额α取值为0.3。现有文献贴现因子取值范围多为0.9～0.99，我们将β取值为0.95。将资本折旧率δ校准为0.2。关于健康的效用值参数θ可供参考的文献并不多，将θ设定为0.45。政府卫生支出对健康水平的弹性η在骆永民（2011）的研究中被设定为0.08，本书将其校准为0.08。关于消费与健康的相对风险规避系数γ_1与γ_2的研究较少，借鉴李春吉和孟晓宏（2006）、骆永民（2011）以及陈国进等（2014）的研究，分别将γ_1设定为0.85，γ_2设定为0.9。为了确定卫生总支出占资本存量的比例τ，首先根据历年《中国卫生和计划生育统计年鉴》计算卫生总费用占GDP的比重并取其均值，然后根据庄子罐（2010）对中国资本产出比K/Y为3.4的校准结果，最终将中国1985—2012年平均卫生总支出占资本存量的比例0.01246作为τ的校准结果。

表7-1　静态参数校准

变量	α	β	A	δ	θ	γ_1	γ_2	τ	η
参数值	0.3	0.95	0.7	0.2	0.45	0.85	0.9	0.01246	0.08

（二）模拟结果

在数值模拟中，设定资本K为0.1～5，设定t+1期各K取值的家庭终身效用贴现值$V(K_{t+1})$初始值均为0，以此计算各K取值的t期家庭终身效用贴现值$V(K_t)$，并将$V(K_{t+1})$赋值为对应K的$V(K_t)$，以此迭代贝尔曼方程，直到收敛计算效用最大化条件下各K取值的t期家庭终身效用贴现值$V(K_t)$。而后引入风险，引入保险，引入补贴，引入投资，以此模拟各K取值的t期家庭终身效用贴现值$V(K_t)$的变化。

1. 保险因素变化对农户终身效用的影响

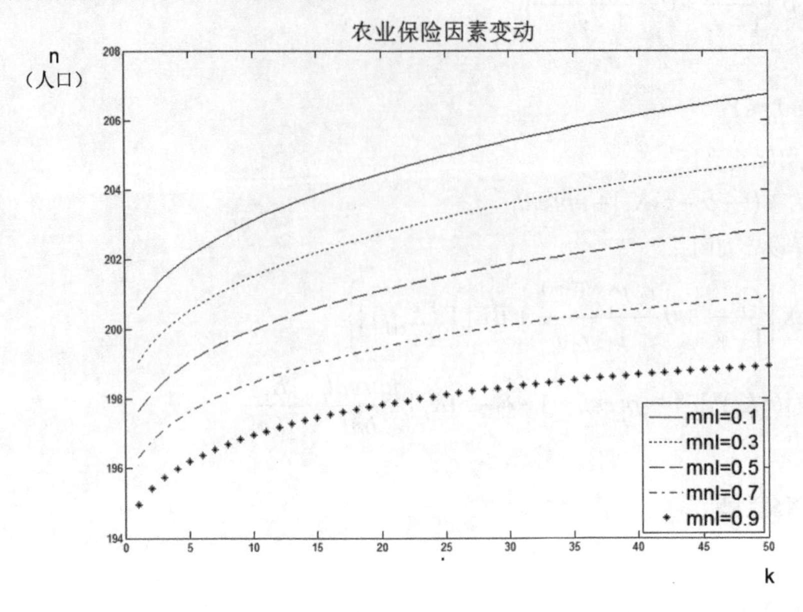

图 7–1 农业保险因素变动对农户终身效用的影响

图 7-1 反映了两个基本信息：首先，无论农业保险的保障程度处于何种程度，即对于不同的 *mnl* 的取值，都模拟出随着初始资本的提高，农户的效用也随之提高。其次，对于农业保险保障程度的不同取值，在农业保险免赔额度从 0.1 变动到 0.9 的过程中，我们可以清晰地发现农业保险免赔越低即保障程度越高，农户的效用水平也就越高，*mnl* 为 0.1 的模拟曲线最靠近上方，而 *mnl* 为 0.9 的模拟曲线最靠近下方，*mnl* 取值为 0.3、0.5、0.7 的模拟曲线的位置介于前述二者之间，并依次递减。

2. 投资因素变化对农户终身效用的影响

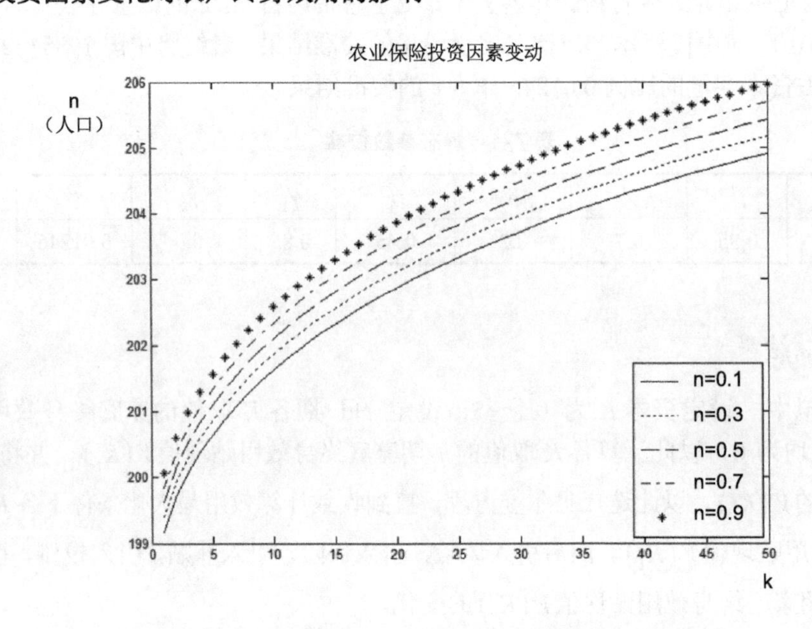

图 7–2 农业保险投资因素变动对农户终身效用的影响

图 7-2 反映了两个基本信息：首先，无论农业保险的投资程度处于何种程度，即对于不同的 n 的取值，都模拟出随着初始资本的提高，农户的效用也随之提高。其次，对于农业保险投资程度的不同取值，与农户终身效用呈现出明显的正相关关系，从农业保险投资程度从 0.1 变动到 0.9 的过程中，我们可以清晰地发现农业保险投资程度越低，农户的效用水平也就越低，n 为 0.1 的模拟曲线最靠近下方，而 n 为 0.9 的模拟曲线最靠近上方，n 取值为 0.3、0.5、0.7 的模拟曲线的位置介于前述二者之间，并依次递增。

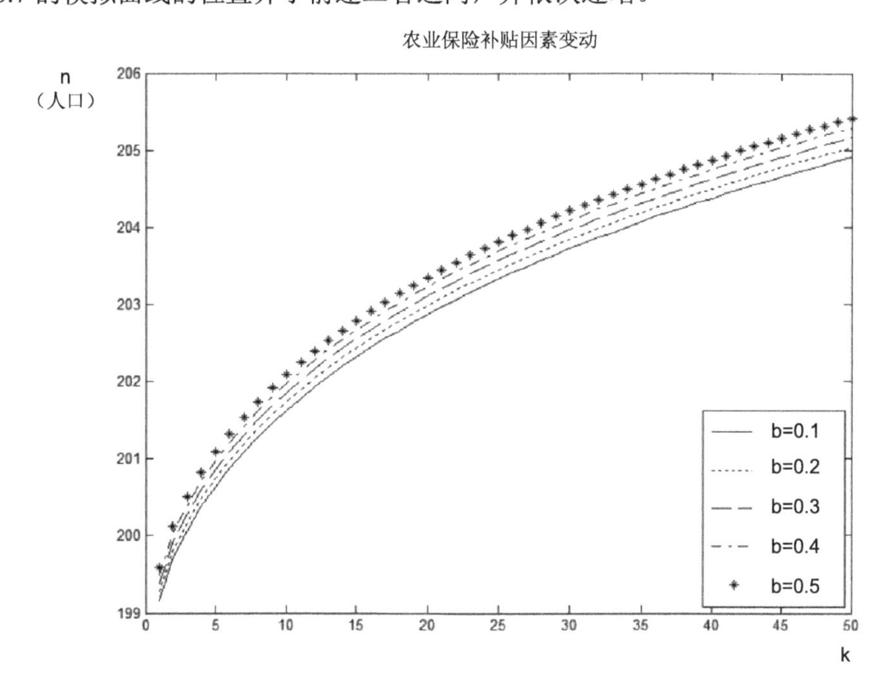

图 7–3　农业保险补贴因素变动对农户终身效用的影响

3. 补贴因素变化对农户终身效用的影响

图 7-3 反映了两个基本信息：首先，无论农业保险的补贴程度处于何种程度，即对于不同的 b 的取值，都模拟出随着初始资本的提高，农户的效用也随之提高。其次，对于农业保险补贴程度的不同取值，与农户终身效用呈现出明显的正相关关系，从农业保险补贴程度从 0.1 变动到 0.5 的过程中，我们可以清晰地发现农业保险补贴程度越低，农户的效用水平也就越低，b 为 0.1 的模拟曲线最靠近下方，而 b 为 0.5 的模拟曲线最靠近上方，b 取值为 0.2、0.3、0.4 的模拟曲线的位置介于前述二者之间，并依次递增。

4. 几种情形对农户终身效用影响的对比分析

图 7-4 反映了两个基本信息：首先，无论在基准模型、只引入风险的模型、农业保险模型、农业保险投资模型和农业保险补贴模型中，都可以模拟出随着初始资本的提高，农户的效用也随之提高。其次，既不包含风险，也不包含保险的基准模型的模拟结果表明此时农户终身效用最高，但是由于现实中是无法回避风险的，因此这种情形仅作为一种参照进行对比。在引入风险而不存在农业保险的模拟结果中，此时农户终身效用水平是最低的，这种情况也与现实中农户生产面临风险的情况对应得最好。其他三种情形均介于基准模型和只引入风险的模型之间。引入农业保险的模型在此三种情况中对农户终身效用的提高最小，其次是农业

保险补贴模型，对于农户终身效用提高最大的是农业保险投资模型。可见，农业保险可以处理农户暴露在风险环境下的风险，从而提高农户终身效用；而在农业保险的基础上增加农业保险补贴和农业保险投资，可以更大幅度地提高农户终身效用水平。上述数值模拟结果表明，农业保险、农业保险补贴和农业保险投资可以提高农户终身效用，从而在客观上起到助推解决农户贫困问题的作用。

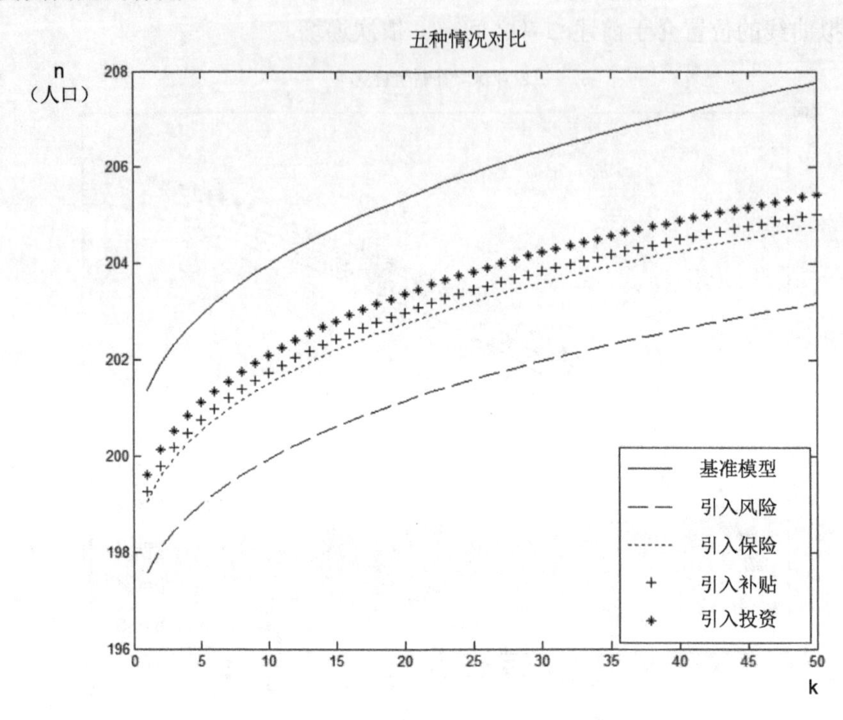

图 7–4 五种不同情形对农户终身效用影响的对比

三、模型设定及变量说明

本章实证分析部分主要检验农业保险发展的反贫困效应。农业保险发展的指标选取农业保险保费、农业保险赔付以及农业保险补贴三项。本节从两个角度度量贫困，一方面以农业消费来反映经济贫困，另一方面通过构造人类发展指数（HDI 指数）来反映多维贫困问题。基于上述认识，基本计量模型设定如下：

$$pk_{it} = \alpha_0 + \alpha_1 \times nx_{it} + \sum \alpha_j \times X_{jit} + \varepsilon_{it}$$

该方程为本书基本计量经济学方程，旨在研究农业保险对贫困的关系。*pk* 表示贫困，具体分为经济贫困的农村居民消费水平对数（*lnxf*）以及反映多维贫困的 HDI 指数（hdi）[①]。主

①人类发展指数（HDI）是对人类发展情况的一种总体衡量。根据联合国开发计划署（UNDP，2010），它从人类发展的三个基本维度衡量一国取得的平均成就：（1）健康长寿。用出生时的预期寿命来表示；（2）知识的获取。用平均受教育年限和预期受教育年限表示；（3）体面的生活水平。用人均国民总收入（购买力平价美元）即人均 GNI 表示。

要解释变量 *nx* 为反映农业保险发展的指标，鉴于数据的可获得性①，我们选择农业保险保费占国内生产总值（GDP）的比重（*nbfzb*）、农业保险赔付占 GDP 的比重（*npfzb*）、农业保险补贴占 GDP 的比重（*nbtzb*）来加以衡量。

就控制变量而言，本节选择经济增长（人均 GDP 的对数 *lgdp*）、财险深度（*pp*）、金融业增加值占 GDP 比重衡量的金融深化程度（*fp*）、社会保障发展情况（*si*）控制经济环境的影响因素；考虑到资本积累的贫困的重要影响，还引入以高中及以上在校生占总人口比重衡量的教育人力资本（*edu*）、死亡率倒数衡量的健康人力资本（*dr*）以及固定资本形成额占 GDP 比重衡量的物质资本（*k*）；本书还引入经济开放程度 *open*（经营单位所在地进出口总额占 GDP 比重）、外商直接投资水平 *FDI*（外商投资社会固定资产形成额占 GDP 比重），以及地方财政支出水平 *fs*（地方财政一般预算支出占 GDP 比重）作为补充的控制变量。

考虑到可能存在的内生性问题，本节采用截面数据的两阶段最小二乘法以及面板数据的工具变量方法加以克服。在考察农业保险发展对贫困的影响作用时，它可能是一个潜在的内生变量，工具变量的选取必须满足两个条件：（1）工具变量与内生解释变量相关；（2）工具变量与扰动项不相关。具体而言，一方面，在近期的实证研究中，把被解释变量的滞后值作为工具变量的研究较为常见（Xuan-Vinh Vo，2010；Doytch，Uctum，2011；Hasan，Watchel，Zhou，2009），因此本节引入 *lnxf* 和 HDI 的滞后期作为工具变量。另一方面，本节还选择自然灾害导致的直接经济损失（*ded*）、代表城市平均气温（*at*）、代表城市降水量（*rain*）、代表城市相对湿度（*sd*）、代表城市年日照时数（*sun*）、二氧化硫排放（SO_2）作为其他备选的工具变量。选取其他工具变量的理由在于：首先从外生性的角度看，上述变量除了对农业保险发展、赔付、补贴有影响外，不再对当前农民消费与 HDI 指数具有任何显著的直接影响，满足外生性要求。其次，从与内生变量的关系来看，城市降水量等气象学指标可以在一定程度上代表农业生产中面临的风险，与农业保险发展、赔付、补贴密不可分。因此我们认为，上述变量是较为理想的工具变量。

主要变量的描述性统计如下（见表 7-2）：

表 7-2　主要变量的描述性统计

变量	期望	标准差	最小值	最大值
被解释变量				
hdi	0.783	0.0485	0.616	0.904
lnxf	9.522	0.441	8.405	10.73
解释变量				
nbfzb	0.000 551	0.000 561	2.00e-05	0.003 43
npfzb	0.000 364	0.000 422	2.30e-05	0.002 84
nbtzb	0.000 422	0.000 420	1.10e-05	0.002 39
控制变量				
lgdp	10.60	0.444	9.490	11.58

①农业保险保费、农业保险赔付以及农业保险补贴的原始数据为 2010—2015 年的分省面板数据，上述数据感谢中国保监会财险部农险处提供。需要指出，我们将原始数据中出现的各计划单列市的数据归入相应的省份。

续表

变量	期望	标准差	最小值	最大值
pp	0.009 77	0.002 38	0.005 83	0.0153
fp	0.057 4	0.027 6	0.019 6	0.171
si	0.042 3	0.015 7	0.018 4	0.102
edu	0.056 7	0.008 55	0.035 6	0.085 6
dr	17.09	2.350	13.89	23.75
k	0.626	0.189	0.340	1.367
FDI	0.014 5	0.009 89	3.26e-05	0.049 8
open	0.046 9	0.054 4	0.005 53	0.240
fs	0.269	0.206	0.106	1.346
工具变量				
ded	129.0	142.6	0.500	1 203
at	14.19	5.096	4.300	25.30
rain	918.6	561.2	148.8	2 472
sd	64.91	11.81	32.67	85
sun	2 014	578.8	598.4	3 163
SO_2	666 567	412 778	3 857	1.827e+06

四、实证分析

（一）农险三变量对消费的影响

首先我们研究农业保险对农民消费的影响。表 7-3 中（1）～（3）为基于面板数据工具变量方法的实证分析结果，感兴趣的自变量分别为农险保费占比、农险赔付占比以及农险补贴占比。选择该方法一方面考虑到我们处理的是面板数据，另一方面考虑到对内生性问题的解决，因此我们更倾向于接受基于面板数据工具变量模型的实证结果。表 7-3 中实证结果表明：农业保险保费占比与农村居民消费对数呈显著的正相关关系，系数为 295.5，并在 5%的统计水平显著；农业保险赔付占比与农村居民消费对数呈正相关关系，系数为 66.46，但并不显著；农业保险补贴占比与农村居民消费对数呈显著的正相关关系，系数为 434.7，并在 5%的统计水平显著。这一结论表明提高农业保险保费占比与农业保险补贴占比可以对农村居民消费产生积极影响，而消费的提高意味着贫困的减少，从而证明农业保险保费发展和补贴的提高能够起到助推农村地区反贫困的实际效果；提高农业保险赔付也能促进农民消费，尽管并不显著。

在前文数值模拟中，图 7-1 和图 7-3 显示农业保险保障程度与补贴程度的提高可以提高农民终身效用水平，而根据本章理论模型中关于效用函数的设定可知，农民终身效用水平与农民消费之间存在正相关关系，因此农业保险保费、赔付和补贴的提高必然提高农民消费。

而农民消费的提高必然伴随着农民从贫困状态转移到非贫困状态的概率提高，采用保费、赔付和补贴衡量的农业保险起到了反贫困的效果。这样，就从理论模型与数值模拟部分得到了对此实证结论的有力支持。

从表 7-3 中可以发现，就其他控制变量而言，经济发展、金融深化、社会保障事业发展、物质资本积累等变量在不同模型中可以得到较为一致的影响，而其他控制变量在不同模型中存在一定差异。其具体原因限于篇幅，不再展开分析。

表 7–3　农险保费、赔付、补贴对农民消费的影响

	（1）	（2）	（3）
因变量	lnxf		
自变量	农险保费	农险赔付	农险补贴
Nbfzb/npfzb/nbtzb	295.5**	66.46	434.7**
	（149.9）	（59.37）	（221.4）
lgdp	0.788***	0.911***	0.777***
	（0.150）	（0.080 8）	（0.164）
pp	1.110	2.967	−2.222
	（16.78）	（9.282）	（18.68）
fp	1.985	1.851**	2.293
	（1.412）	（0.781）	（1.571）
si	2.197	3.487***	1.432
	（2.202）	（1.160）	（2.547）
edu	2.247	−0.789	2.545
	（3.727）	（1.883）	（4.091）
dr	−0.002 02	0.001 52	−0.003 75
	（0.013 0）	（0.007 11）	（0.0144）
k	0.075 0	0.003 12	0.096 0
	（0.125）	（0.070 1）	（0.140）
FDI	2.960	1.497	3.598
	（1.929）	（0.984）	（2.246）
open	0.435	0.431	0.513
	（0.926）	（0.514）	（1.020）
fs	2.700**	0.782*	3.187**
	（1.323）	（0.475）	（1.577）
Observations	154	154	154
R-squared	0.783	0.934	0.737
*Number of sf*1	31	31	31
内生性检验	21.989***	4.105**	25.374***
不可识别检验	6.091	10.116**	5.552
弱识别检验	1.910	2.442	1.733
过度识别检验	6.944**	36.362***	5.058*

注：***、**、*分别表示在 1%、5%和 10%的显著性水平下显著。在工具变量检验中，各项检验仅报告了统计量的值。

（二）农险三变量对 HDI 的影响

然后我们研究农业保险对反映多维贫困的 HDI 指数的影响。表 7-4 中（1）～（3）为基于面板数据工具变量方法的实证分析结果，感兴趣的自变量分别为农险保费占比、农险赔付占比以及农险补贴占比。实证分析结果表明：农业保险保费占比与农村居民消费对数呈正相关关系，系数为 6.045，但并不显著；农业保险赔付占比与农村居民消费对数呈正相关关系，系数为 7.059，但并不显著；农业保险补贴占比与农村居民消费对数呈正相关关系，系数为 5.176，但并不显著。上述结论表明提高农业保险保费占比、农业保险赔付占比以及农业保险补贴占比可以对 HDI 指数产生积极影响，而 HDI 指数的提高意味着多维贫困现象的缓解，从而证明农业保险保费、补贴、赔付的提高能够起到助推反多维贫困的实际效果。需要指出，尽管可以得到农业保险各方面发展可以提高 HDI 指数的结论，但这些结论并不显著，因此在后文中我们将采用其他计量方法对可能存在的问题进行解决和克服。

在前文数值模拟中，图 7-1 和图 7-3 显示农业保险保费占比、赔付占比、补贴占比的提高可以提高农民终身效用水平，而根据本章理论模型中关于效用函数的设定可知，如果用 HDI 指数来反映多维贫困情况，并近似地以 HDI 指数来界定终身效用，则表明农险保费的提高会缓解多维贫困情况。这样，就从理论模型与数值模拟部分得到了对此实证结论的有力支持。

从表 7-4 中可以发现，就其他控制变量而言，金融深化、教育人力资本、物质资本等变量在不同模型中可以得到较为一致的影响，而其他控制变量在不同模型中存在一定差异。其具体原因限于篇幅，不再展开分析。

表 7–4 农险保费、赔付、补贴对 HDI 指数的影响

	（1）	（2）	（3）
因变量	hdi		
自变量	农险保费	农险赔付	农险补贴
Nbfzb/npfzb/nbtzb	6.045	7.059	5.176
	（10.70）	（4.955）	（8.662）
lgdp	0.106***	0.104***	0.107***
	（0.009 20）	（0.007 70）	（0.007 47）
pp	0.131	0.129	0.111
	（0.931）	（0.926）	（0.898）
fp	0.142*	0.140*	0.145*
	（0.078 3）	（0.077 9）	（0.075 5）
si	0.025 3	0.045 0	0.027 9
	（0.126）	（0.116）	（0.119）
edu	0.798***	0.795***	0.770***
	（0.223）	（0.185）	（0.189）
dr	0.000 909	0.000 924	0.000 924
	（0.000 725）	（0.000 709）	（0.000 691）

续表

	（1）	（2）	（3）
因变量	hdi		
自变量	农险保费	农险赔付	农险补贴
k	0.0210***	0.0179***	0.0208***
	（0.007 04）	（0.006 93）	（0.006 68）
FDI	0.307***	0.303***	0.300***
	（0.114）	（0.097 1）	（0.103）
open	−0.044 9	−0.048 9	−0.043 6
	（0.051 3）	（0.051 3）	（0.049 2）
fs	−0.021 5	−0.032 1	−0.035 0
	（0.089 6）	（0.044 5）	（0.065 1）
Observations	154	154	154
R-squared	0.922	0.923	0.928
*Number of sf*1	31	31	31
内生性检验	1.111	—	0.992
不可识别检验	3.667	14.465**	8.447 *
弱识别检验	1.127	2.018	2.009
过度识别检验	1.046	4.779	1.387

注：***、**、*分别表示在 1%、5%和 10%的显著性水平下显著。在工具变量检验中，各项检验仅报告了统计量的值。

简要总结：上述基于面板数据工具变量的回归结果表明，农业保险保费与补贴对农民消费具有显著的正向影响，农业保险赔付对农民消费具有正向影响，但并不显著。农业保险保费、农业保险赔付、农业保险补贴对 HDI 指数具有正向影响，但均不显著。出现这种情况，主要有以下几点原因：首先，出于数据完整性考虑，我们计量的样本选取的是 2010—2015 年数据，对于面板数据而言，时间跨度相对较短，即我们的研究是基于特定时间阶段的实证分析，反映的是该特定阶段的经济规律；其次，考虑到农业保险的实际效应，可能还会具备征信、保障、投资等功能，这些功能如果可以量化，会对实证分析提供极大的帮助并对农业保险保费、赔付、补贴等方面实际效应提供更加准确的估计，但由于我国农业保险发展是最近的情况，尽管短期内发展很快，但一些数据的积累并不完善，造成我们无法通过构造相应指标衡量农业保险的征信、保障和投资功能；最后，考虑到应用不同回归方法会得到差异化的结论，以及基于面板数据工具变量解决内生性问题的方法的局限性，我们认为出现这种情况很大程度上是由于并未对相关数据按照其自身所体现出的特点进行内生性分组所导致的，因此，为解决这一问题，接下来将进行面板门槛回归分析来加以克服。

（三）面板门槛回归

1. 农业保险对农民消费的影响

表 7-5 中（1）表明当 *lnxf*<9.628 8 时，*Nbfzb* 对 *lnxf* 的影响为−34.16，在 1%的统计水平

显著；$9.628\,8<lnxf<10.515\,8$ 时，*Nbfzb* 对 *lnxf* 的影响为 46.86，在 1%的统计水平显著；$lnxf>10.515\,8$，*Nbfzb* 对 *lnxf* 的影响为-557.4，在 1%的统计水平显著。这说明农险保费对农民消费的影响存在明显的门槛效用，只有当农民消费发展到一定程度时，农险保费的发展才会提高农民消费，否则农险保费的发展会对农民消费产生负面影响。而当农民消费超过另一个较高的门槛值后，农险保费的发展会对农民消费产生负向影响。（2）表明当 $lnxf<9.628\,8$ 时，*Npfzb* 对 *lnxf* 的影响为-30.74，在 5%的统计水平显著；$lnxf>9.628\,8$，*Npfzb* 对 *lnxf* 的影响为 100.9，在 1%的统计水平显著，表明农险赔付对农民消费的影响存在明显的门槛效用，只有当农民消费发展到一定程度时，农险赔付的发展才会提高农民消费，否则农险赔付的发展会对农民消费产生负向影响。（3）表明当 $lnxf<9.628\,8$ 时，*Nbtzb* 对 *lnxf* 的影响为-49.76，在 1%的统计水平显著；$lnxf>9.628\,8$，*Nbtzb* 对 *lnxf* 的影响为 65.99，在 1%的统计水平显著。表明农险补贴对农民消费的影响存在明显的门槛效用，只有当农民消费发展到一定程度时，农险补贴的发展才会提高农民消费，否则农险补贴的发展会对农民消费产生负面影响。

上述结论充分说明农险保费、赔付和补贴对农民消费的影响存在明显的门槛效应。就上述三种回归的共性而言，当农民消费较低时，农业保险的作用还不能很好地发挥，农业保险对农民消费的协同发展效应尚未显现，此时发展农业保险无法起到较好的效果，甚至会出现发展农业保险反而会降低农民消费的情况。出现这种情况，可能的原因在于贫困陷阱的存在，当农民消费处于较低水平时，尽管存在农业保险投入，但是由于农民自身贫困问题较为严重，农业保险的保障效应无法起到应该发挥的效果，而农业保险作为一种农民的支出，对农民财富的支出效应占上风，因此在此情况下发展农业保险反而会降低农民消费。只有当农民消费进入一个相对较高的水平，即跨越了内生分组中客观存在的门槛值后，农业保险发展对农民收入的影响才开始变为正相关关系，此时发展农业保险可以起到促进农民消费提高的作用。此时农业保险的保障效应开始逐渐超过支出效应，发展农业保险可以显著提高农民的消费。由于前文中已说明，农民消费可以作为反映农民贫困的较好的替代指标，因此在此情况下，农业保险保费、农业保险赔付以及农业保险补贴的提高都会有效提高农民消费，客观上达到反贫困的效果。

在上述三个模型中，各控制变量基本可以得到一致的结果：经济增长、财险发展、金融深化、社会保障、健康人力资本和物质资本、*FDI* 等变量与农民消费呈正相关关系，其余控制变量呈负相关关系。

表 7–5 农险保费、赔付、补贴对农民消费的门槛效应

	（1）		（2）		（3）	
因变量	*lnxf*					
Nbfzb	$lnxf<9.628\,8$	-34.16***	$lnxf<9.628\,8$	-30.74**	$lnxf<9.628\,8$	-49.76***
		（12.70）		（13.32）		（16.70）
Npfzb	$9.6288<lnxf<10.515\,8$	46.86***	$lnxf>9.628\,8$	100.9***	$lnxf>9.628\,8$	65.99***
		（17.41）		（24.89）		（22.66）
Nbtzb	$lnxf>10.515\,8$	-557.4***				
		（147.6）				
lgdp	0.925***		0.922***		0.925***	

续表

	（1）	（2）	（3）
因变量	*lnxf*		
	（0.029 4）	（0.030 9）	（0.031 0）
pp	8.294	12.89**	13.41**
	（5.704）	（5.993）	（5.921）
fp	2.881***	2.571***	2.558***
	（0.516）	（0.545）	（0.540）
si	1.643*	0.904	1.146
	（0.890）	（0.957）	（0.924）
edu	-1.275	-1.396	-1.236
	（0.970）	（1.036）	（1.024）
dr	0.006 44*	0.006 86	0.007 19*
	（0.003 88）	（0.004 14）	（0.004 09）
k	0.050 0	0.096 8**	0.051 1
	（0.044 9）	（0.048 1）	（0.047 4）
FDI	0.993	1.314*	0.722
	（0.641）	（0.683）	（0.677）
open	-1.072***	-0.173	-0.119
	（0.409）	（0.363）	（0.361）
fs	-0.067 9	-0.043 7	-0.070 4
	（0.168）	（0.180）	（0.177）
Constant	-0.597**	-0.661**	-0.674**
	（0.288）	（0.303）	（0.304）
一个门槛值检验	50.74*** （23.779 9　28.385 1　38.573 3）	45.23*** （21.837 3　26.438 3　33.294 8）	50.76*** （24.222 0　28.492 0　43.914 0）
两个门槛值检验	22.04* （20.232 1　24.354 3　37.601 0）		
γ1（95%）	（9.627 7　9.630 0）	（9.627 7　9.630 0）	（9.627 7　9.634 9）
γ2（95%）	—		
Observations	186	186	186
R-squared	0.977	0.974	0.974
*Number of sf*1	31	31	31

注：括号内为对应的标准差值。***、**、* 分别表示在 1%、5%和 10%的显著性水平下显著。一个门槛值的门槛效应检验的原假设为没有门槛值，备则假设为有一个门槛值；两个门槛值的门槛效应检验原假设为有一个门槛值，备则假设为有两个门槛值，以此类推。门槛效应检验括号中为 bootstrap 模拟得到的 10%、5%、1%临界值。

2. 农业保险对人类发展指数（HDI）影响

表 7-6 中表明：（1）当 *hdi*<0.645 1 时，*Nbfzb* 对 *hdi* 的影响为-8.394，在 1%的统计水平显著；0.645 1<*hdi*<0.655 1 时，*Nbfzb* 对 *hdi* 的影响为-27.46，在 1%的统计水平显著；*hdi*>0.655 1，*Nbfzb* 对 *hdi* 的影响为 2.392，在 10%的统计水平显著。这说明农险保费对 *hdi* 的影响存在明显的门槛效用，只有当 *hdi* 发展到一定程度时，农险保费的发展才会提高 *hdi*，否则农险保费的发展会对 *hdi* 产生负向影响。具体而言，当 *hdi* 超过第二个门槛值后，农险保费对 *hdi* 的影响变为正向影响。（2）当 *hdi*<0.655 1 时，*Npfzb* 对 *hdi* 的影响为-54.42，在 1%的统计水平显著；*hdi*> 0.655 1，*Npfzb* 对 *hdi* 的影响为 0.783，但并不显著。这说明农险赔付对 *hdi* 的影响存在明显的门槛效用，只有当 *hdi* 发展到一定程度时，农险赔付的发展才会提高 *hdi*，否则农险赔付的发展会对 *hdi* 产生负面影响。（3）当 *hdi*<0.645 1 时，*Nbtzb* 对 *hdi* 的影响为-9.058，在 1%的统计水平显著；0.645 1<*hdi*<0.655 1 时，*Nbtzb* 对 *hdi* 的影响为-30.44，在 1%的统计水平显著；*hdi*> 0.655 1，*Nbtzb* 对 *hdi* 的影响为 3.377，在 5%的统计水平显著。这说明农险补贴对 *hdi* 的影响存在明显的门槛效用，只有当 *hdi* 发展到一定程度时，农险补贴的发展才会提高 *hdi*，否则农险补贴的发展会对 *hdi* 产生负向影响，当 *hdi* 超过第二个门槛值后，农险补贴对 *hdi* 的影响开始变为正向影响。

表 7–6 农险保费、赔付、补贴对 *hdi* 的门槛效应

<table>
<tr><td></td><td colspan="2">（1）</td><td colspan="2">（2）</td><td colspan="2">（3）</td></tr>
<tr><td>因变量</td><td colspan="6">hdi</td></tr>
<tr><td rowspan="2">Nbfzb</td><td rowspan="2">hdi<0.645 1</td><td>-8.394***</td><td rowspan="2">hdi<0.6551</td><td>-54.42***</td><td rowspan="2">hdi<0.645 1</td><td>-9.058***</td></tr>
<tr><td>（2.752）</td><td>（6.911）</td><td>（3.087）</td></tr>
<tr><td rowspan="2"><i>Npfzb</i></td><td rowspan="2">0.645 1<<i>hdi</i><
0.655 1</td><td>-27.46***</td><td rowspan="2"><i>hdi</i>>0.6551</td><td>0.783</td><td rowspan="2">0.645 1<<i>hdi</i><
0.655 1</td><td>-30.44***</td></tr>
<tr><td>（3.632）</td><td>（1.278）</td><td>（4.090）</td></tr>
<tr><td rowspan="2">Nbtzb</td><td rowspan="2">hdi>0.655 1</td><td>2.392*</td><td rowspan="2" colspan="2"></td><td rowspan="2">hdi>0.655 1</td><td>3.377**</td></tr>
<tr><td>（1.348）</td><td>（1.701）</td></tr>
<tr><td>lgdp</td><td colspan="2">0.114***</td><td colspan="2">0.116***</td><td colspan="2">0.114***</td></tr>
<tr><td></td><td colspan="2">（0.003 07）</td><td colspan="2">（0.002 98）</td><td colspan="2">（0.003 07）</td></tr>
<tr><td>pp</td><td colspan="2">-0.282</td><td colspan="2">-0.381</td><td colspan="2">-0.288</td></tr>
<tr><td></td><td colspan="2">（0.557）</td><td colspan="2">（0.562）</td><td colspan="2">（0.556）</td></tr>
<tr><td>fp</td><td colspan="2">0.022 1</td><td colspan="2">0.018 3</td><td colspan="2">0.024 5</td></tr>
<tr><td></td><td colspan="2">（0.051 6）</td><td colspan="2">（0.051 9）</td><td colspan="2">（0.051 6）</td></tr>
<tr><td>si</td><td colspan="2">0.017 8</td><td colspan="2">0.024 4</td><td colspan="2">0.014 1</td></tr>
<tr><td></td><td colspan="2">（0.081 8）</td><td colspan="2">（0.082 5）</td><td colspan="2">（0.081 7）</td></tr>
<tr><td>edu</td><td colspan="2">0.629***</td><td colspan="2">0.610***</td><td colspan="2">0.628***</td></tr>
<tr><td></td><td colspan="2">（0.0988）</td><td colspan="2">（0.099 9）</td><td colspan="2">（0.098 5）</td></tr>
<tr><td>dr</td><td colspan="2">0.000 229</td><td colspan="2">0.000 240</td><td colspan="2">0.000 215</td></tr>
<tr><td></td><td colspan="2">（0.000 393）</td><td colspan="2">（0.000 396）</td><td colspan="2">（0.000 392）</td></tr>
<tr><td>k</td><td colspan="2">0.007 61</td><td colspan="2">0.008 80*</td><td colspan="2">0.007 60</td></tr>
</table>

续表

	(1)	(2)	(3)
因变量		*hdi*	
	(0.004 64)	(0.004 61)	(0.004 63)
FDI	0.013 1	0.021 3	0.015 5
	(0.066 4)	(0.066 3)	(0.066 3)
open	0.091 4**	0.096 4***	0.090 8**
	(0.035 7)	(0.036 0)	(0.035 7)
fs	0.092 2***	0.085 6***	0.092 7***
	(0.017 9)	(0.017 9)	(0.017 9)
Constant	-0.502***	-0.516***	-0.500***
	(0.030 1)	(0.029 4)	(0.030 2)
一个门槛值检验	47.52*** (11.497 3　13.372 8　17.863 0)	80.07*** (14.468 0　16.848 3　23.812 7)	48.37*** (11.592 2　15.577 6　20.700 9)
两个门槛值检验	30.65* (15.617 7　47.566 8　68.588 8)		30.70** (13.410 6　16.623 1　53.015 1)
γ_1（95%）	(0.615 8　0.690 7)	(0.645 6　0.663 6)	(0.615 8　0.690 7)
γ_2（95%）	(0.645 6　0.663 6)		(0.645 6　0.663 6)
Observations	186	186	186
R-squared	0.979	0.979	0.979
Number of sf1	31	31	31

注：括号内为对应的标准差值。***、**、* 分别表示在 1%、5%和 10%的显著性水平下显著。一个门槛值的门槛效应检验的原假设为没有门槛值，备则假设为有一个门槛值；两个门槛值的门槛效应检验原假设为有一个门槛值，备则假设为有两个门槛值，以此类推。门槛效应检验括号中为 bootstrap 模拟得到的 10%、5%、1%临界值。

上述结论充分说明农险保费、赔付和补贴对 *hdi* 的影响存在明显的门槛效应。就上述三种回归的共性而言，当反映多维贫困的 *hdi* 指数较低时，农业保险的作用还不能很好发挥，农业保险对解决多维贫困的协同发展效应尚未显现，此时发展农业保险无法起到较好的效果，甚至会出现发展农业保险反而会降低 *hdi* 的情况。只有当 *hdi* 进入一个相对较高的水平，即跨越了内生分组中客观存在的门槛值后，农业保险发展对 *hdi* 的影响才开始变为正向影响，此时发展农业保险可以起到促进 *hdi* 提高的作用。这一现象的原因与前文所述类似，当 *hdi* 指数较低时，农民多维贫困问题较为严重，陷于贫困陷阱中，此时农业保险对农民的支出效应超过保障效应，出现农险发展与 *hdi* 呈负相关的情况；而当 *hdi* 发展到一定程度，多维贫困得到缓解，农业保险的保障效应超过支出效应，此时发展农业保险会促进 *hdi* 指数的提高。*hdi* 指数可以作为反映多维贫困的较好的替代指标，在该情况下，农业保险保费、农业保险赔付以及农业保险补贴的提高都会有效提高 *hdi* 指数，从而在客观上起到助推反贫困的效果。

在上述三个模型中，各控制变量基本可以得到一致的结果：经济增长、金融深化、社会保障、教育和健康人力资本和物质资本、FDI 等变量与农民消费呈正相关关系。

五、结论

本章主要结论：第一，风险的存在会降低农民终身效用水平，农业保险的存在会在农业风险存在的基础上提高农民终身效用，农业保险补贴对农民终身效应的提高大于农业保险，农业保险投资提高农民终身效用的水平大于农业保险补贴，但这三种农业保险反贫困模式均低于无风险无保险的理想状态下的农民效用，考虑到理想状态在现实中并不存在，只是作为参照，因此农业保险三种模式的反贫困效应较为明显。第二，本章实证分析表明，如果考虑到数据具有面板数据的特点和可能具有的内生性问题，采用面板数据工具变量方法进行实证研究，可以发现农业保险保费、赔付和补贴在一定程度上都可以提高农民消费和 *HDI*，进而促进农村反贫困，但上述分析的显著性并不理想，因此考虑到可能存在的解释变量内生分组问题，我们采用面板门槛回归模型进行了相应的研究，并发现只有当农民消费和 *HDI* 的发展超过一定的门槛值以后，农业保险保费、赔付和补贴对农民消费和 *HDI* 的影响才会变为正向影响，农业保险的反贫困效应才能发挥功效，否则农业保险的发展会对农民消费和 *HDI* 产生负向影响，不利于农村反贫困工作的开展。

第八章　保险助推脱贫的基本结论与政策建议

本章的主要内容是总结前文的研究结论，即在保险助推脱贫的基本结论的基础上，总结其中存在的优势和可能存在的问题，最后有针对性地为有关部门、机构和行业提出深化保险助推脱贫的相关建议。

一、保险助推脱贫的基本结论

通过理论研究、案例分析、实地调研与实证模拟，本书发现，在农业发展、农村建设、农民保障的各环节和领域中，保险能够发挥重要的助推作用，保险助推脱贫攻坚的效果与意义是显著的。

（一）保险能够对接国家多种扶贫方式，发挥有效的助推手段

目前，在各种国家扶贫方式中，无论是传统意义上的农业生产保障，还是产业扶贫、科技扶贫、健康扶贫、教育扶贫等民生保障，保险助推脱贫模式多数选择与产业扶贫方式对接，为农村低收入人群提供完备的农业基础设施、先进的农业基础及良好的农业生产环境，这种模式选择符合农村经济社会发展和农民生产生活保障的需要，同时也为今后保险与更多扶贫方式对接打下基础。此外，将保险机制引入农村扶贫机制，充分发挥保险各项功能，不仅符合农村扶贫工作对于效率和公平性的要求，能够弥补政府救济机制可能存在的问题和缺点，还能保障农村扶贫工作对于精准性的要求。

（二）保险能够参与农业风险管理，是国家治理的重要手段

保险的介入能为农业风险管理提供有利条件，它可以从时间、空间两个维度分摊风险，可以降低农业周期性市场风险，也可以针对自然灾害等进行灾前防范和灾后抢险等方面的培训教育，从而消减或规避农业风险。同时，保险有利于农村信用制度的建立，通过汇集整理投保农户的资信状况，为农村信用制度的建立提供数据信息支持。

（三）保险能够在“精准扶贫”中扮演重要角色

一方面，从保险的直接作用看，农业保险直接赔付给受灾农户，将资金给予最需要的人；另一方面，从保险的增信功能和直接融资上看，其可以帮助农户获得生产发展的必要资金，发展农业生产经济，同样发挥“精准扶贫”的作用。同时，从国家补贴的角度上看，通过农业保险间接发放补贴也能发挥更为精准的扶贫作用，即保险发放补贴已具有精准意义，再通过“一人为众，众人为一”的保险机制，将资金补偿给受灾农户，放大了精准扶贫的意义。

（四）保险能够助推农业实体经济的发展

通过保险对产业扶贫、科技扶贫等的支持，开发满足新型经营主体需求的保险产品，提升农业保险的有效供给，有利于农业结构调整、绿色发展和创新驱动，进而支撑现代农业发展。同时，保险资金的直接注入，对增加农业资本，促进农业供给侧的改革也有十分重要的推动作用。

（五）保险能够发挥特殊的资金杠杆作用

在助推脱贫攻坚中，保险的杠杆作用一方面体现为对扶贫资金的杠杆作用，国家扶贫基金通过保险，转化保险费和保险融资的担保，创造出几十倍的保额和融资规模；另一方面是保险撬动金融杠杆，体现在通过发挥增信作用，提供小额贷款保证保险，提高银行贷款规模，提高农业资本规模。

（六）保险能够增加支农财政预算及扶贫资金的稳定性

保险作为一种风险管理手段，可以将不确定的损失转化为确定的保费。而政府通过对农业保险进行财政补贴，能刺激保险公司与农户的供需意愿，使农户获得保险保障，农户能够在受灾后获得快捷准确的赔付，政府不需要进行大规模的难以预估的灾害救济，这使得政府财政支出变得可控，从而增加财政预算的稳定性。

（七）农业保险进行财政补贴的效率较高、创新空间大

如前所述，对农业保险的财政补贴能利用保险的金融杠杆效应发挥巨大的撬动作用。对农业保险的财政补贴能发挥信号作用和引导作用。保险公司在贫困地区开办新险种，地方财政进行保费补贴鼓励了地方特色产业发展、促进规模化发展。再者，提高保费补贴比例也可以激励农业大户或合作社帮扶更多的贫困户。财政对保险采取不同的补贴方式，也能够激励保险产品创新。

（八）完善农业保险提供直接融资的机制是保险助推脱贫的重要问题

通过调查，在保险各种扶贫方式中，效果最大、最明显的是农业保险贷款或融资。因此，如何发挥政策效用，在保险扶贫中如何改革保险直接融资机制，是提高保险扶贫作用的一个重要问题。

二、保险助推脱贫中存在的问题

农业保险虽然在保障和改善农民生产生活、助推脱贫攻坚中发挥了“四两拨千斤”的杠杆效应，取得了较好的强农惠农政策效果。但农业保险政策在执行过程中，仍然存在一些亟待改进的问题。

（一）保险助推脱贫的广度与深度还不够

无论是从保险公司数量还是从农业保险品种上来说，目前的农业保险都不能满足农村发

展的实际需要。我国的农业风险保障水平与发达国家相比还有较大差距，同时存在着产业差异大、区域发展不平衡等问题。

在涉农保险方面，保险公司在针对农民设计的财产保险、人寿保险与健康保险的险种开发上基本上是以自我为中心设计保险产品，条款中的投保条件、费率、可保范围、缴费方式等一般都是固定不变、不可选择的，缺乏灵活性，抗风险能力也较弱。尤其是专为农民设计的财产保险、人寿保险与健康保险的险种少，针对性不强。

同时，保险助推产业扶贫的深度不够，美国、德国、日本等发达国家反贫困的经验表明，扶贫产业化、组织化建设，有利于克服市场经济周期性变化对农户生产的制约，实现产业融合发展，确保农户能够分享增值收益。就美国的扶贫经验来讲，美国农场主合作社通过发展加工业提高产品的附加值，增加社员收入。美国农民合作社将其主要业务定位于对原料农产品进行加工增值，而社员也从纯粹的农业生产者向产业链的前端推进。

（二）保险助推脱贫仍需深入进行供给侧结构改革

农业保险发展的滞后，与市场发展的成熟程度有关，但最主要的问题还是农业保险自身缺乏保障。高风险、高赔付率，使得开展这项业务的保险公司无利可图，即使保险公司使出浑身解数，仍然不能得到良性的发展。而身份不明、规则缺失、支持措施不足等因素决定了农业保险将陷于困境。首先，农业险与商业险在经营目标上存在冲突。农业险保户的投交保费能力低，如果按照商业化运作，同时承受自然与市场“双重风险”的农业险，就当以高保费弥补分散其存在的风险，但我国农业险属于低保费险种，缺乏灵活的可操控性，保费高则保户承受不起，保费低则保险公司后续经营无力维持。其次，缺乏必要的法律保障和政策支持。由于保险法等相关法律法规均未对农业保险予以明确规定，导致农业保险身份不明确，由此导致规则的缺失，出现问题在所难免。

保险行业还需要努力增强自身供给能力。目前，由于农业保险补贴率低、补贴项目单一、地方政府财政承担能力有限等原因，农业保险对农户、保险公司和地方政府等都无法发挥足够的激励作用。我国农业保险补贴与费率缺乏差异化和优惠，无论各县市经济基础如何，往往采用统一或者一刀切的固定比例分担原则，缺乏对贫困县地方财政现实情况的考虑。同时，单一的定价与补贴也导致经营农业保险的公司缺乏积极性。

（三）保险助推脱贫模式趋同现象明显，创新力度需加强

相比发达国家，国内保险助推脱贫模式在发展过程中有趋同现象，地区特色、行业特色、公司特色等方面不够突出。因此，建议依靠行业指数作为补偿支付基础；区域牲畜的平均死亡率数据由政府统一发布；依据不同的平均死亡率，将指数保险分为三个层次：农户自担风险、市场保险和社会保险。这不仅仅可以提高扶贫效率，而且可以降低道德风险和逆选择，实现精准扶贫。

（四）在甄别贫困时存在一定的道德风险及逆选择问题

由于保险本身的特点，使得在精准推进过程中利用保险去甄别贫困程度可能出现道德风险和逆选择。由于政府、保险公司和农户之间的信息是不对称的，农户的虚假信息、基层工作人员工作失误、甚至故意隐瞒骗取补贴的现象时有发生。同时，也存在部分地区为了持续

得到政府补贴，故意不完全脱贫以便申请扶贫项目。由于道德风险和逆选择的客观存在，使得保险公司更应该在信息不对称的情况下通过专业性和经验性的判别，降低道德风险和逆选择概率，将精准扶贫真正落到实处。

（五）保险助推脱贫的教育宣讲力度仍需加大

由于对于农业保险概念不理解，农民对于农业保险投保积极性不高。目前，我国保险的作用和地位尚未被社会普遍认识，农村中有相当一部分人把保险费称为苛捐杂税或额外负担，迷信心理、侥幸心理、得益心理、逆反心理等依然存在，他们对交几元钱保费可能得到上千元损失赔款觉得不可思议。对农业灾害保险有消极抵触情绪，造成农业灾害保险工作投保难、收费难。

国际先进经验表明，应积极开展面向农民和广大市民的指数保险的公众教育和媒体宣传，并向研究机构、经纪人和非政府组织提供资助，以支持本地保险公司的技术培训，建立指数保险产品设计的金融机构。而我国保险理念和知识的普及性不高，尤其在贫困地区，保险教育还远远不足。

三、保险助推脱贫的相关建议

保险的本质是互帮互助、扶危济困，与扶贫开发具有天然的内在联系。保险机制在脱贫攻坚中具有重要的杠杆放大、风险保障、增信融资等作用，是脱贫攻坚的重要支撑，可以为广大贫困群众提供兜底保障，相当于为扶贫开发设置了安全阀和稳定器。区别于财政直接扶贫，金融保险扶贫是一种间接扶贫，在体制、路径、资源分配和机制上都存在区别，有着商业可持续性、精准滴灌、精准投放和注重“造血”等特点。对于完善精准扶贫政策体系，发挥政府与市场两方面的作用，合理利用社会扶贫资源，达成精准扶贫、脱贫等目标以及深化农村社会治理体系改革具有重大意义。

充分发挥保险行业体制机制优势，履行扶贫开发社会责任，全面加强和提升保险业助推脱贫攻坚能力。从产业扶贫特惠保险、医疗救助保险、投融资合作等方面，创新金融扶贫方式，致力于探索保险精准扶贫脱贫新路径，变“输血”为“造血”，从“造血”到“养血”，全面开创保险助推脱贫攻坚新局面。构建政府引导、政策支持、市场运作、协同推进的工作机制，综合运用财政补贴、扶贫资金、社会捐赠等多种方式，拓展贫困农户保费来源渠道，激发贫困农户保险意识与发展动力。针对贫困地区与贫困农户不同致贫原因和脱贫需求，加强保险产品与服务创新，分类开发、量身定制保险产品与服务。创新保险资金支农融资方式，积极参与贫困地区生产生活建设，形成商业性、政策性、合作性等各类机构协调配合、共同参与的保险服务格局。

（一）继续扩大政策性保险的覆盖范围，完善与保险助推扶贫相关的政策

政策性保险产品天然具有支持“三农”发展的属性，政府应当全方位、多渠道开展保险扶贫工作，在保险助推脱贫攻坚的进程中，应主动发挥保险所具有的风险管理与保险保障职能，切实为贫困户解决因灾返贫、因病返贫、因市场风险返贫、因教育返贫等棘手问题。认真履行社会责任，服务经济社会大局，不断探索保险扶贫、脱贫的新途径，继续扩大农业保

险覆盖面，积极开展大病保险、人身意外保险、新农合补充医疗保险，着力开展民生保险，建立农房保险体系，支持教育精准扶贫。

1. 扩大农业保险覆盖面，加强农业全产业链风险保障

农业生产面临的灾害风险系数高，生产经营风险大，对于贫困地区的农户来说，一场较大的自然灾害就会使其致贫返贫。农业保险是中央支农惠农的重要政策举措，旨在帮助农民转移灾害风险，实现收入稳定。在扶贫工作中，充分利用和发挥农业保险的风险保障作用，可以为贫困农户的生产经营兜底，为有效抵御自然灾害风险筑起一道人工屏障。

自 2007 年中央财政对农业保险保费实施补贴以来，农业保险发展迅速，取得了十分显著的成效，但就全国来讲，农业保险的覆盖面仍然不够，所以国家应当将保险确定为保险业助推脱贫攻坚的主攻方向之一，采取切实措施，不断提高农业保险覆盖面和渗透度，为贫困地区和贫困群体提供风险保障。与此同时，银保监会与农业农村部应当推进农业保险产品改革，扩展保险责任，提高保障水平，简化理赔条件，全面升级已有农业保险产品并加大中央财政对农业保险保费的补贴力度，从而真正实现让利于农。

为有效缓解现代化农业生产经营中的诸多风险，为贫困地区农业生产者提供有力支持，保险公司应积极推广政策性农业保险，实现农业保险全覆盖，为农业生产、加工、销售等各项环节保驾护航。具体措施如下：第一，通过农业损失保险有效防范和化解在农业生产环节的灾害、病害风险，农业设施、农机具的灾害事故风险；第二，通过市场目标价格指数保险、收入保险，在以大数据技术进行农业产业“供给侧”风险评估基础上，有效防范和化解市场价格波动的风险，帮助农户安全渡过产业价格波动周期；第三，是通过贸易信用保险、产品质量保证险、食品安全责任险为农产品贸易进行增信“贴牌”，促进订单农业、电商农业模式的发展；第四，通过农产品物流相关保险，特别是生鲜货物运输保险，缓解农产品在运输途中的风险。

此外，地方政府可以选取一个农业保险业务比较成熟的保险公司作为农业保险的经营主体，并且允许其他保险公司加盟，从而形成以成熟保险公司牵头的共保体，共同分担风险，从而扩大农业保险在地方的覆盖范围。同时，政府应当制定农业保险相应的扶持政策：一是建立政府组织推动机制；二是建立财政金融支持机制，对投保农民提供保险费补贴，对保险公司提供费用补贴，建立农业巨灾风险准备金；三是研究制定各地农业保险地方性法规，以法规形式明确各省农业保险的政策性属性、政府的管理职能和支持方式，以规范保险公司和广大农户的行为。

2. 积极开展大病保险，建立人身意外医疗体系

城乡居民大病保险是我国实现社会保障与商业保险相结合的重大制度创新，是用中国式办法解决世界性医改难题的有效途径。所以，我国保险业应当把做好大病保险作为脱贫攻坚工作的重要内容，强化协调、健全制度、严格监管、规范运行，指导保险公司积极参与各地的大病保险政策制定、方案设计和业务承办，从而不断提升服务水平、扩大覆盖面积。

积极推进大病保险健康发展，是全面建成小康社会的题中之义，也是打赢脱贫攻坚战的必然要求。保险业需要充分认识开展大病保险所面临的机遇和挑战，科学规划、精心组织，积极开展大病保险，服务国家扶贫攻坚战略大局。保险业要想充分发挥自身优势，积极开拓创新，不断提升大病保险服务能力：一是要提高产品开发能力和服务水平，在原有基础之上完善精算模型、科学厘定产品费率，并积极与政府沟通、共同拟定科学合理的大病保障方案；

二是建立与大病保险业务服务特点和风向特征相适应的专业化运营模式，提高业务运营效率，并不断改进和完善服务流程。

此外，为弥补贫困地区新型农村合作医疗保险的保障缺口，提高贫困农户面临人身意外风险的处置能力，保障贫困农户的正常生产、生活，保险公司应积极推进农村地区人身意外医疗保障体系的建设：第一，努力扩大贫困地区意外伤害保险的覆盖面。针对贫困地区的建档贫困户制定具有针对性的意外伤害保险险种，切实保障贫困户因意外而导致的无法生产的问题，加速原有险种在贫困地区的倾斜力度，力争做到贫困户人人有保险、人人有保障；第二，积极推进试行贫困户大病补充保险保障力度。保险公司应在充分了解当地贫困户的医疗费用支出情况下，在新农合大病保险全覆盖基础上，开办大病补充保险，进一步提高大病医疗费用的赔偿比例，扩大受益人群的范围，降低贫困户医疗费用报销的给付线，从而较大程度缓解贫困户的医疗费用支出压力。

3. 着力开展民生保险，保障贫困人群基本生活水平

近年来，中国保险业针对保障水平较低的贫困群体，积极参与构建民生保障网，实现扶贫途径由“基本保障”向“缺口补位”转变，通过开发各类保障适度、保费低廉的民生保险，为贫困人群基本生活和生产劳动提供风险保障，在兜牢社会保障底线、填补贫困人口保障空白、安定民心方面发挥了重要作用。

虽然近年来我国在民生保险方面发展迅速，并取得了不错的成效，但对于保险公司来说这仍是一项较新的业务，尚处于探索阶段，存在着诸如保险险种范围小、险种设置少、保险赔付低、理赔定损难等问题，所以各地政府应与保险公司积极沟通合作，鼓励保险公司开展民生保险，并给予保险公司较大的优惠政策等，从而推动民生保险的快速发展，最大程度地发挥民生保险在脱贫攻坚中的作用。

此外，政府应当进一步完善民生保险工程，使得惠民政策落到实处：一是政府要重视，民生保险政策性强、涉及面广、工作难度大，是一项复杂的系统工程，所以各地政府要执政为民，重视民生保险工作，统筹资金为老百姓投保，并协调好民政、财政、保险公司等各个部门之间的配合，从而解决民生保险在实施过程中的各种问题，推进民生保险的发展。二是要共同定保，当发生保险理赔事件时，由保险公司和民政部门共同对灾害现场进行勘查，共同确定保险赔付额度，避免保险争议的发生，确保保险对象的合法利益不受损害。三是健全网络，在区、乡镇、村等各级设立民生保险办事处，分别履行仲裁保险争议、保险理赔现场勘查、保险理赔报案等职责，从而确保民生保险机制的稳定运行。

4. 支持教育精准扶贫，关注农村的未来

“发展教育脱贫一批”是党中央、国务院“五个一批”扶贫工作的重要组成部分。近年来，保险业通过开办学贷险业务和捐资捐建等方式，积极支持贫困地区发展教育，助推教育精准扶贫，取得了一定的成果，树立了一批先进的典型，但保险业在教育精准扶贫领域仍处于刚起步的状态，也存在着诸多的问题，保险公司应当与政府积极沟通与合作，从而更好地解决保险在教育扶贫过程中遇到的问题。

国家助学贷款是国家利用金融手段，促进教育公平、保证贫困学生受教育机会的重要举措。但由于贷款违约率较高、风险较大，银行审慎参与，国家助学贷款面临推行难的问题，因此，保险公司应当发挥自身行业的优势，运用风险管理专业优势，转移和承接贷款违约风险，以解决银行后顾之忧。国家应当鼓励保险公司开展学贷险：一是鼓励保险公司创新保险产品，建立风险转移机制，从而降低银行贷款违约的风险。二是完善政策体系，建立银保合作、多方共管的助学贷款运行机制，将保险机制引入助学贷款业务，加强银行与保险机构的合作，建立银保密切合作、多方参与、优势互补、高效快捷的新型助学贷款合作模式。三是发挥保险机构风险管理优势，防范化解违约风险，保险公司应当建立自己专业化的管理团队，为自身提供人才和技术保障，全程参与学生贷款过程，从而更好地降低违约给保险公司带来的风险。

（二）全面落实保险行业在涉农领域的供给侧改革

1. 加强保险助推脱贫的针对性

保险在参与脱贫攻坚工作的过程中，要加强供给侧改革，面对保险甄别贫困中可能出现道德风险及逆选择，在加强与其他部门信息分享合作的同时，提高自身经营管理能力和水平。要把助推脱贫的保险与传统保险区别开来，在进行产品设计时，对于保险责任范围的调整和确定、损失指标的选取和费率的制订等要更具有包容性。此外，要推进需求导向的发展模式，针对贫困地区与贫困农户不同致贫原因和脱贫需求，加强保险产品与服务创新，分类开发、量身定制保险产品与服务。

2. 加强保险助推脱贫的多样性

贫困地区、贫困人员具有物质基础薄弱，抗风险能力较差的特点，保险公司应为建档立卡困难群众量身打造保险产品。不断加强产品研发，并通过试点模式推广。在巩固提升困难群众传统农业保险保障程度的同时，逐步把农产品市场风险纳入保障范围，着重发挥价格类、收入类、产量类新型农业保险在保障困难群众稳定增收方面的作用，运用保险制度支持农产品市场化改革。此外，积极探索土地承包权流转、林权流转、农房产权抵押等过程中的保证保险和信用保险，促进农村存量资产的盘活和生产资源的集约化。同时，开展丰富多样的涉农保险业务，以多层次的保险保障切实为“造血式”扶贫添加助力。

（三）优化财政支持扶贫的补贴模式

我国大力发展保险业助推脱贫，既要借鉴国外的先进经验和遵循共性规律，又要着眼于我国国情和农业保险发展的实际，按照“农民能承受、国家能承担、经营主体有积极性”的原则，在试点的基础上逐步完善和推广。在财政对农村扶贫方面的补贴方面，应进一步扩大间接补助，缩小直补，即扩大对保险的补助，提升保险助推扶贫的力度。

1. 合理确定保费分担比例

依据我国农民收入低的实际情况，若按纯市场化原则根据作物损失率厘定保费费率，农民根本保不起；若按农民能接受的价钱卖保险，保险公司赔不起；若按发达国家水平由国家给予补贴，我国财力现状还无法承担。而补贴不足无法调动农民投保积极性，补贴过多则可能造成农民对保险成本不敏感，甚至发展成为政府包办。因此，应在农民支付能力和财政补贴标准上取得一个平衡点，根据我国不同区域的自然条件和风险程度，建议制订差别费率，并结合当地农民支付水平确定分担比例。对地方财政能力相对较弱粮食主产省份，中央财政可以适当多承担一些。

2. 加大对农业保险运行费用的补贴力度

根据国外保险公司开展农业保险的经验，国家一般会对保险公司经营农业保险的运行费用给予50%以上补贴甚至全额补贴。由于政策性农业保险的非营利性，国家对运营经费的补贴将使政策性农业保险近似于纯费率运营（去掉了保险公司确定保费率时加入的管理费率和利润率因素），从而间接地减轻农户的保费负担，有效提高保险公司的积极性。结合我国农民的收入水平和在农村地区开展农业保险业务缺乏行政手段和组织保障的情况，建议中央财政加大对保险公司农业保险保费的补贴力度。

3. 加大税收优惠政策力度

在贫困地区对农业保险实行特别税收优惠政策，以增加农业保险机构的抗风险能力。可以采取如下方式：免征种养两业的各项税赋，用于补充大灾准备金；对种养两业以外的其他涉农保险实行税收部分返还，返还比例可根据其与种养两业的关系确定，返还金纳入保险公司大灾准备金。也可以采取由经营主体税前在经营盈余中扣除一定比例的资金作为大灾准备金的方式给予税收优惠。

（四）加强保险与相关部门的联系与合作

近年来，在我国一些省市和地区，保险业积极履行社会责任、服务经济社会大局，充分发挥保险机制的功能作用，在地方政府的支持配合下，大力发展农业保险、大病保险、民生保险、创新支农融资方式，并取得了一定的成效，为其他地区开展保险扶贫提供了有益借鉴。但在脱贫攻坚战中仅仅依靠保险部门就想战胜贫困，其困难不言而喻，因此政府应充分调动各部门的积极性，加强保险和财政、银行等部门之间的联系，相互配合，优势互补，从而在脱贫攻坚中更好地发挥各部门自身的优势和特点。

1. 加强与相关部门的联系与合作，建立工作联动机制

保险作为服务脱贫攻坚的重要金融工具和政策手段，其建设与完善是一项复杂的扶贫系统工程，保险业只有动员全行业力量形成保险扶贫的强大合力，并与其他扶贫政策相协调、配合，才能更好地发挥独特的功能和作用。为此，保险监管部门和保险机构应与政府扶贫部门建立工作联动机制，主动对接地方扶贫规划和政策体系，从而实现保险机制与扶贫工作的无缝对接。与此同时，保险业还应积极开展政策宣传，提高广大基层干部“懂保险、用保险、支持保险”的观念意识，推动地方政府运用保险这一市场工具来解决经济社会发展问题。

2. 加强保险、财政和银行之间的联系

在我国，保险和财政、银行的关系是相互依存、共同配合的关系，正确认识与发展保险、财政、银行三者间的关系，既是经济金融改革的重要内容，也是建立有中国特色的保险经济补偿制度的关键所在。从目前情况看，优化与强化这种关系，主要可从以下几方面考虑：

（1）加速保险基金的积累，为财政、银行分忧解难

随着产业社会化、现代化和商品经济的发展，灾害事故日趋增多，这些损失严重地威胁财政收支平衡和银行信贷的稳定。保险公司要承担各类风险，就得有雄厚的保险基金，而我国用于大灾的保险基金是微不足道的。为此，可以将保险业在脱贫攻坚中收取的保费设立保险基金，并采取有效措施加速保险基金的积累，搞好保险理赔，从而更好地为财政和银行分担风险，更好地帮助贫困地区脱贫。

第一，对贫困地区保险业务实行财政补贴，并把可保业务都纳入保障范围。我国目前贫困地区和人口还较多，考虑到国家财政也有困难，建议拨出一定资金对贫困地区农村保险业进行补贴。可采取两种形式：一是固定一次性补贴，并按有偿的原则，由保险公司包干调剂

使用。二是按年终决算以农村保险的实际亏损补差额。

第二，实行优惠的税收政策。保险是组织经济补偿的特殊行业，按惯例要与一般企业纳税有所区别。建议农村业务（含乡镇企业、农户综合保险，农机具、种养殖业保险）一律免税，并实行“以保促农”，从而更好地发挥农业保险在脱贫攻坚中的作用。

第三，从我国的实际出发，不断扩大保险服务领域，加快保险基金的积累，不断增强贫困地区人口的自我生存和发展能力。

（2）财政、银行、保险三方面资金共同配合为国家建设服务

保险业在收费和补偿之间有一定的时间差，可以积聚雄厚的保险基金，相比银行存款相对期长而稳定，若能用好用活，既可以加快保险基金积累速度，又可以为国民经济提供建设资金。为把“死钱”变成“活钱”，应将其纳入国家计划，以形成财政资金、银行信贷资金和保险资金三股国家资金力量。而我国农业保险助推脱贫刚起步，如果助推脱贫的保险基金闲置不用，那么由这笔资金投放所得的收益只能由保户多交保费来弥补，所以办保险要奉行资金运用原则，对发展保险起到良性循环之效。保险基金的运用主要包括三个投向：购买公债、财政债券和国库券等作为财政系统的投向；充实银行信贷资金和同行拆借作为银行系统的投向；保险系统统筹资金运用，作为增强保险企业生存和发展能力，扩大自主权的投向。

（3）实施规范化措施，使相互依存、共同配合的关系进一步密切化

国家应当制定相应的法律法规或制度把一切可保业务都纳入正常经济补偿制度，从而扩大保险业在贫困地区的服务范围，有效降低贫困地区保险业务的服务成本，进而保证财政收支平衡并降低银行的信贷风险，使三者的关系进一步密切，从而更好地发挥各自在脱贫攻坚中的优势。

（五）加快保险支农监管政策研究，积极推进险资直投模式

1. 加快保险支农监管政策研究

把“保险业姓保、保监会姓监”的理念贯穿到保险支农监管工作的各个方面，坚守本位、分清主次，以防控风险为核心强化监管履责。保险监管部门应积极与有关部门沟通协调，争取在立法、税收、再保险等方面给予支持。此外，监管部门也应在规范性操作上给予指导和支持，保险监管部门可成立农业保险监管部，协调有关的国民经济部门，履行监管职责。加强对商业性保险公司经营政策性农业保险过程中的合法合规性进行监管，特别是对商业性保险公司农业保险业务的数据真实性进行监管。

2. 积极推进险资直投模式

为了给贫困户提供真正的无抵押无担保贷款的资金支持，保险公司应进一步扩大支农支小产业扶贫直接融资业务，直接向符合要求的农户、扶贫对象、新型农业经营主体、小微企业和农业生产龙头企业提供扶贫融资款项。通过保险直投支农贷款为农业产业发展提供资金支持，解决融资短板，并重点支持“龙头企业+农户”的产业精准扶贫项目，以“保险+融资”双引擎，创新险资利用新途径，通过产业链管理，直接支持贫困农户金融需求。同时积极探索土地承包权流转、林权流转、农房产权抵押等过程中的保证保险和信用保险，促进农村存量资产的盘活和生产资源的集约化，在社会扶贫领域争取更广泛的合作，充分发挥农业保险增信功能，提高贫困地区贫困人口的内生发展动力和“造血”功能，全力助推脱贫攻坚，切实保障脱贫成效。

（六）研究保险机构所面临的风险，尝试建立保险专项准备金

我国保险业的发展和实践证明，保险有利于财政收支的稳定，保费收入的增加非但不会削减企业利润和财政收入，反而可以将保费作为财政后备的有力补充，既可以消除或减轻特大灾害对民生经济造成的不良影响，又可以使国家财政收支计划不受到意外冲击。随着保费规模的不断增加，这一作用也越来越明显。财政收支平衡是国民经济有计划按比例发展的客观要求，因此在贫困地区大力发展保险业，既可以帮助贫困地区扩大再生产，也有利于改善贫困地区人民的生活水平，所以应当积极探索贫困地区保险资金的运用，从而充分发挥保险对财政稳定的作用。

1. 设立农业保险基金

保险既是危险的集中，又是危险的分散，所以保险基金有承担巨额风险的能力。按照大数法则的原理，保险的覆盖面越广，发生赔付事故的次数与危险单位的总数就越稳定。保险是面向社会的组织经济补偿的制度，它将千千万万的保险人组成一个庞大的互助经济组织，共同与灾害做斗争，从而达到“危险分散”的要求。特别是通过再保险，把各个保险组织的保险基金又一次连成一个整体，集零为整，形成一种巨大的资金力量。所以它在应对任何灾害风险，如台风、地震、洪水等造成的巨额经济损失时都能够承担。保险资金经过多年积累，能经常保持一笔巨额的后备基金，以应付洪水、台风、地震等特大灾害，在发生灾害前可通过信贷、信托等渠道投入生产，增加建设资金，支援现代化建设。所以，在贫困地区可以由财政、农险业务经办机构共同出资建立农业共保基金，在发生巨灾及其他风险的情况下，保险公司可从风险互助基金获得补偿，基金结余部分由财政、保险公司按照注资比例享有相关权益。因此，在贫困地区设立保险基金，既有利于贫困地区生产的发展，也有利于贫困地区财政的稳定。

2. 设立农业保险专项风险准备金

近年来，保险作为特殊的危险管理工具，凭借其特有的危险隔绝、经济抵偿功能在金融扶贫领域一直发挥着独特的作用。但由于保险业在扶贫的发展中处于刚刚起步的状态，因此在助推脱贫的过程中必然面对着诸多的挑战和风险：一是农业保险有效供给不足，由于农险业务风险的普遍性、区域性和伴发性，一旦形成损失，则具有巨大性、非均衡性和不可预见性的特点，如此大规模的高赔付，导致很多保险公司不愿从事农业保险业务，农险业务供给市场主体偏少；二是农业保险有效扶持不足，相关扶持政策缺失，农业保险持续发展面临困难，农业风险分散机制缺失，一旦发生巨灾风险事故，保险公司只能自己承担全部保险责任，影响了保险公司承保能力的提高和经营的稳定性。

因此，要解决上述保险公司在脱贫中存在的问题，充分发挥保险公司在助推脱贫中的作用，在贫困地区应当由国家财政部门和当地政府共同出资设立保险专项风险准备金，并完善财政扶持政策，一旦出现上述的问题，能够迅速为在贫困地区积极参与脱贫的保险公司提供资金补贴，降低保险公司在扶贫过程中可能出现的各种风险和损失，进而为保险公司在贫困地区的发展提供良好的外部环境。与此同时，贫困地区政府应当积极引导当地农民购买保险，拓宽保险公司的资金来源，缓解保险公司在贫困地区的资金压力。

3. 合理构建农业保险巨灾风险准备金

农业保险的巨灾风险准备金作为一种特殊的准备金，是为了应付巨灾风险事故发生后，

责任准备金不足以支付赔款的一种准备。因此，在贫困地区推广农业巨灾保险充分发挥农业保险助推脱贫的作用的关键之一就是合理计提巨灾风险准备金，从而在贫困地区发生巨灾风险时保险公司能够迅速做出反应，将当地农民的损失降到最低。

由于农业巨灾保险在我国刚刚起步，尚处于探索的阶段，因此合理构建巨灾风险的准备金可以从以下方面考虑：一是合理计提农业巨灾保险准备金，由于全国各个地区的情况不同，贫困状态也不同，因此在计提准备金时应充分考虑各个地区的差异性，不同的地区按照当地的情况以不同的比例计提准备金。二是重视政府的力量，贫困地区的农业巨灾保险准备金必须十分重视政府的影响力，政府拥有较强的号召力和凝聚力，可以优先利用准备金补偿和扶持弱势地区，迅速调集救灾资金；考虑到政府的影响力，能够在特别的巨灾阶段采取特别措施，如救援物资的管理与分配等，以调集全国的物资来抵御风险。三是准备金的构建应具有一定的强制性与政策性，农业巨灾的高集合度、强毁坏力、低发生次数会造成农民的逆向选择。在自愿投保的条件下，逆向选择、道德风险问题不能回避，就容易造成较少人投保的处境。周振、谢家智的研究显示，应对巨灾风险时外部环境的不稳定和信息不对称等原因，会造成农户对巨灾风险缺乏认识，很难做到理性投保，这时可通过拟定相关政策进行强制干预来改善。

（七）做好保险助推脱贫试点模式的推广与创新

保险业应积极开展政策宣传与督导，提高广大基层干部“懂保险、用保险、支持保险”的观念意识，推动地方政府运用保险这一市场工具来解决经济社会发展问题。保险公司应加强保险扶贫政策宣传，密切配合地方政府精准扶贫工作，签订保险扶贫联动合作协议，探索互利共赢的保险助推扶贫新路径。积极推广成效显著的保险助推脱贫试点模式，组织基层工作人员学习经验，并结合地方实际有效开展扶贫工作。充分利用自身的农网优势，培养贫困农户保险意识，激发贫困农户自主参保主动性。优先帮扶贫困农户开展政策性农业保险工作，吸纳在各级扶贫办建档立卡的农村贫困户作为协保员，帮助有一定文化基础的贫困农户进行相应的保险职业培训，增强贫困人口的自我发展能力、自我增收能力，实现就业扶贫。

（八）推进保险助推脱贫攻坚的数据挖掘与整理

为摸清建档立卡贫困户的真实保险需求，保险公司应进行实地调研，通过农户座谈、现场调查、资料查询、数据调阅等方式开展风险识别、风险选择、费率厘定、风险控制、条款制定等工作，搭建扶贫开发大数据与保险信息共享平台，针对农村贫困地区在生产、生活、防灾、减损、疾病、教育等方面的保险需求，积极开发具有区域特色的“三农”保险产品体系，寿险方面主要承办大病补充医疗保险、重大疾病保险、人身意外险、人身意外医疗险及外出务工人员意外险等，财险方面主要承办农业保险、财产保险、保证保险、信用保险、责任保险等，能够精准高效对接贫困户的风险保障需求。

（九）重视“科技+保险”助推脱贫的实践

保险科技是保险与科技的有机结合，它以包括区块链、人工智能、大数据、云计算、物联网等在内的科技为核心，围绕保险的方方面面，广泛运用于产品创新、保险营销和保险公司内部管理等领域，通过创建新的平台、运用新的技术服务保险消费者。充分运用保险科技手段，能够提升涉农保险精细化管理与专业化经营水平，通过技术应用解决农业保险承保、理赔和定损难的问题，构筑农业保险发展的技术根基，逐步打造“按图作业、按地管理、服务到户、防灾减损”的农业保险管理新模式。

具体来看，第一，通过运用区块链技术，能够快速进行身份和信息的校验，提高保险公司甄别贫困人口的准确性，并能够用智能合同代替人工合同，减轻农业保险基层服务人员工作压力与业务成本，并对贫困人口的投保情况实现有效追溯，标记投保标的的信息，有助于进一步监督保险公司扶贫工作的执行情况。第二，在核保、承保和理赔过程中，以人工智能为核心的无纸化系统可以减少重复性的人工工作，降低运营成本，加快环节流转，提高正确率，减少保险欺诈。在厘定费率的过程中，人工智能和其他科技技术的结合，能够个性化评估风险，提高精算和实际风险水平的契合度，并使部分过去不可保、不愿保的风险转化成可保、能保、愿保的实际产品，扩大了保险人的服务范围。第三，就目前农业保险行业推广应用的卫星遥感技术与无人机技术，可以代替人类进行一些危险的、复杂的、费时的工作，在保险领域主要表现为查勘定损。能够为农业保险的核保与理赔提供便利，保险公司能够更加准确地掌握承保地区的农产品种类与种植面积，有针对性地设计地区特色农业保险产品，并为指数类保险产品的设计提供了条件，降低大规模农业生产风险发生时保险公司的核保与理赔工作强度和业务成本，更精准、更全面地对损失进行评估。

（十）不断提高保险机构经营管理水平，完善扶贫业务的分类核算

基层网点和协保员能够为广大贫困户提供及时、周到的服务，不仅解决了服务贫困户“最后一公里”的问题，也能够实现在贫困地区保险服务“面对面”，极大地改善贫困户的保险服务体验。积极利用基层网点及技术优势，持续优化困难群众保险服务水平，优化保险扶贫服务，保单通俗、保费优惠，开辟理赔绿色通道，从快从简，积极推出预付赔款，确保给予困难地区群众高质量的保险服务。

此外，在农村地区特别是贫困地区开展保险服务工作，面临着交通、设备、客户接受、工作环境等诸多问题。由于保险扶贫工作中存在补贴、优惠等因素，其业绩审核标准应与其他保险业务区分开来。因此，保险公司应积极支持涉农保险业务特别是农险扶贫业务的发展，建立扶贫业务的分类核算。同时，保险总公司对助推脱贫一线公司或基层公司，应采取合理的考核办法，鼓励公司和员工积极投入国家脱贫行动中。

参考文献

［1］阿布都外力·依米提.新疆农村贫困问题及其最低生活保障制度［J］.中国人口·资源与环境，2010，20（8）：17-21.

［2］白宜勤.聚焦精准，创新模式，依托特色产业扎实推进产业脱贫［J］.西部大开发，2017，（Z1）：40-41.

［3］陈建国.积极在脱贫攻坚中彰显财政责任与担当［J］.中国财政，2016（23）：38-39.

［4］曹斯蔚.扩大农业保险保障范围 助力广西精准扶贫［J］.时代金融，2017（05）：83-85.

［5］邓坤.金融扶贫惠农效率评估——以秦巴山区巴中市为例［J］.农村经济，2015（05）：86-91.

［6］杜伟.洛阳市产业脱贫存在的问题及措施分析［J］.中国商论，2016（34）：117-118.

［7］郭宏宝，仇伟杰.财政投资对农村脱贫效应的边际递减趋势及对策［J］.当代经济科学，2005（05）：53-57，110.

［8］郭佩霞.反贫困视角下的民族地区农业保险补贴政策研究——以四川省凉山彝族自治州为例［J］.经济体制改革，2011（06）：58-62.

［9］葛霆.农村最低生活保障制度减贫效果与福利依赖效应评估［D］.济南：山东大学，2015.

［10］黄承伟，王小林，徐丽萍.贫困脆弱性：概念框架和测量方法［J］.农业技术经济，2010（08）：4-11.

［11］胡宏伟，刘雅岚，张亚蓉.医疗保险、贫困与家庭医疗消费——基于面板固定效应Tobit模型的估计［J］.山西财经大学学报，2012（04）：1-9.

［12］韩林芝，邓强.我国农村贫困主要影响因子的灰色关联分析［J］.中国人口·资源与环境，2009，19（4）：88-94.

［13］海山.论我国贫困地区贫困的原因及扶贫对策——兼析内蒙古乌兰察布盟贫困现状［J］. 内蒙古师大学报（哲学社会科学版），2000（01）：18-23.

［14］郝永红.内蒙古国家重点贫困旗县农村贫困成因及反贫困对策研究［D］.呼和浩特：内蒙古大学，2013.

［15］翦芳.新型农村社会养老保险制度减贫效果研究［D］.湘潭：湘潭大学，2015.

［16］匡利民.贫困农村贫困之原因及脱贫致富之关键［J］.益阳师专学报，2001，22（02）：49-51.

［17］李二敏.我国城市老年贫困群体与养老保险制度研究［J］.劳动保障世界（理论版），2013（03）：34-36.

［18］李鸿敏，杨雪美，冯文丽等.农业保险精准扶贫路径探索——基于河北省的“阜平模

式”[J].时代金融，2016（30）：63-64.

[19]刘海宁，穆怀中.城镇基本养老保险消除老年贫困功能研究[J].理论界，2005（05）：107-109.

[20] 刘海荣.贫困户致贫原因及脱贫措施 [J].现代农村科技，2016（20）：6-7.

[21]刘进宝，王艳华.中国欠发达地区贫困现状及扶贫对策分析[J].河北北方学院学报，2008，24（06）：34-37.

[22] 李楠.甘肃省保险参与农村扶贫路径研究 [D].兰州：兰州财经大学，2016.

[23] 李瑞林，李正升.中国转轨过程中的城市贫困问题研究 [J].经济经纬，2006（1）：108-111.

[24] 李晓.让农业保险成为精准扶贫的重要保障 [N].农村金融时报，2015-12-14（3）.

[25] 李献中，刘月霞.农村贫困群体的“六大瓶颈”问题及对策研究 [J].农村经济，2005（7）：106-108.

[26] 刘一.贫困的定义与我国反贫困问题思考 [J].安徽农业大学学报（社会科学版），2016（01）：71-74.

[27] 龙玉其.养老保险制度与民族地区农村反贫困 [J].广西社会科学，2015（02）：142-148.

[28]刘一伟.社会保险缓解了农村老人的多维贫困吗?——兼论“贫困恶性循环”效应[J].科学决策，2017（02）：26-43.

[29]刘一伟.社会保障支出对居民多维贫困的影响及其机制分析[J].中央财经大学学报，2017（07）：7-18.

[30] 潘波.充分发挥保险业风险保障功能，凝心聚力助推甘肃精准扶贫 [J].甘肃金融，2015（12）：24.

[31] 潘国臣，李雪.基于可持续生计框架（SLA）的脱贫风险分析与保险扶贫 [J].保险研究，2016（10）：71-80.

[32] 苏海红，杜青华.“十三五”时期基于精准脱贫视角的青南藏区产业脱贫路径研究 [J].青海社会科学，2016（03）：121-127.

[33]孙武军，祁晶.保险保障、家庭资本增长与贫困陷阱[J].管理科学学报，2016（12）：71-82.

[34]孙翊刚，权太保，沈翼.农业地区的财政脱贫问题[J].中央财经大学学报，1998（01）：54-58.

[35]孙香玉，张帆.我国贫困地区农业保险现状、需求及发展对策——以甘肃省岷县为例 [J].江西农业学报，2013（03）：121-126.

[36] 孙月蓉.加拿大低收入家庭保障计划对我国的启示——从完善最低生活保障制度的视角 [J].社会保障研究，2012（02）：107-112.

[37] 孙自铎等.文化扶贫：扶贫方式的重大创新 [J].中国农村经济，1997（12）：50-53.

[38] 师宗华.小额信贷是一种行之有效的扶贫方式 [J].甘肃农业，1998（07）：4-6.

[39] 谭磊.脱贫攻坚背景下中国农业保险精准扶贫对策研究 [J].保险职业学院学报，2017（02）：67-69.

[40] 谭正航.精准扶贫视角下的我国农业保险扶贫困境与法律保障机制完善 [J].兰州学

刊，2016（09）：167-173.

［41］吴臣辉.基于农村反贫困的印度农业保险政策［J］.贵州财经学院学报，2007（06）：89-93.

［42］王飞跃.健全和完善贫困地区农村合作医疗保险制度——三穗县款场乡农村合作医疗保险的调查［J］.贵州财经学院学报，2003（06）：62-64.

［43］王峻峰.多种方式打好精准扶贫攻坚战［N］.河北日报，2016-09-21（11）.

［44］王克启.试论保险业在精准扶贫攻坚中的经营新策略［J］.经济界，2016（02）：31-35.

［45］吴丽莉.论失业保险在减少城市贫困中的作用［J］.现代商贸工业，2008（02）：66-67.

［46］王起国，李金辉.充分发挥大病保险功能，助力打赢脱贫攻坚战［J］.保险职业学院学报，2016（03）：25-31.

［47］王书举.全保全补、真扶真送、全力推进医疗保险精准扶贫［J］.山东人力资源和社会保障，2016（12）：40-41.

［48］王文略，毛谦谦，余劲.基于风险与机会视角的贫困再定义［J］.中国人口·资源与环境，2015（12）：147-153.

［49］吴延风，信亚东，章滨云等.农村大病统筹医疗保险方案中特殊人群——贫困人群界定［J］.中国初级卫生保健，1999（12）：14-16.

［50］乌云高娃，巴图.建构与完善内蒙古农村牧区养老保险制度与农牧民脱贫［J］.内蒙古农业大学学报（社会科学版），2008（01）：67-69.

［51］吴艳美，任建兰.山东社会主义新农村建设和农村贫困问题研究［J］.安徽农业科学，2008，36（6）：2552-2553，2559.

［52］王轶群.北京市城镇最低生活保障与失业保险问题研究［D］.北京：首都经济贸易大学，2006.

［53］熊长云，崔飚.关于西部农村贫困的原因探析［J］.农业经济，2001（06）：40-41.

［54］解垩.医疗保险与城乡反贫困：1989—2006［J］.财经研究，2008（12）：68-83.

［55］徐光，罗敏.贵州省农村贫困问题及其对策研究［J］.安徽农业科学，2007，35（33）：10879-10881.

［56］席华.贫困脆弱性视角下新农保减贫效果研究［D］.济南：山东大学，2016.

［57］薛惠元.新型农村社会养老保险减贫效应评估——基于对广西和湖北的抽样调研［J］.现代经济探讨，2013（03）：11-15.

［58］薛秦香，王玮，卫小林，贾利利等.城镇居民基本医疗保险与城镇贫困人群医疗救助制度衔接刍议［J］.中国医学伦理学，2010（06）：50-53.

［59］许营.社会转型期西部地区农村贫困问题探析［J］.重庆与世界（学术版），2013，30（4）：8-12.

［60］姚建平.养老社会保险制度的反贫困分析——美国的实践及对我国的启示［J］.公共管理学报，2008（03）：100-108，127.

［61］叶普万.贫困概念及其类型研究述评［J］.经济学动态，2006（07）：67-69，119.

［62］张川川，John Giles，赵耀辉.新型农村社会养老保险政策效果评估——收入、贫困、

消费、主观福利和劳动供给［J］.经济学（季刊），2015（01）：203-230.

［63］郑惠帆.贫困地区新型农村社会养老保险问题研究［D］.太原：山西财经大学，2014.

［64］张俊浦.西北民族地区农村贫困原因的社会学分析——以甘肃省东乡族自治县为例［J］.内蒙古社会科学，2008，29（03）：90-93.

［65］朱京荣，鄢贵权，李江等.西南岩溶地区农村贫困状况的研究与对策［J］.贵州科学，2008，26（04）：72-76.

［66］张伟，罗向明，郭颂平.民族地区农业保险补贴政策评价与补贴模式优化——基于反贫困视角［J］.中央财经大学学报，2014（08）：31-38.

［67］Abay Asfaw, Johannes P. Jutting. The role of health insurance in poverty reduction: empirical evidence from senegal［J］. International Journal of Public Administration, 2007, 30(8-9): 835-858.

［68］Adam Wagstaff. Estimating health insurance impacts under unobserved heterogeneity: the case of Vietnam's health care fund for the poor［J］. Health Economics, 2010, 19(2):189-208.

［69］Andrew D. Racine. Child poverty and the health care system［J］. Academic Pediatrics, 2016, 16(3):83-89.

［70］Anup Karan, Winnie Yip, Ajay Mahal. Extending health insurance to the poor in India: an impact evaluation of Rashtriya Swasthya Bima Yojana on out of pocket spending for healthcare［J］. Social Science & Medicine, 2017, 181:83-92.

［71］Ashford R. Eliminating the underlying cause of poverty as a means to global economic recovery［J］. Social Science Electronic Publishing, 2010.

［72］BJalloh . IMF and World Bank are the major cause of poverty in Africa - Part 1, 2010.

［73］Braveman P., Oliva G., Miller M G., etc. Women without health insurance. Links between access, poverty, ethnicity, and health. ［J］. The Western journal of medicine, 1988, 149(6):708-711.

［74］Christopher J. Green, Colin H. Kirkpatrick, Victor Murinde. Finance for small enterprise growth and poverty reduction in developing countries［J］. Journal of International Development, 2006, 18(7):1017-1030.

［75］Claudio A. Agostini, Philip H. Brown, Diana Paola Góngora. Public finance, governance, and cash transfers in alleviating poverty and inequality in chile［J］. Public Budgeting & Finance, 2010, 30(2):1-23.

［76］Diego Fossati. Beyond “good governance”: The multi-level politics of health insurance for the poor in indonesia［J］. World Development, 2016:91-306.

［77］Don Dawson. Leisure and the definition of poverty［J］. Leisure Studies, 1988, 7(3).

［78］Edward J. Bird. Politics, altruism, and the definition of poverty［J］. Journal of Comparative Policy Analysis: Research and Practice, 1999, 1(3).

［79］Elizabeth J. Fowler, Timothy Stoltzfus Jost. Why public programs matter—and will continue to matter—even after health reform［J］. The Journal of Law, Medicine & Ethics, 2008, 36(4): 670-676.

［80］Fabio M. Bertranou, Wouter Van Ginneken, Carmen Solorio. The impact of tax - financed pensions on poverty reduction in Latin America: evidence from Argentina, Brazil, Chile, Costa Rica and Uruguay [J]. International Social Security Review, 2004, 57(4):3-18.

[81] Gary King, Emmanuela Gakidou, Kosuke Imai, etc. Public policy for the poor? a randomised assessment of the Mexican universal health insurance programme [J]. The Lancet, 2009, 373(9673):1447-1454.

[82] Gemma A. Williams, Divya Parmar, Fahdi Dkhimi, etc. Equitable access to health insurance for socially excluded children?The case of the National Health Insurance Scheme (NHIS) in Ghana [J]. Social Science & Medicine, 2017:10-19.

[83] Genevieve Cecilia Aryeetey, Judith Westeneng, Ernst Spaan, Caroline Jehu-Appiah, etc. Can health insurance protect against out-of-pocket and catastrophic expenditures and also support poverty reduction?Evidence from Ghana's National Health Insurance Scheme [J]. International Journalfor Equity in Health, 2016, 15(1):15-26.

[84] Geoffrey Gilbert. Adam Smith on the nature and causes of poverty [J].

[85] Hagenaars A., Vos K.D. The definition and measurement of poverty [J]. Journal of Human Resources, 1988(02).

[86] Hagenaars A., Vos K.D. The definition and measurement of poverty [J]. Journal of Human Resources, 2010, 23(2):211-221.

[87] Hou Xiaohui, Chao Shiyan. Targeted or untargeted? The initial assessment of a targeted health insurance program for the poor in Georgia [J]. Health Policy, 2011, 102(2-3):278-285.

[88] Irena Stepanikova, Karen S. Cook. Effects of poverty and lack of insurance on perceptions of racial and ethnic bias in health care [J]. Health Services Research, 2007, 43(3):915-930.

[89] Jin Kim, Ellen Frank-Miller. Poverty, health insurance status, and health service utilization among the elderly [J]. Journal of Poverty, 2015, 19(4):424-444.

[90] Jonathan A. Aderonmu. Local government and poverty eradication in rural nigeria [J]. Canadian Social Science, 2010, 6(5):200-208.

[91] Kathleen S. Short. Child poverty: definitionand measurement [J]. AcademicPediatrics, 2016, 16(3).

[92] Kayleigh Barnes, Arnab Mukherji, Patrick Mullen, etc. Financial risk protection from social health insurance [J]. Journal of Health Economics, 2017:1-16.

[93] Kee W. S. Thecause of urban poverty [J]. Journal of Human Resources, 1969.

[94] Laura R. Wherry, Genevieve M. Kenney, Benjamin D. Sommers. The role of public health insurance in reducing child poverty [J]. Academic Pediatrics, 2016, 16(3):98-104.

[95] Matthieu Delpierre, Bertrand Verheyden, Stéphanie Weynants. Is informal risk-sharing less effective for the poor? Risk externalities and moral hazard in mutual insurance [J]. Journal of Development Economics, 2016, 118:282-297.

[96] Michel Grignon, Marc Perronnin, John N. Lavis. Does free complementary health insurance help the poor to access health care? Evidence from France [J]. Health Economics, 2008, 17(2): 203-219.

[97] Modebadze V. Is globalization a source of prosperity and progress or the main cause of poverty? What has to be done to reduce poverty? [J]. Journal of Social Sciences, 2012.

［98］Nikhil Chandra Shil. Micro finance for poverty alleviation: a commercialized view［J］. International Journal of Economics and Finance, 2009, 1(2):191-205.

［99］Oluwatayo I. B, Ojo A O. Is Africa's dependence on agriculture the cause of poverty in the continent?An empirical review［J］. Journal of Developing Areas, 2016, 50(1):93-102.

［100］Patricia Suplee, Bonnie Jerome - D'Emilia, Marcia Gardner. Identifying the health needs of hispanic women from a church community［J］. Journal of Obstetric, Gynecologic & Neonatal Nursing, 2014, 43:72.

［101］Perry Cynthia D, Kenney Genevieve M. Preventive care for children in low-income families: how well do Medicaid and state children's health insurance programs do?［J］. Pediatrics (English Edition), 2007, 120(6):1393-1401.

［102］Philippe Delacote. Commons as insurance: safety nets or poverty traps?［J］. Environment and Development Economics, 2009, 14(3):305-322.

［103］Rao M, Ramachandra S. S, Bandyopadhyay S, etc. Addressing healthcare needs of people living below the poverty line: a rapid assessment of the Andhra Pradesh Health Insurance Scheme［J］. National Medical Journal of India, 2012, 24(6):335-341.

［104］Sanders Korenman, Dahlia K. Remler. Including health insurance in poverty measurement: The impact of massachusetts health reform on poverty［J］. Journal of Health Economics, 2016: 27-35.

［105］Schneider Pia. Why should the poor insure? Theories of decision-making in the context of health insurance［J］. Health Policy and Planning, 2004, 19(6):349-355.

［106］Shenggen Fan, Peter Hazell, Sukhadeo Thorat. Government spending, growth and poverty in rural india［J］. American Journal of Agricultural Economics, 2000, 82(4):1038-1051.

［107］Sosa-Rubí Sandra G, Galárraga Omar, López-Ridaura Ruy. Diabetes treatment and control: the effect of public health insurance for the poor in Mexico［J］. World Health Organization. Bulletin, 2009, 87(7):512-519.

［108］Sparrow Robert, Suryahadi Asep, Widyanti Wenefrida. Social health insurance for the poor: targeting and impact of Indonesia's Askeskin programme［J］. Social Science & Medicine, 2012: 264-271.

［109］Syed Abdul Hamid, Jennifer Roberts, Paul Mosley. Can micro health insurance reduce poverty? evidence from Bangladesh［J］. Journal of Risk and Insurance, 2011, 78(1):57-82.

［110］Taylor J. Access to health care for children in low-income families［J］. Australian journal of public health, 1994, 18(1):111-113.

［111］Winnie Yip, Peter Berman. Targeted health insurance in a low income country and its impact on access and equity in access: Egypt's school health insurance［J］. Health Economics, 2001, 10(3): 207-220.

江生忠教授应邀出席保监会与国务院扶贫办联合举办的保险业助推脱贫攻坚培训班并做报告

部分单位走访调研

河北省阜平县保险扶贫模式调研

安徽省金寨县保险扶贫模式调研

河南省兰考县保险扶贫模式调研